L’Aventurier

MARC FRANCELET

avec la collaboration de Jean-François Kervéan

L'Aventurier

le cherche midi

Vous pouvez consulter notre catalogue général
et l'annonce de nos prochaines parutions sur notre site :
www.cherche-midi.com

92, avenue de France
75013 Paris

L'ensemble du livre a été écrit en collaboration avec
Jean-François Kervéan, à l'exception des chapitres « Johnny Pigalle »
et « Où j'ai réconcilié deux monstres ».

Hormis celle pour laquelle c'est indiqué,
toutes les illustrations appartiennent à l'auteur.

Composition : Peter Vogelpoel
Dépôt légal : mai 2021
ISBN 978-2-7491-6877-7

À ma femme Myriam,
à mon fils Dimitri,
à ma fille Tracy,
vous qui connaissez déjà toutes ces histoires.
Avec tout mon amour.

Pour mes amis Gilbert et Nicole Coullier
qui ont toujours été là, aux meilleurs et aux pires moments.

Pour mon ami Yves Bouvier,
compagnon d'aventures depuis toujours.

PROLOGUE

Depuis des années, beaucoup d'éditeurs me demandent mes mémoires. Le projet n'a jamais abouti, c'est mieux comme ça. Comment raconter mon existence invraisemblable ? J'ai beau me souvenir de tout, posséder des centaines de photos d'archives, je n'ai pas la mémoire des dates – vivre au présent brouille la chronologie.

Chaque fois que je veux parler de moi, je parle des autres. Les autres sont mon eldorado. Depuis cinquante ans, je ne déjeune jamais seul. Table à deux, à six, dix ou douze, et c'est toujours moi qui règle. Si je faisais la somme de toutes mes notes de restaurant, je pourrais acheter une maison à Saint-Tropez. Dès l'enfance, mon caractère s'est tout de suite porté vers les autres, moins par philanthropie que par besoin vital. Il me faut des copains, des amis, des convives, des associés et des commanditaires. En échange de quoi, ils trouvent un partenaire loyal. Gosse, déjà, je me mettais en quatre pour dépanner ou contenter un camarade, lui refiler le jean ou la place de ciné dont il rêvait. Sans exiger qu'on m'aime, je voulais me faire remarquer – je crois avoir réussi. Mes seuls prix en classe furent ceux de camaraderie. J'ai donc persévéré dans ma meilleure matière : l'empathie. Si on s'entend bien, tu peux compter sur moi. Si on devient amis, tu peux m'appeler en pleine nuit pour me demander n'importe quoi. Je grognerai « putain de merde » mais je serai là, parce que l'Amitié, c'est ça.

J'ai vu, connu, approché tant d'êtres et d'événements, de pays, que je me demande comment en rendre compte. Je suis monté si haut, tombé si bas que j'ai peur qu'on ne puisse pas me suivre. En Ouzbékistan, en Angola, au Liberia, en Israël, en Irak, chez Lipp, chez Johnny, chez Belmondo, à la prison de la Santé ou à Sutton Place, dans le manoir de Paul Getty, l'homme le plus riche des années cinquante, soixante-dix, de La Madrague de BB à ce long tête-à-tête inoubliable avec François Mitterrand… J'ai dix fois plus d'anecdotes que de cheveux blancs. Je vais essayer d'en raconter le maximum, par plaisir et pour mes enfants, à qui je dédie ces pages. Quoi qu'il arrive, quoi qu'on dise, ils sauront qui a été leur père.

Je vais dire la vérité parce que, l'âge venant, ce n'est plus la peine de mentir ou de se mentir. D'ailleurs, je n'ai jamais vraiment eu besoin de mentir. Le vrai est mieux.

À force de m'activer dans les contre-allées de la Ve République, j'en connais toutes les cuisines, les coulisses, j'aurais pu nuire à l'élection d'un président de la République, dénoncer des huiles d'apparence irréprochables, mais je ne m'en vante pas et je n'écris pas pour régler des comptes. Si je dois bien garder encore quelques ennemis, je suis sans rancœur. Le texte sera relu par des avocats. La rumeur a raconté, écrit sur moi, contre moi, tant de choses, parfois belles, quelquefois peu flatteuses. Puisque mon tour vient de témoigner, je témoignerai avec le souci d'être exact, juste, sourcé – j'oserais même le mot honnête. Ceux qui me connaissent de loin ou par ma mauvaise réputation vont tiquer sur ce mot ; je le maintiens. Chacun a droit à son quart d'heure de vérité. Si j'ai connu la prison, à tort et à raison, les transactions occultes, si j'ai fréquenté des étoiles et des bandits, des dictateurs, des présidents, je n'en suis pas pour autant voyou. La morale n'est pas seulement pour les gens convenables, elle subsiste dans tous les milieux. Les mauvais garçons, jadis, l'appelaient « la mentale », « avoir une mentale ». C'est sans doute grâce à cette mentale que je suis encore en vie. J'ai pris beaucoup de liberté avec les lois, effectivement, sans jamais rien commettre de crapuleux. Il y a des choses qui ne se font pas. Quand je parcours certains articles me concernant, j'ai l'impression d'être Al Capone – c'est marrant, moi qui n'ai même jamais blanchi d'argent[1].

Avec le temps, je comprends ce qui m'est arrivé d'extraordinaire. Gamin, comme tous les gamins, je rêvais. Et ces rêves sont devenus ma réalité, mon quotidien, longtemps. De jour en jour, de rencontre en rencontre,

1. Au final, Al Capone fut condamné et incarcéré pour fraude fiscale et blanchiment d'argent.

j'ai marché jusqu'à atteindre mes rêves. Cela peut paraître fanfaron mais c'est la vérité. Parce que je n'ai jamais su résister à une promesse d'aventure. Si j'ai pu être violent dans les quelques occasions où la castagne s'impose, coller un pain à une ordure, je n'ai jamais mis une balle à personne. Il y a des choses qui ne se font pas. Je n'ai jamais agi par haine. Ceux qui me connaissent le savent. Certains ont su le dire avec talent. J'admire le talent et je vénère les plus talentueux, les numéros 1. J'ai été l'ami du plus grand acteur français, du plus grand chanteur, de la plus célèbre de nos écrivains, du gangster le plus réputé. Johnny Hallyday, Jean-Paul Belmondo, Françoise Sagan et Gilbert Zemour… Mon quatuor. Tout en rigolant avec eux, ils m'ont tant appris.

Un jour que j'étais au fond, jeté en cabane pour rien, Françoise Sagan a adressé à *Libération* un article de soutien, titré ainsi : « Hier, j'ai assisté à un déni de justice », avec cette conclusion : « Si cet homme a fait du mal à une mouche, qu'elle se présente. »

L'amitié est le meilleur remède à tout.

Françoise était mon Amie et appréciait l'Aventure – avec deux majuscules.

À soixante-quinze ans, avec un corps que je commence à subir, je me sens également l'homme d'un passé qui s'efface, se désagrège, disparaît. En me retournant sur ce que j'ai été, sur qui je suis, je vais feuilleter plus d'un demi-siècle d'époque contemporaine, à travers toutes les couches de la société. Autant faire en sorte que vous passiez un bon moment.

Prologue

C'est parti. Je commence par le pire, le pire jour de ma vie, sur un green de golf, ultra-select. Moment crucial où tout va basculer. Le soleil brillait. Tout souriait à ma jeunesse. Je n'avais pas vingt ans. Année… Printemps 1966.

Le plus beau et le pire jour de ma vie

Ce jour-là, j'ai déconné sur un green de golf. Je le regrette et j'ai des circonstances atténuantes. Je n'avais pas vingt ans. Qu'est-ce que je foutais là, avec un club, du toupet et du charme à revendre ? Je faisais le beau, le malin. Morfontaine n'était pas n'importe quel parcours de golf, classé parmi les plus beaux du monde, fondé en 1920 par Armand de Gramont, duc de Guiche, du côté d'Ermenonville. Un concentré de grands noms, un bastion de la haute société où il était plus difficile au quidam d'entrer que de poser son pied sur la Lune. Après Léopold, roi des Belges, ou Alphonse XIII, qui y avaient tapé des balles, ils étaient tous là, patrons, ministres, millionnaires, propriétaires ou héritiers des grosses marques que je trouvais en rayon dans mon Félix Potin. Monsieur Périer, monsieur Burma, roi du bijou fantaisie, de Rothschild ou de Machin, le médecin du roi du Maroc… Henri Garnier, qui allait devenir un héros au début des années soixante-dix, lors du coup d'État de Skhirat, perpétré par des militaires contre Hassan II du Maroc. Le roi s'est planqué à la piscine, dans une cabine de bain. Un garde insurgé a surgi, arme à la main. Il a vu Hassan II. Le médecin s'est interposé, véhément : « Tu ne vas pas tuer ton roi ! » Et le tueur est reparti. Pour l'instant, en 1966, Henri Garnier n'est encore que le médecin de Sa Majesté, mais cela donne une idée de la fréquentation du golf de Morfontaine. La moindre conversation recoupait une affaire d'État ou de pouvoir. Un journaliste y trouvait plus de rumeurs, de sujets en une après-midi qu'en sillonnant Paris pendant un mois.

Et j'étais jeune reporter.

J'étais là, moi, môme du square Saint-Lambert, coin populaire du XVe, qui n'appréciait pourtant pas le golf. Cavaler après une petite balle jusqu'à la mettre dans un trou en moins de coups que le baron ou le banquier, je trouve ça chiant. Mieux vaut aller au practice, s'entraîner, là, tu trouves des voisins avec qui discuter. Faire connaissance. Je devais être à peu près le seul du club à avoir vingt ans, fils de personne, les membres m'avaient donc à la bonne. Au golf, au vert, chacun a l'esprit plus libre pour causer. Les personnes très puissantes s'emmerdent tellement dans leurs vies à problèmes que lorsque tu peux les atteindre, ce n'est pas difficile de les distraire avec un peu de bagout, à condition de rester naturel.

J'accompagnais Max Corre. Le grand manitou à la tête du journal *Paris-Presse*, rival de *France-Soir*, m'avait repéré, bluffé par mes premiers scoops de reporter-photographe, déjà collaborateur de *Paris Match*. Un jeune loup débrouillard et marrant. Max Corre m'emmenait en vacances à La Baule et golfer à Morfontaine en m'y présentant comme son poulain, son champion.

« La photo du Général avec tante Yvonne, c'est Marc ! » « La photo de Johnny à l'armée, à la une de *France-Soir*, c'est encore Marc »...

Je piaffais en rigolant face à des types avec lesquels tout Paris rêvait d'obtenir rendez-vous. Sous les douches, s'ils avaient oublié leur shampoing, je leur passais le mien. Ensuite, je rentrais dans un deux-pièces, chez mes parents, en faisant halte dans les rades de mon quartier pour trinquer avec de vieux potes. Quelques-uns avaient tourné voyous, ce qui ne me dérangeait pas, au contraire. Ceux-là, comme les messieurs de Morfontaine, pouvaient me mettre sur un coup, une histoire qui nourrissait mon métier, ma passion. Au zinc de L'Armandie, j'étais le même qu'à Morfontaine, un reporter qui cherche à faire la une et voir son nom imprimé dans le journal.

J'en voulais.

C'est arrivé comme ça, au comptoir, un après-midi. Mon pote P'tit Claude est venu me parler d'Utrillo, plus exactement d'un Utrillo. Je n'avais qu'une vague idée de ce peintre et aucune de ce à quoi pouvait ressembler une de ses toiles. P'tit Claude se montra insistant.

– Il n'a pas vu le jour, hein, ce tableau. Toi qui fréquentes la haute, maintenant, t'aurais pas un amateur à qui on pourrait le fourguer ?

Il m'aurait demandé à qui revendre son blouson, ça m'aurait fait le même effet. Je ne me serais pas préoccupé de savoir d'où provenait son Perfecto. Un jeune gars, pas méchant, qui cambriolait avec sa bande des appartements l'après-midi. Ils avaient piqué cette toile chez un dentiste de la rue de Presbourg.

– Un Utrillo, a-t-il continué, ça doit valoir du pognon, mon ami.

– … Je vais voir ce que je peux faire.

Me voilà donc sur le golf de Morfontaine avec Max Corre et le gratin, dans l'odeur du gazon. Le soleil donne au milieu du ciel. Les vestiaires ne sentent pas la sueur mais le Guerlain. Parmi les relations de Max Corre se trouvait un type qu'on m'avait présenté comme le plus grand marchand d'art de la place de Paris. Monsieur Pétridès, Paul Pétridès. Un vieux, très classe, sec, l'œil malin, habillé toujours pareil. Je le croyais le plus pauvre du club. Erreur. Il possédait des dizaines de vêtements identiques – la continuité dans le renouveau, la grande élégance. Paul Pétridès avait débarqué de Chypre au XIXe siècle, sans un sou vaillant, avant d'être adopté par un tailleur. Son amour de l'art, son nez, du ciseau au pinceau, avait fait de lui un marchand d'art incontournable. Non seulement Paul Pétridès vendait des tableaux mais il était aussi l'expert mondialement reconnu de l'œuvre d'Utrillo et d'autres, Suzanne Valadon – mère d'Utrillo –, Raoul Dufy, etc. J'avais le cul bordé de nouilles. Se dégonfler n'était pas mon genre. Je l'ai abordé le long du green.

– Dites, monsieur Pétridès, un de mes amis souhaite vendre un tableau d'Utrillo, ça vous intéresse ?

– C'est quoi ?...

– Une petite rue en hiver, toute blanche, à ce qu'il m'a dit. Bon, je dois vous prévenir... Je ne suis pas sûr de... la provenance. Enfin, vous voyez, c'est tombé du camion, hein.

– Passez donc à ma galerie avec, un soir, rue La Boétie, nous verrons cela autour d'un verre...

J'ignorais bien sûr qu'Utrillo avait une période blanche, la plus prisée des collectionneurs. Négocier une petite toile de maître sur le green de Morfontaine, d'où qu'elle provienne, n'était pas plus étonnant que de poinçonner son tiercé au PMU de la place de la Trinité. Tout est question de contexte.

Je me suis renseigné, vite fait. Maurice Utrillo, gosse de Montmartre, fils de l'artiste-peintre Suzanne Valadon et de père inconnu. Il a appris la peinture en regardant Toulouse-Lautrec, Edgar Degas ou Vincent Van Gogh, les copains de sa mère. Un pauvre type, interné plusieurs fois et pochetron à mort. Comme la vie n'est pas systématiquement chienne, Utrillo est devenu coté, de plus en plus fameux, au point de finir par s'acheter un château. Après sa mort, ses toiles n'ont cessé de prendre de la valeur, surtout ses vues de Paris et sa banlieue, de Montmartre à Compiègne, qu'il peignait souvent en cinq ou six exemplaires, de formats divers, comme des cartes postales.

Mon copain P’tit Claude m’a apporté la toile, découpée au cutter, pas encombrante à transporter – toute toile découpée au cutter est forcément volée. Pas enthousiasmante non plus : deux, trois murs blanchâtres, des façades sous un ciel de neige, triste à mourir.

– Quel est ton prix pour ça ? ai-je demandé.

– Bon… 50 000 balles.

Il m’a répondu au flan. Et j’ai filé chez Pétridès, la toile roulée sous ma veste. Il habitait un immeuble au bout de l’avenue Matignon. Sur les murs s’alignaient une centaine de tableaux, des Marie Laurencin, des Dufy, des Utrillo. Pétridès a hoché la tête en souriant benoîtement avant de m’entraîner dans sa cuisine, entre hommes. La nuit tombait, il a déroulé la toile, petit format, 40 cm × 60 cm. Il n’a rien dit mais sa nuque a frémi. Un ange est passé.

– Oui, c’est un Utrillo. La caserne de Compiègne sous la neige… Il l’a peinte souvent, j’en ai deux autres.

Son sourire s’est épanoui. En vingt secondes, le vieil expert avait rajeuni de vingt ans.

– Combien en voudriez-vous, jeune homme ?

– Combien vous m’en donnez ?

– 200 000.

Barbe d’or ! ai-je pensé, mon expression fétiche.

– Très bien, ça ira.

Pétridès a quitté la pièce. Je l’ai entendu ouvrir une porte, descendre des marches. Son absence a duré un petit moment, je fixais *La Caserne sous la neige*, que je trouvais jolie finalement, il en émanait une attraction mélancolique, étrange, presque magique. Un truc à 200 000 ne peut pas être une croûte. Je n'avais pas remarqué les deux petites guérites. Je ne savais pas regarder. Ma connaissance de l'art commençait. Paul Pétridès est remonté de sa cave avec une enveloppe kraft pleine de biffetons.

– Le compte y est. Revenez me voir si vous avez d'autres occasions.

Je n'ai pas vérifié. Entre gentlemen golfeurs, on ne compte pas.

Chez moi, dans le deux-pièces familial, une fois mes parents couchés, sur le canapé-lit du salon où je dormais, j'ai étalé les liasses, mis de côté les 50 000 pour P'tit Claude… D'emblée, j'ai intégré la loi des intermédiaires : la plus-value entre l'acquéreur et le vendeur va au commissionnaire, cette somme n'a pas à être dévoilée. Je suis allé retrouver mon copain pour lui remettre son dû. Tout le monde a été très satisfait, Claude, Pétridès et moi. Ce que l'on appelle une affaire rondement menée.

Rien de bien compliqué ni dangereux et, au fond, rien de vraiment criminel non plus. Quoi, les tableaux, ça va, ça vient, un trafic de richards, voler les riches est quand même moins crade que voler les pauvres. Pétridès n'avait pas tiqué quant à la provenance. Peut-être même savait-il que cette *Caserne de Compiègne* ornait la salle à manger d'un dentiste, rue de Presbourg. Des amateurs, des acheteurs, il en connaissait à travers le monde, je n'imaginais même pas le montant de sa propre plus-value de grand marchand ayant pignon sur rue. Depuis cette époque, « avoir pignon sur rue » signifie pour moi, dans certains cas : derrière une réputation irréprochable, franchir la ligne jaune au moins autant que les petits loubards[2].

Rien de sensationnel, donc, sinon un détail important : en une heure, j'avais empoché davantage que mon père en une année, plus que ne pouvait rêver un grand reporter, plus que je n'avais jamais rêvé moi-même. Ainsi le veau d'or est-il entré dans ma destinée, sous une enveloppe kraft et une pauvre caserne enneigée.

150 000. 15 patates. 15 millions d'anciens francs constituaient une petite fortune à l'époque. De quoi s'acheter un pavillon de banlieue, presque. Mais mon premier achat ne serait pas un investissement foncier. Je n'étais pas petit-bourgeois. En vérité, ce pactole a foutu ma vie en l'air. Au lieu de devenir patron de presse, selon ma vocation, cet Utrillo allait m'emmener, de million en million, jusqu'à des zones où je n'aurais pas dû mettre un doigt. Faire du fric sans être véritablement fait pour ça. Fourguer ce tableau m'avait à peine donné du plaisir, juste une brève excitation, ce vertige devant un gros paquet d'oseille dont on se dit : c'est à moi et c'est facile. L'absence de plaisir est toujours mauvais

2. Cette toile se trouvait dans le catalogue raisonné d'Utrillo, et qui réalisait ce catalogue ? Paul Pétridès.

signe. J'ai renoncé au carcan du salariat pour m'installer à mon compte, pigiste, indépendant. Même si les journalistes de *Paris Match* savaient pousser l'art de la note de frais au rang d'économie souterraine, comparé à 15 patates, pour cinq minutes au golf, quinze autres à L'Armandie avec P'tit Claude et une demi-heure dans la cuisine de monsieur Pétridès, ça fait figure de fond de tiroir.

Enfin, il y avait autre chose. Je l'aimais bien, Pétridès. Plus un homme m'était supérieur en âge et en expérience, plus mon estime et mon affection étaient grandes. J'ai toujours aimé les vieux. À soixante-quinze ans bien sonnés, le marchand d'art se montrait très prévenant, d'une exquise gentillesse, plein de vieille douceur. Sa façon d'évoquer Utrillo, en quelques mots, d'une voix sourde, comme un amour, m'avait touché. Ce vieux monsieur était un puits de science et sa vie, depuis sa naissance chypriote et son exil en France, un exemple de courage. L'idée de nous revoir ne me déplaisait pas. Je n'avais qu'une envie : devenir son ami.

Je n'apprendrais que quelques années plus tard, en taule, avant notre procès, que son affabilité ne l'avait pas empêché de spolier les biens des juifs durant la guerre et de monter sa collection en fournissant Goering[3].

3. Jacques Derogy l'a montré dans un article de *L'Express* : « Le commissaire épinglé ».

Récemment, quelqu'un m'a demandé quel avait été le carburant de mon existence. Sans hésiter, j'ai rétorqué :

– L'argent.

La réponse m'est venue d'un coup, d'un mot, avant un petit rire à la fois cynique et désolé. À vingt ans, sans abandonner les scoops, les coups de fric sont devenus constitutifs de mon existence pour le reste de mes jours. Train de vie, flambe, affaires aventureuses, aventures affairistes, liberté, voyage, luxe, pouvoir… J'ai sombré là-dedans comme Utrillo dans son litron de rouge. J'avoue et je regrette. Une fois que tu en as, beaucoup, l'argent s'avère la pire des addictions. Tu ne supportes pas d'en avoir moins, l'idée de n'en avoir plus du tout peut te filer l'envie de te tirer une balle.

C'est grave, c'est moche, c'est con. C'est comme ça. Évidemment, mon copain voyou ne s'est pas privé de raconter à ses complices que j'avais fourgué leur Utrillo, le bruit s'est répandu telle une traînée de poudre dans son milieu qu'un jeune reporter de *Match*, correct et fiable, écoulait des tableaux volés. J'aurais bien souvent l'occasion de revenir chez Pétridès, sans lâcher la presse où j'ai connu des débuts plus glorieux. Je suis bien plus fier de mon premier scoop, des photos de mon baptême du feu de reporter, que de ma première commission sous le manteau. C'était juste une année plus tôt. Je n'avais pas dix-huit ans et ce baptême eut lieu… encore dans une caserne, à l'automne 1965.

Cinéac

L'homme que je suis, je le dois à deux femmes. Ma mère, ce qui est souvent le cas, et la reine Élisabeth II. Ma mère était une Parisienne, de la classe moyenne, coquette, discrète, laborieuse, toujours bien mise car elle tenait le salon de coiffure de ses parents. Ma mère ne m'aimait pas, elle m'adorait. Moi, son Marc, plus que mon frère ou n'importe qui. Au-delà d'une chance, un amour si absolu est un don. Un amour confiant, pas enfermant, la rampe de lancement d'un caractère entrepreneur.

Maman travaille donc autant au salon familial que mon père, employé dans un cabinet d'architecte. Jeanne Francelet va et vient sans cesse, telle une abeille ouvrière, avec toujours une gentillesse ou une surprise envers son fils chéri. Malgré nos revenus modestes, pour m'habiller, nous nous fournissons chez Mambi, une des boutiques des enfants bourgeois de ces années-là. Ma mère m'habitue à des luxes dont la plupart des jeunes gens de mon milieu peuvent se sentir privés ou exclus.

Bizarrement, elle ne me couvait pas et ne me tenait pas la bride. Je ne suis pas un fils à maman, je suis le champion de ma mère. Son regard a forgé sur ma peau une cuirasse dorée qui brille encore.

Dans sa recherche continuelle pour m'éveiller, me réjouir, le 2 juin 1953, maman m'emmène au Cinéac suivre sur grand écran, en direct, en Mondiovision et en couleurs le couronnement de la reine Élisabteh II d'Angleterre à l'abbaye de Westminster.

Le choc. La révélation. J'allais sur mes sept ans, âge tendre où certains événements se gravent à jamais dans une conscience toute fraîche. Le monde offrait un spectacle, une grandeur dont personne ne m'avait jamais parlé. Un carrosse d'or tiré par dix chevaux blancs. Des cavaliers, une foule en liesse, des chants comme je n'en avais jamais entendu et une voix de jeune fille égrenant des mots inconnus… Et les English de répondre en chœur : « *God saive ze quîne!* » Presque soixante-dix ans plus tard, je ressens encore ma stupeur et mon éblouissement.

À partir de là, dans ma petite tête échauffée, quelque chose s'est rompu. Terminés, la soupe aux vermicelles, les bonnes notes ou les bons points, les petits machins, la petite vie, le train-train… Je voulais du grand, du mondialisé, du gros véhicule, pas de la voiturette. Je voulais que ça pète, que ça pulse dans mon futur. Pas être roi d'Angleterre, non, mais ce climat, cette ambiance, ce délire étaient pour moi. Hors normes. Moi, je serais du cortège, pas derrière les barrières. De ma vie, je voulais pouvoir dire : j'y étais, j'étais là, j'ai vu ça, les princes, les héros, je les ai connus. Je ne me suis pas projeté au centre de la photo, en égocentrique, au contraire, je rêvais de me tenir sur le cadre pour respirer cet air, le parfum enivrant de la gloire parmi ces figures et leurs médailles. *Big is beautiful.* Bonjour, bling-bling. Du gros, du grand, pas de la demi-mesure. La classe moyenne n'était plus mon foyer, fini. Ce serait du *number one*, pas du suivisme. J'ai largué les amarres de petit-bourgeois : en une journée royale j'ai sauté à la catégorie m'as-tu-vu. La retransmission du sacre de la reine d'Angleterre, le 2 juin 1953, m'a tellement subjugué que plus rien n'a jamais été comme avant, ce choc a été fondamental pour moi. Ma vocation est née ce jour-là – je vais y revenir.

Un peu plus tard, cette révélation s'est traduite par une anecdote qui rétrospectivement révèle sans doute plus qu'un souvenir d'enfance cocasse. Même si je n'aimais pas le poisson, ma mère en cuisinait quelquefois. Je n'étais quand même pas le seul dans la maison et le poisson est bon pour la santé.

Un jour, j'ai tiré la gueule.

– M'man, attends-moi cinq minutes, je reviens.

J'enfile mon beau blouson Mambi et je cours à la charcuterie. En vitrine, un bon gros chorizo piquant m'avait fait saliver. J'aimais quand ça piquait – c'est encore vrai. Je n'ai pas d'argent. Et alors ? Je propose à la charcutière d'échanger mon blouson contre son saucisson. Elle accepte, je repars, triomphant, avec le chorizo.

Je ne me souviens plus si nous l'avons mangé, ce saucisson, ni le temps que ma mère a mis pour me faire avouer comment je me l'étais procuré. Ce que je me rappelle, c'est que, folle de rage, elle est allée agonir la charcutière. Et récupérer mon blouson.

– Ce n'est pas à toi que j'en veux, Marc, mais à elle, une adulte, une commerçante, quelle honte!...

Parfois, maman lâchait un soupir en se demandant ce qu'on allait faire de moi.

– T'inquiète, je répondais, moi je sais.

Le chorizo a été ma première victoire. Et ça n'allait pas s'arrêter là.

Lorsque ma mère était trop occupée, ne sachant quoi faire de moi, le jeudi ou le samedi, elle avait trouvé une solution originale : me laisser au Cinéac, parfois accompagné d'un de ses garçons-coiffeurs, parfois tout seul, le temps de vaquer à ses occupations, entre le salon, les courses, quelques clientes à domicile. J'aurais pu mal le prendre, m'angoisser en attendant son retour. Pas du tout. Depuis le sacre de la reine d'Angleterre, j'adorais le Cinéac. Vingt-quatre heures sur vingt-quatre, ses salles projetaient exclusivement des actualités entrecoupées de dessins animés, en boucle. Quand les banlieusards loupaient leur dernier train, ils venaient s'y réfugier pour la nuit, le ticket coûtait bien moins qu'une piaule à l'hôtel. Des clodos y pionçaient aussi. En fin de matinée et l'après-midi, c'était tranquille. À neuf, dix, onze ans, je passais des heures devant ce grand écran, des infos et des cartoons, Bugs Bunny et tous ses amis. Cinéac, mon mot magique, un flot d'images qu'annonçait un générique qui sonne encore à mes oreilles… *Tadam, tadam*, le petit bonhomme de la régie publicitaire, Jean Mineur, balançait sa pioche dans une cible… et le voyage commençait ! L'actualité hebdomadaire, sans frontière, magnifique, dramatique, comique, des pin-up, des courses automobiles, des inaugurations, des guerres lointaines, des stars… De tout. Très vite, s'il fallait m'imaginer un métier une fois grand, j'ai décidé : je veux faire ça. Pas champion, soldat ou chanteur mais passer de l'autre côté du Cinéac, sur le théâtre du monde. Caméraman, reporter, photographe ou preneur de son, qu'importe, je voulais rejoindre les équipes du Cinéac, des hommes qu'on ne voyait pour ainsi dire jamais à l'écran. Je voulais servir l'information. Être là où ça se passe pour en rapporter des images à partager. Les chevauchées des cow-boys et des Indiens ne m'obsédaient pas. Le moteur des caméras de l'actu, si.

De jeudi en samedi au Cinéac, j'ai grandi sous l'œil réprobateur d'un père qui m'adressait rarement la parole et d'une mère qui me passait tout. En pantalon de flanelle et blazer bleu marine l'hiver, short et chemisette l'été – que je détestais. Cette panoplie bourgeoise n'a vite plus convenu à la mode ni à mon goût mais papa – austère, droit et têtu – n'en démordait pas. Lui aussi multipliait les heures supplémentaires à son cabinet d'architecte pour que nous ne manquions de rien.

– Jeanne, on ne se saigne pas à lui acheter de beaux vêtements pour le voir s'attifer comme un blouson noir, quand même !

Voilà comment mon père qualifiait le jean et le blouson de cuir, imperméable à la vague yankee qui emportait la jeunesse mondiale. Elvis Presley équivalait pour lui au dernier nom de Satan. Son veto m'exaspérait. Aucun ado n'accepte de perdre la bataille vestimentaire. Ma mère l'avait bien compris. Avec son aide, j'ai fini par me changer dans l'escalier de service, enfilant mon jean et mon cuir et lui rendant les nippes de chez Mambi, qu'elle remportait, cachées dans un sac plastique. Chaque soir, en catimini, elle me les redéposait sur le palier de l'escalier de service. Qu'est-ce qu'il ne faut pas faire, je vous jure, pour la paix des familles conformistes. Monsieur Francelet senior, homme de droite anti-gaulliste, était de ceux qui voyaient encore le monde en noir et blanc, avec une cravate au milieu aussi droite que la raie capillaire. Les années soixante de papa.

Les études m'ont retenu le temps de passer le certif avant d'être orienté vers un lycée technique du boulevard Montparnasse. L'occasion de mieux découvrir Paris et de sécher les cours pour aller retrouver mes copains. Les établissements scolaires n'avaient pas non plus compris que, depuis 1953 et le couronnement de ma copine Élisabeth, l'avenir en Technicolor s'envisageait totalement autrement que par le triptyque Ponctualité/Discipline/Par cœur, triple grisaille. L'essentiel se trouvait ailleurs, dans la rue.

Mes potes croient toujours que je baratine quand je leur affirme ne m'être jamais fait casser la gueule. C'est pourtant la vérité. Deux bandes s'affrontaient dans le XVe, celle des Indiens de la porte de Vanves contre la cité des Frères-Peignot, la mienne, ma fratrie. Mes informateurs m'alertaient sur les soirs de rixe. Les bonnes gens se plaignaient des mauvais garçons, des blousons noirs, sans se rendre compte que leurs filles, dans leur dos, en tombaient raides dingues. En cas d'alerte, je me carapatais chez moi, non pas en déserteur, mais pour me rouler en vitesse une petite serviette-éponge sur l'entrejambe afin d'amortir les coups, et je repartais, invincible, les roubignolles bien à l'abri. C'est par là qu'un bonhomme est le plus fragile, je le savais déjà. Sur un terrain de foot, j'avais pris un mémorable coup de pied dans les couilles. La douleur t'envahit, fulgurante, tu meurs et ça dure longtemps – hospitalisation de trois jours, sous sédatifs. Depuis, même casse-cou, je prends soin de mes parties. Quand je m'entraînais en salle de sport avec Johnny (par intermittence) ou Jean-Paul (très régulièrement), tous les deux me charriaient sur mes angoisses génitales, ni l'un ni l'autre n'avait mon vécu d'agonisant au bord d'un terrain de foot. Blindé d'une serviette-éponge, je redescendais donc dare-dare square Saint-Lambert foncer dans le tas. La meilleure défense étant l'attaque, si j'ai un conseil à donner aux bagarreurs, tapez les premiers, le plus vite et le plus fort possible. Cela vaut aussi face aux curés pédophiles. Un jour de catéchisme, quand une soutane a plongé sa main dans ma braguette, je lui ai balancé un bourre-pif. Le curé est

Vacances à Antigua avec Jean-Paul. Il me donne une leçon.

tombé par terre, je suis sorti indemne, et nous n'en avons plus reparlé, ni lui ni moi.

Physiquement, je n'ai jamais eu peur – sauf une fois, j'y reviendrai. Je ne suis pas perméable à la trouille, ou alors elle mute en agressivité, mon sang bouillonne d'adrénaline. « S'il faut cogner, cogne, tu verras bien après », telle est ma devise. J'étais donc utile à la bande, bien rodée à la castagne. Vu que ma mère me filait plus d'argent de poche qu'aucun de mes camarades n'en recevait, que j'achetais toujours plus de bonbons au cinoche, pas radin à partager, ma cote s'est stabilisée au beau fixe du côté de la cité des Frères-Peignot. J'y connaissais tout le monde, tout le monde m'aimait bien et je le leur rendais bien.

Vivre en bande n'était pourtant pas plus ma priorité qu'étudier en classe. Je préférais la compagnie de mecs plus âgés, les grands, la vraie vie, avide de découvrir la majorité et ses libertés. C'est encore ma mère qui m'offrit l'émancipation, précocement. Peut-être se sentait-elle coupable de me coller en garderie dans les Cinéac avec un kilo de sucreries. Sa couturière, madame Blondieau, une dame charmante, avait un grand fils en quête de petits boulots. Au lieu de me confier à une fille morose, ma mère pensa à lui pour m'occuper les jours de congé. Ce grand frère d'adoption guiderait mieux mes pas que le mien, mon aîné, Pierre. Si nous nous entendions bien, douze ans d'écart ne permettent pas beaucoup de complicité.

Ma baby-sitter se prénomma donc Christian, un long type, nonchalant et classe, musicien, looké comme les hippies sixties, chevelu, avec parfois une dégaine de cow-boy ou un collier de barbe christique. Des bottines de cuir souple ou des santiags. Une allure à tomber, traînant dans son sillage un essaim de filles qu'il semblait ne pas voir. Christian Blondieau est le premier que j'ai vu porter des pattes d'eph. Tout le monde l'appelait Elvis, dont il possédait la souplesse et le sex-appeal ; il avait même dégotté des partitions originales du King qu'il interprétait sur sa guitare – ainsi apprit-il l'anglais. Le rock fut la meilleure méthode linguistique de tous les temps. Il se fournissait dans les PX américaines, casernes affectées aux GI où se dealaient whisky, jeans, chemises de l'armée yankee… Christian Blondieau n'allait d'ailleurs pas tarder à être plus connu sous le beau nom de Long Chris. Il rêvassait de chansons, maquettes de disque, pochettes de quarante-cinq tours, mâchonnant un chewing-gum menthol ou tirant sur une clope américaine, les yeux plissés derrière un rideau de fumée qui me faisait tousser. Il écrivait. Un poète en herbe – qui en fumait, je crois bien.

J'étais absolument baba. Les jeudis et les samedis sont devenus mes jours de fête où je le voyais débouler avec un flegme de hippie plus que de bonne d'enfants. Je me devais d'être à la hauteur. Ce n'est pas Chris qui veillait à ce que je ne m'ennuie pas en sa compagnie, c'est moi, captivé par lui. Ma mère avait raison, elle venait de me trouver le grand frangin idéal.

Un jeudi, Christian-Elvis-Long Chris m'a emmené voir *Rio Bravo* au Miramar de Montparnasse, avec John Wayne. Et Ricky Nelson, dont Johnny reprendra plus tard la chanson « L'idole des jeunes ».

Le rêve américain de ma génération dépassait le King de Memphis, son déhanché rockabilly, pour épouser les grands espaces où des cow-boys placides guident leurs troupeaux vers un couchant poussiéreux. Ce cliché était encore neuf et la Route 66 une voie que les beatniks venaient à peine d'ouvrir. Christian a été parmi les premiers à suivre cette piste imaginaire, les plaines de Jack Kerouac et la poésie d'Allen Ginsberg. Son univers me dépaysait bien plus fort que les osselets de mes camarades, les bastons à Saint-Lambert ou les chemises-cravates strictes qu'affectionnait papa. Tous les jeudis, rue Paul-Barruel, sa mère faisait une choucroute autour de laquelle s'attablait toute sa bande de potes du Golf-Drouot, la boîte en vogue, premier temple du rock français. J'adorais ces déjeuners. Christian Blondieau m'a tout de suite fait tourner la tête, ces êtres-là, flambeaux d'une jeunesse, sont trop rares pour qu'on ne leur voue pas une éternelle reconnaissance. Elle perdure, même si Chris est aujourd'hui un monsieur toujours placide, nettement moins chevelu, aussi enrobé que moi. Fasciné depuis toujours par les soldats de plomb, il est devenu antiquaire au Village suisse, près du Champ-de-Mars. Il demeure le premier ami qui aura transformé ma vie, juste avant le suivant…

Car un de ses copains nous attendait devant la caisse du Miramar. Un autre Elvis, quoique blond. Un félin dont le regard et le sourire vous transperçaient sans qu'il ait lâché un mot – certains fauves sont des timides. Aspirant chanteur, comme Chris, à la fois rayonnant et taciturne, qui grattait bien la guitare, le diamant de sa voix rendait l'assistance muette. Tout le monde surnommait déjà Jean-Philippe Smet Johnny. Tous les trois avons vachement aimé *Rio Bravo*. Sur le trottoir du boulevard, quand les deux grands ont proposé d'aller boire un drink, j'ai approuvé d'un signe de tête, crânement, en croisant les doigts pour qu'ils ne me renvoient pas chez ma mère. Heureusement, ils m'ont gardé en me commandant un diabolo.

– Un Coca, plutôt, j'ai fait.

J'ai commencé à traîner avec Elvis et Johnny au soleil si merveilleux de ces années soixante dont la nostalgie est aujourd'hui partagée même par ceux qui ne les ont pas connues. J'étais là, avec Eux, au tout début… Ne cherchez pas dans l'Hexagone un adolescent plus heureux que je ne l'ai été à ces heures-là. J'avais douze-treize ans. Chris et Johnny, seize ou dix-sept. Pendant les années qui suivirent, je ne les ai plus lâchés. Ma seule frousse était qu'ils se lassent du gamin que j'étais. Je mimais leurs attitudes, jouais au dur, je les provoquais, ils me chambraient sec, j'aurais fait n'importe quoi pour les bluffer, retenir leur attention. Je les aimais. Je ne voulais pas qu'ils me considèrent en morveux. Eux me firent la grâce de rire à mes conneries.

Et le temps a fondu comme neige au soleil. À douze ans, ma mère m'a offert mon premier appareil photo, à quinze, une caméra Éclair dernier cri. Gardienne de l'harmonie familiale, soucieuse que mon père ne fasse pas des crises inutiles et des cheveux blancs en apprenant mon absentéisme scolaire, elle est allée trouver mon professeur et lui a filé trois billets pour qu'il falsifie mon carnet de notes. Le prof les a pris, tu penses.

Je continuais à changer beaucoup de vestiaires, selon l'humeur, le moment. Tantôt en veste marine : « Je suis un prince, voyez mon blazer! » Tantôt en cuir : « Je suis un voyou, voyez mon blouson! »

Si je plaisais, je me plaisais, l'équation des adolescents. Quelques années ont passé, sans histoires que des riens dont me reste un flou radieux.

Le samedi, Chris et Johnny aimaient rejoindre une sorte de ranch, à Gallardon, en Eure-et-Loir. Une ferme qui servait à des décors de cinéma, des westerns, avec sa grand-rue, son saloon, des chevaux et des barrières de bois. On aurait pu se croire au Nevada ou au Nouveau-Mexique quand il ne pleuvait pas des cordes. À l'arrivée des beaux jours, on aurait pu s'y croire. Sans voiture, nous y allions en train, le road-trip US commençait dès la gare Saint-Lazare où nous arrivions en cow-boys. Eux surtout, en pantalons de peau à franges, gilets cloutés, chapeaux et petits foulards rouges noués autour du cou. Chris et Johnny portaient aussi de grosses ceintures, des colts à plomb. Et des chaps, ces basques de cuir qui protègent les jambes des cow-boys du bétail. Dans le métro, même aux heures de pointe, ces accessoires paraissaient un peu excessifs. Chris y incrustait des fioritures de métal ou des pierres semi-précieuses qui rendaient Johnny admiratif.

– Comment tu fais ça, putain, c'est classe.

Si certains voyageurs de la SNCF nous toisaient bizarrement, je m'en foutais, je ne voyais que Chris et Johnny, Elvis & Elvis, le brun, le blond, traînant leurs santiags sur le quai vers les grandes plaines d'Eure-et-Loir. Mes deux héros. Une fois sur place, même si les groseilliers ne ressemblent pas aux cactus, nous allumions des feux de camp avant de dormir à la belle étoile, jambes croisées, bottés, le chapeau sur le nez. Les fourmis me dévoraient, j'avais mal au cul, aux pieds, mais j'endurais sans broncher, en extase. Comme eux, je voyais les trente-six étoiles du Stars and Stripes flotter dans la voûte céleste, j'écoutais leurs guitares, leurs *american songs*, en regardant rougeoyer les braises.

Pour ne pas rester figurant (je ne pouvais pas pousser la chansonnette), fallait trouver mon truc à moi. Une bonne partie de ces week-ends passait à tirer sur des bouteilles en verre. Nos colts crépitaient sans rien casser ni risquer une balle perdue, mais ils nous permettaient de rejouer les poses des gringos de *Rio Bravo* et autres westerns, criants de vérité. On s'y serait cru, on s'y croyait, même si les bouseux du coin en salopette détournaient la tête quand nous les croisions.

– C'est des jaloux, lâchait Chris, imperturbable, comme Lee Van Cleef.

Pour mon meilleur ami, Marc Francelet…, de maintenant à toujours…
Johnny Hallyday

Johnny n'ajoutait rien, comme Clint Eastwood. Un samedi, je ne sais plus comment, je me suis débrouillé pour ramener un pistolet, un vrai, un .22 Long Rifle. Johnny a aligné les bouteilles, toujours les mêmes, nos doigts ont fait tournoyer les gâchettes pour se chauffer et nous avons ouvert le feu, mais moi, au bout d'un moment, j'ai fini par faire voler en éclats une bouteille de Coca. Elvis et Johnny ont braqué leurs regards sur moi, deux paires d'yeux bleu lagon, médusés. J'ai compris à cette minute-là que le benjamin, ce « p'tit enfoiré de Marc », était vraiment des leurs.

Mon ami à jamais et pour toujours, m'écrivit plus tard Johnny, au bas d'une de ses photos.

Magic Instant

Je parle, je parle… j'en perds le fil. Nous en étions à mon premier pactole, entre huile sur toile et green de golf… Le générique du Cinéac, les *bang bang* de nos colts m'ont emmené loin dans l'épaisse forêt de la mémoire. J'y vois maintenant briller le petit appareil photo, un Pentax 35 mm, cadeau de ma mère pour mon anniversaire.

Un appareil photo vaut mieux qu'un diplôme. J'ai pris l'habitude de le fourrer dans ma poche. Surtout l'été, pendant les vacances que nous passons à Saint-Jean-de-Luz ou à Biarritz. Les rencontres ne cessent pas, un jour sans est un jour gâché. Sur la plage de Saint-Jean-de-Luz, je tombe sur un jeune type, blond, avec une gueule d'ange, qui lui non plus ne trouve guère d'horizon dans sa famille. Un gosse de riche avec un nom de bourge : François-Marie. François-Marie me regarde bizarrement, comme une fille envisage un mec. Un de ces regards où on se sent quelqu'un, mais qui exactement ? Il n'était pas pareil que mes potes de Saint-Lambert, pas non plus un petit bourge des beaux quartiers. Quelqu'un de singulier sans être solitaire, comme moi. M'entendre parler tirage, exposition, zoom n'avait pas l'air de le bassiner. Je lui explique être fou de photo et vouloir devenir photographe.

– Moi, je serai écrivain.

François-Marie Banier est devenu romancier et photographe. Lui aussi rencontrera l'Argent, bien plus tard, choc qui l'a pas mal secoué d'après ce qu'en ont écrit les journaux. En attendant, il me trouvait vachement musclé au point de finir par se déclarer amoureux de moi, truc que je n'avais jamais cru possible, en fait. Nous n'avons pas été plus loin qu'une amitié où je me suis senti parfois plus gêné que lui. Les années soixante avaient beau élargir le champ des expériences, je n'ai pas exploré celle-là. Mais quarante ans plus tard, François-Marie Banier m'a honoré d'un beau portrait dans *Le Monde* :

Marc Francelet était déjà photographe. Il portait un blouson de cuir noir. Nous avions le même âge. Quinze ans. Mais il avait déjà l'air d'un homme. Un mec. Yeux noirs, lèvres larges, une bonne tête, franc, il se disait « fou de photo ». Il expliquait comment on agrandissait une partie du négatif pour rendre la photo percutante. Il avait des histoires d'un autre monde. Les filles étaient séduites, les garçons se sentaient protégés par ce grand frère qui sut très vite en trouver d'autres[4].

Je l'ai photographié sur le sable, il a dû m'écrire un poème ou deux, j'ai bien tenté de le mettre sur des coups

4. *Le Monde*, 25 octobre 1975.

avec des gonzesses, tâche facile tant il était beau, mais il n'a pas plus concrétisé avec elles que moi avec lui.

Pendant ce temps, à Paris, une étincelle est venue mettre le feu à un baril de poudre nommé Johnny Hallyday. L'histoire est connue : audition, rencontre, espoir, rendez-vous avec un directeur artistique… Et un début calamiteux, ce disque à la con où Vogue lui impose de reprendre « Itsy, Bitsy, Petit Bikini », entre autres titres, succès déjà lancé par Dalida. Johnny a obtempéré, c'était sa première chance. Sur Europe 1, Lucien Morisse, ex-mari de Dalida et directeur artistique de la station, n'a pas apprécié la copie. Il a passé le titre avant de conclure : « Vous avez entendu ce débutant… Eh bien, vous ne l'entendrez plus. » Et le faiseur de carrière a cassé le disque en deux à l'antenne.

Derrière son transistor, auditeur transi de son baptême du feu, mon pote Johnny a pris ce *crac* en pleine gueule. Sa gloire démarrait sur un coup au moral. Et elle se poursuivrait à faire passer pour un dur un caractère sensible, voire sentimental, un gosse sous le cuir du rock. Le seau d'eau froide n'a pas suffi à éteindre sa flamme. Mimant Elvis Presley, mimant James Dean jusqu'à des détails insensés, Johnny Hallyday a percé. Je l'ai accompagné à une de ses premières séances photos avec une pointure de *Paris Match*, Gérard Géry. L'occasion était trop belle pour moi et mon petit Pentax 35 mm. Pendant que Géry shootait Johnny sous toutes les coutures, j'ai pris quelques photos, en loucedé. Le pro s'en est aperçu et s'est mis en rage.

– Qu'est-ce que tu fous, pour qui tu te prends, tu te crois où ? Donne-moi tout de suite cette pelloche.

J'ai bafouillé, tripatouillé mon appareil le temps d'échanger deux pellicules avant de lui tendre la vierge et de me faire virer du plateau. Grillé, en voilà un qui ne me ferait pas de cadeau – je me trompais.

Je recherchais toujours la compagnie de mes aînés, plus engagés dans la vie réelle. Au square Saint-Lambert passait souvent un mec très sympa au volant d'une des toutes premières Jaguar Type E. Les colts, les bagnoles me faisaient rêver, comme un garçon, j'aimais les canons et les klaxons. Je le regardais en songeant qu'il me fallait absolument brancher un type qui roulait dans un carrosse Jaguar. Il était forcément passionnant, si Élisabeth II faisait une grosse bringue, ce mec serait sûrement invité à Buckingham.

Je l'ai abordé sur le trottoir, devant sa voiture, fasciné. Lui m'a bien reçu, ouvert, curieux. Bien plus tard, j'ai su qu'il travaillait pour les services secrets français, le SDECE, activité parallèle au journalisme : au lieu de publier des informations dans un canard, l'espion les adresse à son ministère. Je lui ai confié l'idéal de ma jeune existence, devenir reporter-photographe, espérance que je ne pouvais même pas partager à la table familiale, mon père estimant que c'était un métier de voyou. Papa voulait que je devienne architecte, comme lui, quand je ne voyais même pas l'intérêt de rallier un point à un autre avec mon double-décimètre. L'inconnu à la Jaguar m'a compris, mon tempérament lui semblait même propice à l'emploi. Dans la foulée, il m'a conseillé de me présenter, quand je voulais, de sa part, à l'agence de photos Dalmas, une des plus importantes de l'époque. Le lendemain matin, j'y sonnais.

La pure bienveillance est rarissime, elle a le plus souvent un ressort caché. Avec le recul, je dirais que l'inconnu des services secrets se doutait que je ferais mon trou et qu'un beau jour, Marc Francelet lui revaudrait cette fière chandelle. Pour avoir croisé par la suite à maintes reprises les services d'espionnage de diverses nations, je sais que les meilleurs agents sont ceux qui te font bosser pour eux sans même que tu le saches – j'y reviendrai.

À l'agence, je me suis présenté devant une figure de l'époque dont le nom s'est effacé tout en demeurant une référence dans les annales de la profession : Louis Dalmas de Polignac. « Dal » pour les intimes. « Le marquis rouge » pour les gazettes. Encore un grand seigneur, courtois, résistant de la première heure et, plus surprenant, trotskiste formé par Jean-Paul Sartre dont il fut le secrétaire. En 1957, il avait fondé son agence de presse, la première « news magazine ».

Quand Louis Dalmas de Polignac a entendu le nom qui me recommandait, il a hoché la tête, ajouté deux trois-questions avant d'acquiescer :

– On va vous trouver des petites choses à faire, pour commencer.

– Merci, monsieur.

– Appelez-moi donc Louis, bienvenue chez nous.

J'ai commencé à prendre quelques photos que je portais au labo où œuvrait un jeune talent du photojournalisme. D'un caractère aussi doux que ses images étaient à la fois fortes et poétiques, avec cette certitude tranquille propre aux authentiques créateurs : le tireur s'appelait Raymond Depardon. Pour grimper vite et fort chez Dalmas, fallait trouver un coup, un scoop. Grimper vite et fort, comme Johnny Hallyday. On parlait déjà de lui partout. Une folie furieuse. En appliquant à la France exactement ce qu'Elvis avait infligé à l'Amérique, il obtenait un effet similaire. Big Bang. Toute la jeunesse de l'Hexagone attendait sans le savoir une belle gueule qui sache bouger, chanter, caresser, provoquer, mi-gendre idéal, mi-pyromane. Johnny Hallyday était en passe de devenir « l'idole des jeunes » quand le service militaire le réclama.

Même si l'uniforme et le drapeau incarnaient encore un prestige et un sens du devoir intacts, la perspective de s'engager n'enchantait pas Johnny, morose à l'idée d'aller jouer les troufions. Seulement voilà, comme Elvis quelques années auparavant outre-Atlantique, sa défection aurait altéré son image et sa carrière, les imprésarios qui commençaient à graviter autour du phénomène lui ont interdit de jouer les rebelles. Un soir que nous étions ensemble avec Long Chris, il a soupiré, tête basse :

– La semaine prochaine, faut que j'aille passer mon conseil de révision au fort de Vincennes.

Et « le Grand », comme nous le surnommions déjà, a attrapé sa guitare pour oublier cette mouise.

Un voyant rouge s'est allumé dans mon cerveau, semblable à celui des plateaux d'enregistrement : *ON*. Un signal par lequel s'annonce depuis dans mon ciboulot la perspective d'un scoop, un branle-bas de combat général qui va devenir ma drogue douce et dure, personnelle.

Un matin de janvier 1963, par un froid de gueux, je prends le métro, ligne 1, direction Vincennes. Arrivé à la station Château de Vincennes, sur le cours des Maréchaux, devant le fort, j'entre dans un troquet. Tout bon repérage démarre par un troquet. Évidemment, j'y trouve des soldats. L'armée française n'est pas le bagne, cette caserne n'est pas Fort Knox, deux bidasses me confient en se bidonnant qu'un trou creusé sous la clôture leur permet de se faire la belle, tous les soirs.

Au premier des trois jours de l'appelé Jean-Philippe Smet, me voilà de retour. La meute des photographes bat la semelle aux portes du fort. Johnny est à l'intérieur. Tous attendent la sortie de la nouvelle idole. Je m'écarte, longe la clôture, me jette dans le trou pour me retrouver à l'intérieur de l'enceinte. J'avance vers la caserne. Dans la cour, je tombe sur un des types à qui j'ai payé un verre, au troquet. Il me reconnaît, consterné.

– Qu'est-ce tu fous là, toi ?

J'explique, franco. Je ne le baratine pas. La fraternité passe par la franchise. Vite, c'est maintenant, coco, maintenant que tu joues ton avenir, ta chance, ta carte (de presse). Je viens pour une photo, *la* photo. Le mec m'écoute, avant de m'entraîner.

– Viens par ici.

Dans un bâtiment, il attrape un treillis, me le tend.

– Enfile-le. On te voit à cent mètres, tu vas te faire choper.

Je saute dedans, le mec me calcule, se marre.

– Avec cette tignasse, t'as toujours pas l'air d'un bleu.

Direction le coiffeur du régiment qui me tond la boule à zéro avec un malin plaisir. J'ai bien la tronche d'un bleu maintenant, aucun doute. Où est Johnny? Johnny planche en salle d'étude à l'intérieur du bâtiment principal, premier étage. Je fais un tour – te presse pas, marche lentement, fonds-toi dans le décor. Passe-muraille. Je repère une gouttière. Personne en vue. Je vais me faire gauler, foutre au trou. Je monte le long de la gouttière, j'assure ma prise. Je vais me viander. La gouttière tient le coup. Je me retrouve sur la corniche. Je tâte mon Pentax à travers la toile du treillis. Après avoir rampé le long de la façade, j'arrive à une fenêtre, je colle mon nez à la vitre. La salle est pleine d'appelés. Au premier rang, à deux, trois mètres de moi, Johnny m'apparaît à un pupitre, devant une feuille, stylo à la main. Putain, merci mon Dieu. Le cul bordé de nouilles. Le gradé tourne le dos. Je tapote la vitre du doigt. Johnny lève la tête, me reconnaît, éberlué. La stupéfaction se lit dans ses yeux, avant un sourire. Je lui montre mon Pentax. Il éclate de rire. Je baisse la tête, mords ma lèvre. J'y retourne. Je fixe Johnny. Toi, tu chantes, moi je suis reporter. Tu piges? Mon ami pige. Je suis dans un état second. Je pénètre ma vie, mort de frousse et fou de joie. Je clique une fois, deux fois, trois. Trois images, c'est

Janvier 1963, au fort de Vincennes. Je photographie subrepticement Johnny à son conseil de révision, lors de la traditionnelle dictée. J'avais 15 ans, lui 19. Ma carrière est lancée.

bon. Je suis bien, bordel de merde, ce que je suis bien. Pas ce prétentieux de Géry qui mitraille en studio. Je suis le Che Guevara de l'info. Je recule, je redescends par la gouttière. Mon cœur cogne fort. Je me change, j'abandonne l'uniforme, je passe la main sur ma boule à zéro. Je marche vite, de plus en plus vite, je me sauve, dommage pour mes cheveux. Dans le trou de la clôture, je plonge. Ça repoussera. Je cogne la terre, l'appareil serré dans mon poing, je vois du ciel, une touffe de pissenlit, je reviens à la vie civile. Libre.

Si je n'avais pas rencontré ce soldat au troquet du fort de Vincennes, si l'Ami Inconnu ne m'avait pas donné un uniforme avant de m'emmener chez le coiffeur, ma vie aurait-elle été la même ?

Ma pelloche est allée au labo et ma photo du labo à *France-Soir* où elle est sortie sur cinq colonnes à la une dans l'édition de 14 h 30. Dans l'attente de Johnny, les confrères piétinaient encore à l'entrée du fort de Vincennes qu'un crieur est venu leur mettre sous le nez le scoop de l'hiver 63. Mon nom n'y figurait pas, l'image était signée Agence Dalmas. Une question s'est mise à bourdonner à travers les rédacs : qui a fait ce coup-là, qui ? Qui ?

Pour moi la vie va commencer.

Quelques jours plus tard, j'ai reçu un coup de fil de Gérard Géry, photographe et figure de *Paris Match* où il enchaînait les unes. Nous nous connaissions depuis la séance photo qui avait mal tourné pour moi. La profession le surnommait Coucoune (« petit » en provençal) du fait de son mètre soixante. Je n'étais guère plus grand mais nettement plus jeune.

– Tu veux devenir mon assistant ?

– Oui, quand tu veux…

Géry ne m'en voulait plus, malgré l'incident avec Johnny. Mon toupet a éteint sa colère. C'était un pro, un œil, auquel je dois beaucoup. Il m'a fait entrer à *Match*, un tel coup de pouce ne s'oublie pas. Géry me faisait rêver, un guide de haute montagne de Chamonix qui avait réalisé quelques unes mythiques, notamment celle de Walter Bonatti sur le pilier sud-ouest du Dru. Plus tard, c'est encore Géry qui se posera sur l'île volcanique qui venait d'apparaître au large de l'Islande, au risque d'être englouti à tout instant. Le visage couvert de cendres, il brandissait sur la grève noire le drapeau du journal. Je voulais vivre sa vie, être lui, avec mon bagage à moi, et gravir toutes sortes de montagnes.

À dix-sept ans, j'entre à *Match*, je suis un homme.

Beaucoup savent encore ce que fut *Paris Match* pour la presse et le public de cette époque parce que les légendes sont plus fortes que l'oubli. Le seul titre français assez fort pour rivaliser avec les grands news anglo-saxons, un *Life* à la française, propriété du magnat Jean Prouvost. En 1949, après avoir été interdit de parution durant la guerre, le titre est réapparu en kiosque avec sa devise : « Le poids des mots, le choc des photos ». Aujourd'hui encore, un papier ne peut paraître sans image ni une image sans info. Je vivais mon désir d'enfant.

La presse était encore essentiellement écrite, fiévreuse, passionnelle, servie par une armée de sténos, de coursiers, de rédacteurs, avec ses odeurs d'encre et de papier, sa fanfare, les jingles « urgent » des télex, la frappe des machines à écrire. Ça fumait comme des pompiers à tous les étages. On se servait de carbones, de gommes et de crayons, de colle blanche et de scotch. Chaque photographie avait sa légende tapée à la machine sur une languette de papier qui se rabattait au dos. La sueur des bouclages se mêlait aux parfums fleuris des secrétaires. Un stage de reporter à *Match* signifiait entrer dans un royaume, mener la belle, la grande vie. Un journaliste n'était pas un employé compilateur vissé à son écran connecté, comme aujourd'hui. Fallait aller chercher l'information là où elle naissait, dans les hourras ou les tumultes du globe. Dès la première étincelle, ton chef des infos, ton rédacteur en chef ou ton chef de service t'envoyaient au bout du monde, à la guerre aussi bien que sur des Rivieras. Prouvost avait défini la ligne de son magazine : ce serait aussi bien Churchill (première couv) ou de Gaulle que… des starlettes. À la fois populaire et international, chic et choc, tant pour la ménagère provinciale que le cadre parisien. *Paris Match* accusa longtemps des pertes avant de décoller, toujours sous la houlette de monsieur Prouvost, secondé par un directeur de la rédaction qui régnerait jusqu'à l'âge de soixante-quinze ans : Roger Thérond. En 1957, l'équipe avait fêté son record de ventes avec la visite d'Élisabeth II à Paris : 2 231 594 exemplaires. Soit près de dix millions de lecteurs, un numéro passant de main en main trois ou quatre fois. Quoique impressionnantes, les archives du journal suscitaient en moi moins de fantasmes, j'avoue, que le parking où se garait de façon anarchique une flottille de Ferrari, Aston Martin, Porsche et autres Triumph dans lesquelles roulaient grandes plumes et grands reporters. Vrombissant, ils partaient prendre les plus belles filles pour les conduire dans les meilleurs restaurants – ou ailleurs. Le marché de la presse s'arrachait les plus talentueux. Soucieux de leur réputation, de leur prestige, les grands titres les défrayaient généreusement, les lieux en vogue leur offraient tables ouvertes… Une épopée que Fellini venait d'illustrer par *La Dolce Vita*, déambulation d'un chroniqueur, inspiré de Benno Graziani et interprété par Marcello (Mastroianni), accompagné du photographe Paparazzo, inspiré de Willy Rizzo – un job d'avenir. Son film avait obtenu la palme d'or du festival de Cannes en 1960. À *Match*, cette *dolce vita* n'empêchait pas les envoyés spéciaux d'aller risquer leur peau sur des théâtres d'opérations dangereux ou sanglants. Le même homme pouvait se reposer d'un reportage très dur en allant photographier l'immigration des oiseaux de Camargue ou les célébrités en farniente à Saint-Tropez, petit port de la Côte d'Azur qui commençait à beaucoup faire parler – j'y reviendrai, évidemment.

La photo d'un beau mec, Jean-Pierre Pedrazzini, ornait le hall. Un photographe mort en reportage sur la révolution hongroise de 1956. Rapatrié d'urgence en France, après une rafale de mitraillette soviétique, les médecins n'avaient malheureusement pas pu le sauver. Sur son lit d'hôpital, Jean-Pierre Pedrazzini est mort devant les tirages des photos qu'il venait de faire dans Budapest insurgée. Jamais il n'a dû imaginer, au même instant, devenir un mythe de la profession. On parle encore, à la rédaction de *Match*, de la belle gueule et du talent de « Pedra ».

Sur un autre point chaud du globe, cette même semaine de la Toussaint 56, dramatique pour le journal, avait vu mourir un second collaborateur, lui aussi figure légendaire : Jean Roy et sa fureur de vivre. Les paras alliés sautaient sur le canal de Suez, bloqué par Nasser. Avec David Seymour, compagnon de route de Robert Capa, Roy roulait en Jeep vers El Kantara où on signalait d'ultimes combats. Un arbre a barré sa route, des soldats égyptiens ont jailli des buissons avant d'ouvrir le feu. Seymour est mort sur le coup – vingt-trois balles dans le corps. Blessé au bras, Roy a crié « *I am a journalist* » avant d'être abattu à son tour – quatre-vingt-treize balles. Ce furent ses ultimes paroles. Sur le pare-chocs de sa Jeep, Roy avait peint un drapeau tricolore et « Balzac.00.24 », le numéro du standard du journal.

Ce sont aussi ces hommes qu'on rejoignait en entrant à *Paris Match*[5].

---

5. Pour en savoir plus sur la trajectoire fulgurante de ces hommes qui ont donné leur vie au journal, j'incite le lecteur à consulter *Les Héros du photojournalisme* (Le Chêne, 2014), le passionnant ouvrage de mon ami Patrick Mahé, ex-rédacteur en chef de *Match*, ou les numéros Hors-série qu'il dirige aujourd'hui.

Je ne saurai jamais si c'est par sympathie à l'égard de ma débrouillardise ou pour me bizuter que mes aînés et confrères me confièrent une mission essentielle bien que souterraine. Bientôt, je serais chargé, dans une imprimerie clandestine sise au fond d'une cave de l'immeuble, de fabriquer les faux tampons qui certifient les notes de frais. Dans la ruche de *Match*, d'aucuns ne se contentaient pas d'enfler leurs dépenses, au besoin, ils les inventaient. À se demander si mon père n'avait pas doublement raison, non seulement ce métier est une activité de voyous, mais son fils avait peut-être un penchant pour la filouterie. J'ai assuré avec soin cette charge. Ce n'est que bien après moi que fut découvert le pot aux roses. Un chef du personnel en vacances en Grèce eut la bonne idée de descendre dans le même hôtel que les envoyés du journal, réputés fréquenter les meilleures maisons de la planète. À Athènes, quelle ne fut pas sa surprise, descendant du taxi à l'adresse indiquée, de tomber… sur un bureau de poste. L'hôtel n'avait existé que dans l'imagination des faussaires.

Dans la place, j'ai assuré mon stage sur les pas de Gérard Géry. Et je suis resté, protégé par un allié de choix en la personne de Roger Thérond lui-même. Toute la rédaction voyait bien que le directeur m'avait à la bonne. Thérond me fascinait, haut et sec, élégant, premier arrivé, dernier parti, plus glacial que colérique dans ses exigences continuelles – en vacances, plus tard, je le découvrirais plein de douceur et de laisser-aller en famille, aux antipodes de son caractère professionnel. Il m'a fait visiter Le journal, Son journal, Mon journal : « Ici, les sténos », « Ici, les metteurs en page », « Nos rewriters ». J'ai salué poliment chacun, tous les journalistes savent qu'il faut être bien avec les services techniques susceptibles de couvrir tes retards ou de t'arranger un coup – surtout les sténos, un métier disparu. Roger Thérond m'autorisa même, insigne honneur, à assister à la conférence du lundi.

À peine arrivé à *Match*, je m'enfonçais au cœur du réacteur, chaque lundi faisait mes dimanches. Derrière mon sourire, j'avançais bouche bée, les yeux et les oreilles également grands ouverts afin de ne pas en perdre une miette. Dans ce métier, c'est souvent à partir d'une miette que tu fais ton pain.

Pour moi, le saint des saints restera cependant non pas « la conf' » mais « le mur ». Le plus important, le plus beau et le plus changeant des murs, celui du chemin de fer qu'aucune technologie n'a pu abattre, ce mur rythme encore le quotidien de la presse écrite. Celui où se succédaient sur une bande de liège les 130 pages d'un numéro de *Match*, et qui, chaque jeudi, jour de sortie du numéro, redevenait vierge. De jour en jour, d'heure en heure, cet espace se griserait à nouveau d'articles et de visuels validés. En presse, le temps ne passe pas, le temps recommence. Selon l'actualité et les urgences, papiers et photos se concurrençaient sur ce chemin de fer mural, valorisés, diminués ou relégués au marbre froid d'un numéro prochain, parfois même jetés à la corbeille. Le mur, mon mur. L'enfer et le paradis où, d'innombrables fois, je viendrais contrôler où en était mon sujet, sur combien de pages, où je retournerais encore vérifier en croisant les doigts qu'il n'ait pas sauté. Ce chemin de liège et de punaises donne au débutant ses beaux souvenirs et son début d'ulcère. Ce mur de *Paris Match* au pied duquel, bien plus tard, pour mon ami Jean-Paul Belmondo, je me fâcherais avec Roger Thérond pendant plusieurs années. Roger aussi était un homme du mur, combien de soirs l'ai-je vu collé à cette fresque hebdomadaire, cassé en deux ou même à genoux, à rectifier une légende, changer un détail, exiger une meilleure photo.

Je rêve d'un sujet de une, d'une image choc signée Francelet, pas Agence Dalmas, en écoutant mes aînés, en observant Thérond arpenter le mur et déplacer d'une main experte tel sujet.

J'ai la cote, je le sens, parce qu'on mise sur moi en m'attendant au tournant, déjà. À certaines réflexions, je perçois même la jalousie de quelques-uns, leurs piques aiguisent mon appétit. Je dois doubler la mise par un second gros coup, le plus vite possible.

Nous sommes aux premiers jours de novembre 1965. La France entière se demande si de Gaulle sera candidat à la première élection présidentielle de la Ve République au suffrage universel. Le chef de l'État, aussi muet que son uniforme, ne laisse percer aucun indice. Derrière les murs du château, il réfléchit. À *Match*, nous préparons huit pages couleurs sur l'Élysée, mais comment y intégrer le général taciturne et invisible ? J'ouvre ma bouche, naïvement :

– Il doit bien y avoir un moyen de prendre un cliché du Général ?

Claude Azoulay, figure du journal, excellent photographe qui deviendra grand (et que choisira François Mitterrand), m'envoie sur les roses aussi sec.

– Téléphone-lui et prends rendez-vous, connard.

Ces quelques mots ont suffi à rallumer la flamme rouge au fond de mon cerveau, comme le soir où Johnny nous avait tristement annoncé sa convocation aux trois jours militaires.

Dès la fin de la réunion, je quitte l'immeuble. Le siège du journal se situe à quelques rues du palais présidentiel. Rue de l'Élysée, perpendiculaire au parc, un hôtel particulier est en rénovation, des ouvriers sont au travail, filtrés par un planton de gardes mobiles. Observe, flaire, repère. Et je file au troquet le plus proche prendre un kawa, jouer au flipper. Rebelote, comme à Vincennes, j'accroche un groupe de maçons, reconnaissables à leurs salopettes blanches de plâtre. Ils bossent sur le chantier. Je sympathise. Un journaliste qui ne sympathise pas est non seulement un con, mais aussi un incompétent.

– Dites, alors, vous le voyez, parfois, le Général ?

– Tous les jours ! Après déjeuner, il fait son petit tour.

Je les quitte pour me précipiter à la Samaritaine où j'achète une salopette, une musette…

Le lendemain, je reviens au petit matin, d'un pas pressé, en tenue, avec ma musette, un apprenti à la bourre… Un jeune gars avec sa musette, mal réveillé, essoufflé d'avoir cavalé, ne peut pas être un tueur. Le gendarme me fixe, un instant.

– Vas-y, passe.

Barbe d'or!

Je retrouve mes copains de bistrot, qui ne s'effraient pas de mon intrusion.

– On n'en a rien à foutre, on ne t'a pas vu… T'as pas une carabine, au moins?

Ils rigolent, moi aussi. Ma seule arme est mon Pentax et un téléobjectif de 180 mm, le seul à rentrer dans la musette. J'escalade l'échafaudage qui s'élève en façade jusqu'à atteindre les toits. Un poste d'observation qui offre une belle vue sur la masse noire du palais. Je ne pense à rien. Je planque. J'attends. Je n'ai pas peur. Je suis là où je dois être. J'attends. Une heure. Le jour se lève sur Paris et la présidence, en découvrant les jardins, l'étang. Le drapeau bleu, blanc, rouge, à la loge d'honneur, claque au vent de la fin d'automne. Au bout de deux heures, le froid me perce lentement. Je remue à peine de peur d'attirer l'attention, les crampes deviennent douloureuses. Trois, quatre heures. Je ne me décourage pas. S'il ne vient pas, je resterai jusqu'à demain. J'ai toute ma vie devant moi. Au bout de six heures de guet, un reflet cligne au loin, parmi la verdure. Une porte-fenêtre s'ouvre au rez-de-chaussée du palais et je *le* vois.

Le général de Gaulle quitte la salle à manger pour sa promenade quotidienne. L'habitude est une autre alliée de notre métier.

En quatre ans, Charles de Gaulle a échappé à quatre attentats montés par les têtes brûlées de l'OAS. Les snipers postés sur les toits voisins, apercevant une ombre planquée, armée d'un engin, pourraient me tirer comme un lapin. J'y pense un instant mais ce n'est pas grave et c'est trop tard. N'existent plus sur terre que *lui* et *moi*. Charles de Gaulle entre dans mon objectif, sa haute silhouette en manteau noir m'éblouit. J'assure le point sur son profil de médaille, ses épaules, tandis que Tante Yvonne sort sur ses talons. Je le vois relire une feuille de papier avant de la glisser dans la poche de son manteau et poursuivre sa promenade, songeur. Madame de Gaulle trottine vers l'étang. Le temps se fige, je shoote, une, deux, dix, les trente-six clichés d'une pellicule, avant d'en charger une seconde et de prendre trente-six nouvelles images.

J'ai la photo.

Je rampe sur le toit, j'atteins l'échafaudage, j'ouvre la trappe pour dévaler les escaliers. Au rez-de-chaussée, je ralentis en adressant un petit signe amical aux pandores, qui croient à un ouvrier quittant le turbin. Quelques dizaines de mètres plus loin, je reprends ma course à fond de train, par l'avenue Gabriel, vers le rond-point des Champs-Élysées, je cavale, je cavale à perdre haleine, m'engouffre dans le hall du journal, rue Pierre-Charron. Je monte aux bureaux et je crie :

– J'ai les plaques du Général !

1962. Mon plus gros scoop. Déguisé en ouvrier, je « mitraille » le général de Gaulle à 200 mètres lors de sa promenade dans les jardins de l'Élysée. J'ai 17 ans. Un an après, j'obtiens ma carte de presse.

Sur le coup, André Lacaze[6], rédacteur en chef, ne me croit pas vraiment. À mon air assuré, victorieux, il se tâte, se ravise. Après l'« idole des jeunes », le président ? Nom de Dieu de bordel de merde. Dans la presse, la joie s'exprime par une bordée de grossièretés, même chez les mieux éduqués, un tic du métier. Nous descendons au labo, en bas. Là, dans le bain, sous notre nez, à la lampe rouge, par un silence digne d'un miracle, la silhouette martiale du Général se précise lentement dans le bac. L'homme dont toute la France attend la décision en vue de l'élection.

Dans les yeux de Roger Thérond, quelques minutes plus tard, j'ai vu passer la même lueur que celle qui me (trans)portait. Lui, les chefs de service, la plupart de mes confrères à l'époque, la grande famille de *Match* : nous étions tous animés par cette flamme. Je la trouve encore chez certains journalistes.

Jean Prouvost en personne, également propriétaire du *Figaro*, de *Marie-Claire*, de RTL, le « Citizen Kane français », s'est déplacé pour me féliciter, entouré d'un aréopage. Chacune de ses rares visites provoquait une sorte de recueillement collectif. Le complet gris prince-de-galles qui l'enveloppait me parut encore plus chic que ceux de Thérond. En m'apercevant, le grand patron a éclaté de rire – ce qui ne s'était carrément jamais vu : dans

6. André Lacaze publiera à la fin des années soixante-dix un best-seller mondial admirable : *Le Tunnel* (Julliard, 1978, réédité en 2000).

le feu de l'action, je n'avais pas quitté ma salopette maculée de peinture.

Jean Prouvost m'a serré la main avant de commander du champagne pour un pot en l'honneur d'un reporter de dix-sept ans.

Mes photos ont paru le 5 novembre avec ce titre magnifique : *Ce jour-là, seul de Gaulle savait !*

Le général de Gaulle venait d'annoncer par une allocution solennelle sa candidature à la première élection au suffrage universel du président de la Ve République.

Je me demande toujours si le papier que je l'avais vu glisser dans sa poche n'était pas le brouillon de cette allocution.

Quelque temps plus tard, une lettre recommandée est arrivée à la maison. Chez les gens sans histoire, ce genre de courrier suscite l'inquiétude. Elle m'était destinée. Mon père, anticipant une de mes frasques, l'a ouverte rageusement. Elle contenait ma carte de presse et il a piqué une crise.

Numéro 23275. Je le sais encore par cœur, comme je connais mieux aujourd'hui cet homme dont je comprendrais seulement plus tard, trop tard, comment et combien il m'aimait. Ainsi en est-il parfois entre un père et son fils.

Ma photo à la une de *Match* a fait du barouf au point de provoquer le remaniement des services de sécurité autour du Général. Roger Thérond a entendu tonner la foudre mais il savait encaisser les fureurs du pouvoir. Cet homme était à la fois un chêne et un roseau. En

Journaliste à 17 ans!

prenant connaissance de la photo et des circonstances, le Grand Charles a lâché un commentaire laconique qui me fut rapporté plus tard par un de ses collaborateurs : « Ce photographe est bien jeune… Il ferait mieux de reprendre ses études. »

J'ai passé outre. Bientôt le chef de l'État entendra de nouveau parler de ce jeunot.

Pour mes dix-huit ans, ma mère a claqué ses économies pour m'offrir une Triumph TR3 qui ne déparait pas sur le parking de *Match*.

Une Triumph TR3 rouge baiser.

Malgré les années, je n'ai pas soixante-quinze ans, je ne les aurai jamais, parce que je suis toujours ce jeune homme couvert de plâtre qui déboule à *Match* en criant :

– J'ai les plaques !

Voilà quelques jours encore, en juin 2020, je planquais place Vendôme dans une bagnole avec un confrère photographe en attendant l'arrivée de Ziad Takieddine. Je ne prends plus de photos mais je ne renonce pas à traquer l'info ou inspirer un sujet. J'étais le seul à savoir que l'affairiste, témoin clé dans le procès des rétro-commissions qui incrimine jusqu'à Nicolas Sarkozy et Édouard Balladur, recherché depuis sa condamnation à cinq ans de prison ferme, se trouvait encore à Paris alors qu'on le croyait en fuite au Liban. Takieddine n'est pas venu. Tout le monde n'est pas toujours à la hauteur, au moment de franchir l'obstacle, à l'instant fatidique du scoop. Mais il voulait parler et l'interview a eu lieu quand même. Après avoir été contacté par son émissaire, j'ai prévenu la rédaction de *Paris Match* et du *Journal du dimanche.*

J'ai planqué deux heures pour faire chou blanc. Gattegno et Takieddine se sont parlés en visioconférence, l'absence d'images n'a pas permis d'exploiter cet entretien à *Match* où le poids des mots ne va toujours pas sans le choc des photos. Le sujet a été publié dans le *Journal du dimanche.*

Je l'ai fait pour pas un rond. Je ne me soucie même plus d'avoir mon nom dans le journal. Comme pour Alexandre Benalla et d'autres, je le fais pour me retrouver, pouvoir dire à un directeur de rédaction :

– J'ai les plaques !

Quand tu réussis un beau sujet, tu renais avec lui. Et puis ça passe, comme le reste. Alors tu recommences. C'est comme le pognon, mais en plus beau.

Belles de nuit

Je ne suis pas de la nuit. La nuit, je dors, peu, mal, mais je dors. Je suis du matin, au point du jour, quand les livreurs jettent les paquets de journaux au pied des kiosques. Je n'ai pas vécu la *dolce vita* au-delà des années soixante. Après, du temps où Johnny et moi ne nous quittions plus d'une santiag, je dérogeais encore parfois à ma règle : comment refuser une première de concert, une virée en jet privé, un week-end, vite fait, à Acapulco ? Mais en continuant à me lever tôt. Sinon, Johnny savait que je n'y passerais pas la nuit. Dès que je peux, je me rentre. D'autres compagnons d'insomnie enchaînaient les nuits blanches avec lui qui se couchait à cinq ou six plombes, jamais levé avant midi-14 heures. Jean-Paul Belmondo, en revanche, préfère être à la maison quand le soir tombe et se lever à 8 heures pour taper le sac, en salle de sport. Françoise Sagan, enfin, ne s'est jamais couchée de bonne heure et partageait avec Johnny d'ignorer à peu près tout du matin, sauf si une nuit un peu plus longue, d'écriture, de fiesta, de casino, l'amenait à voir se lever le soleil avant d'aller au lit. Au milieu des années soixante, j'étais moins casanier pour deux bonnes raisons : ma vingtaine et les fredaines. Notamment une, déjà fameuse, inoubliable et pas oubliée, un nom synonyme de reine de la nuit, en six lettres…

Quand je pense à son âge aujourd'hui, et au mien, je m'étrangle. Régine affirme avoir été « toute cette époque-là », elle a raison car c'est la vérité. 1968 pointait à l'horizon. Tous les chemins menaient davantage chez Régine qu'à Rome, c'est-à-dire dans le monde entier, où elle irait bientôt ouvrir une trentaine de night-clubs. Régine… et Castel, soyons justes, l'autre boîte, de Jean Castel, son rival. Mieux valait ne pas dire en déboulant chez elle que vous veniez de chez lui : mal lunée, elle aurait pu vous balancer son petit salé aux lentilles à la gueule. Dans le minuscule appartement au-dessus de sa boîte à peine plus grande, Régine cultivait aussi l'art de mitonner pour les intimes des soupers délicieux.

– T'as faim ? Viens voir là-haut.

J'aurais pu donner mon blouson pour un chorizo, d'ailleurs je l'avais déjà fait.

Sa boîte n'est déjà plus Chez Régine, mais Le New Jimmy's, boulevard du Montparnasse. Grand comme un wagon où se tassait la terre entière. Lancé comme je l'étais à *Match*, Le New Jimmy's est vite devenu un passage obligé, d'autant que je n'étais pas seul. Après ma photo du Général dans le parc de l'Élysée, j'ai rencontré Charles de Gaulle. Pas le grand, mais son petit-fils, fils de Philippe de Gaulle et de Henriette de Montalembert. Et il fallait que je le sorte, celui-là.

Sur le coup de 7 heures, je descendais acheter tous les canards avant d'aller les lire à L'Armandie, mon bistrot. En parcourant *L'Aurore*, un beau matin, un simple écho a rallumé le voyant ON au fond de mon cerveau. Charles de Gaulle, descendant du Général, dirigeait en rédacteur en chef le journal de son bahut, le lycée Saint-Jean de Passy, dans le XVIe, sorte de Couvent des Oiseaux pour garçons-cathos-vieille France. Le premier métier d'un journaliste est de lire la presse, toute la presse, quatre lignes dans un canard peuvent devenir quatre pages, quand on sait lire entre les lignes.

Aussi sec, l'après-midi même, avec mon Pentax, je suis allé l'attendre à la sortie du lycée, impossible de le louper, vu son air de famille, grand échalas avec un côté tarte molle. Charles m'a trouvé sympathique, je l'ai trouvé nigaud, nous nous sommes tout de suite bien entendu. Le voyant a viré rouge Ferrari au fond de ma cervelle.

– Je veux faire un reportage sur toi dans *Match*.

Cette proposition l'a emballé. L'entrée de son lycée étant étroitement surveillée, nous sommes passés par l'escalier de service, Charles de Gaulle, une crème, s'est laissé photographier au milieu de ses camarades rédacteurs, studieusement occupés à confectionner leur magazine.

Mon reportage est paru sur quatre pages, gentillet. Pas scoopy. Sans vague. À *Match*, je n'étais pas le dernier à songer qu'il eût été dommage de s'arrêter en si bon chemin. Avec un tel personnage dans la manche, d'autres coups, voire gros, se profilaient, au point que la direction m'a ouvert un compte illimité pour traiter mon ami-ma source, jusqu'à mettre à notre disposition une voiture avec chauffeur – une 403 noire.

Et roulez jeunesse, Charles junior et moi. Me voici défrayé, voituré pour nous distraire à Paris, de jour et by night. Crédit illimité, OK, inutile de me le dire deux fois. Quelle joie d'aller à « la grenouille », surnom de la caisse, tenue par l'administrateur, monsieur Roux, derrière son guichet grillagé, qui te distribuait des enveloppes de liquide pour les frais urgents des sujets à forts enjeux.

Charles et moi sommes allés chez Lasserre, où j'ai reconnu monsieur le ministre de la Culture André Malraux, déjeunant seul, grand éléphant, à marmonner dans sa serviette, absorbé par ses pensées au centre du grand service d'une des premières tables de France. Le petit-fils du Général est allé le saluer, ce dont le ministre fut très touché.

Charles et moi sommes allés chez Castel où le petit de Gaulle n'avait jamais mis un de ses grands pieds. En fait, il n'était quasiment sorti nulle part. Son nom valait tous les sésames. Illico, Jean Castel, le patron, l'a présenté en nouvel ami aux habitués.

– Salut Jean-Pierre (Cassel) ! Je te présente Charles, le petit-fils du Général.

– Pierre (Bénichou), tu connais Charles, le petit-fils du Général…

Je me serais pointé avec la princesse Margaret d'Angleterre que l'accueil n'aurait pas été meilleur. Nous avons poursuivi au New Jimmy's, l'autre boîte en vogue. Petit Charles, toujours partant, en redemandait, des étoiles plein la tête. Au-delà du lycée Saint-Jean de Passy, le monde révélait des attraits inconnus qui l'enthousiasmaient.

Au New Jimmy's, l'ambiance est si gaie, la foule si dense, les décolletés si sensationnels que je le perds de vue, il est grand, il survivra. On danse le twist, ici, avec frénésie. Je tombe sur la petite dame, la patronne, Régine, qui me tutoie d'emblée et me trouve mignon, à la lueur du vestiaire. Mes yeux noirs lui plaisent. Mes cheveux longs lui plaisent. Champagne ! En quinze minutes, on se connaît. Whisky ! Une heure plus tard, on s'adore. Elle vibrionne, à tu et à toi avec le tout-Paris qui fréquentait déjà son club précédent à Saint-Germain-des-Prés.

– Revenez demain, y aura moins de monde.

Nous sommes revenus le lendemain, avec toujours autant de monde, Juliette Gréco et Françoise Sagan, collées en siamoises, près de la porte. J'ai vu entrer Rudolf Noureev, sortir Petula Clark, danser Sacha Distel et vomir Helmut Berger.

Petit Charles, surgissant, m'a agrippé la manche.

– Je viens d'apprendre que Brigitte Bardot est là, dans le fond… Cet endroit est insensé !

Nous avons plongé vers le fond ; Charles avait mal vu ou mal entendu, ce con, c'était juste Carole Lebel, la doublure de BB, qui malgré ma déception est devenue notre très bonne copine. Bardot représentait plus qu'une possibilité de *cover*, rare célébrité française à pouvoir susciter des reventes à l'étranger. Longtemps surnommée « la petite fiancée de *Paris Match* », cette belle époque était déjà révolue. Moins facile, moins disponible, cernée par des attachés de presse, des intermédiaires qui faisaient rempart, la star était désormais une affranchie, insaisissable déesse dont la moitié de la France, masculine, se faisait des films.

Régine chante aussi. Serge Gainsbourg vient de lui composer « Les petits papiers ». J'aime sa voix, son chien, sa classe, son quelque chose.

– Viens en bas, mon grand, je vais te montrer mon Scopitone.

Je la suis dans l'escalier, sur une dizaine de marches. Elle pousse une porte camouflée dans le mur, ouvrant sur une cave à charbon, précédée d'un canapé... Drôle d'endroit pour un canapé... Et là, crac. Crac boum-boum, ces termes conviennent assez bien au macho pudique que je suis, sur le sofa prévu à cet effet, juste avant le tas de charbon. Régine était une maîtresse femme, franchement experte, ce qui n'était pas encore mon cas (la fougue peut suppléer à l'expérience). Quelle patronne, la première cougar, avec les plus belles jambes du monde. Alain Bernardin le disait également, et le patron du Crazy Horse en connaissait un rayon sur la question. En rajustant la bretelle de sa robe à franges noires, Régine a eu l'air contente, et moi donc ! Nous sommes remontés en nous tenant la main pour aller danser le twist. Ni elle ni moi ne perdions pour autant le nord. Dès qu'elle a appris mon amitié avec Johnny, l'idole des jeunes étant quasiment mon copain d'enfance, elle a réagi au quart de tour :

– Amène-le-moi, demain soir !

– Oh, tu sais, Johnny est un grand timide.

Elle a levé les yeux au ciel.

– Et alors ? Moi aussi, j'suis timide. On est tous des timides. C'est pour ça que Dieu a créé les boîtes de nuit.

Je me suis promis de ne pas parler vie privée dans ce livre, en tout cas pas de la mienne, mais Régine, est-ce vraiment la vie privée ? Elle me partageait avec El Cordobés, le torero le plus célèbre d'Espagne, et pas que… Nous sommes restés environ un an ensemble, sans exclusivité aucune. Sa cave en voyait passer, des gars aux yeux de toutes les couleurs. Un arc-en-ciel dans le noir.

– Quoi ? J'aime les jeunes ! T'es pas le seul jeune du coin, chou, quand même !

Je crois qu'autant de types sont passés à la casserole qu'elle y a jeté de spaghettis. Nous ne parlions pas d'amour dans les sixties, nous le faisions. Et pour Régine, tout se tenait, plaisirs de bouche, d'amour, d'esprit, au charbon ou au champagne. Elle choisissait, l'offre ne manquait pas, et elle m'a choisi, entre autres. Nous sommes restés liés, au fil du temps. Quand je me suis fait de la bile à cause de ma fille qui s'émancipait et enrageait mon cœur de père en découchant à dix-sept ans, Régine m'a remis en place, vite fait, bien fait.

– Et toi, connard ! Tu sais où t'étais à son âge ? Dans mon lit, alors laisse ta fille vivre sa vie.

J'ai confié à ma mère cette conquête, qui appelait de temps en temps à la maison. Maman demandait :

– De la part de qui, s'il vous plaît ?

– Mâdemoiselle.

Ma mère pouffait. Et je filais retrouver Mâdemoiselle au New Jimmy's. Je posais Petit Charles à décongeler au bar et je descendais à la cave-nid d'amour, quelquefois occupée. Quand, à la lumière du boulevard Montparnasse, je croisais un beau mec à la chemise tachée de suie ou la joue sale, je lui faisais :

– Toi, tu viens de descendre à la cave à charbon.

C'est devenu de l'humour à répétition entre habitués du club.

– Tu vas aller à la cave à charbon.

– Il a été à la cave à charbon.

– Nous avons été à la cave à charbon.

Etc. Régine est toujours un peu ma Pygmalionne. Elle a dû écrire cinq ou six fois ses mémoires quand moi, j'ai beaucoup de mal avec un premier tome.

Mon amitié avec Charles junior a duré des mois. Nous étions de plus en plus soudés, assez pour lui demander, un soir, s'il ne possédait pas de photos de son grand-père, tiens, dans un cadre plus naturel que les poses officielles. Régine était d'accord, quoi, même si elle était gaulliste, le Général avait toujours l'air d'avoir un parapluie dans le cul, faut dire ce qui est.

– Tu devrais me l'amener, ton pépé, un cours de twist lui ferait du bien. Il comprendrait mieux la jeunesse.

La reine de la nuit n'avait pas tort, augure d'un printemps 68 qui laisserait K-O pendant un round notre héros du 18 Juin. Non, Charles ne possédait pas de photos de son « pépé » mais qu'à cela ne tienne… Il avait la bosse du journalisme, je l'avais connu réd-chef à son lycée. Il prendrait donc lui-même une photo du bureau de son grand-père, à Colombey-les-Deux-Églises, pendant sa promenade, avec quelques pages de la main du général. Ça n'a l'air de rien mais le résultat s'avéra fascinant. Un supplément d'âme par l'absence, une preuve par le vide de la grandeur d'un chef. À l'époque, le cœur du pouvoir était interdit à tout regard. En agrandissant le cliché, ces quelques pages se sont révélées le brouillon d'un discours que le chef de l'État comptait prononcer à Phnom Penh devant le peuple cambodgien, à l'automne 1966. Discours qui est resté dans les annales parce qu'il critiquait l'ingérence des États-Unis en Asie, marquant la distance de la France à l'égard du grand allié américain.

Dans mon souvenir, cette photo n'a pas été publiée, disons qu'elle constitua un ballon d'essai car nous n'en sommes pas restés là.

Charles me parle d'un cousin, photographe en herbe, qui immortalise leurs réunions de famille, repas dominicaux d'après-messe, petits matins de Noël... Barbe d'or! Mine d'or. Déjà, mes patrons à *Match* s'excitent à l'idée d'un numéro spécial ou presque, consacré à l'album de la première famille de France. De plus en plus téméraire, piqué au jeu, Charles me donne l'adresse de ce cousin, Alain de Martignac, chez qui je me précipite. Il se montre aussi naïf que coopérant, ravi de me confier – discrètement – la collection privée du Général. Il va même jusqu'à demander à sa grand-mère, Tante Yvonne, quelques clichés, et elle lui file tout son album, ne pouvant se douter de ce qu'il allait en faire! Inimaginable. Dare-dare, je ramène au journal une vingtaine d'images plus exclusives les unes que les autres, le labo les duplique à toute vitesse pour monter dix pages, plus la une. Je n'étais pas salarié de *Match*, vivant de mes piges. Pour celle-ci, j'ai obtenu 100 000, un chèque de 10 patates, le sujet ne risquait pas de tomber du mur. À peine l'argent sur mon compte, j'ai filé à Ibiza.

Hélas, mon innocence oubliait ces brebis galeuses qui infestent la profession, la guerre entre les salonards qui frayent avec le pouvoir et les têtes brûlées qui s'autorisent tout. Raymond Cartier, éditorialiste vedette de *Match*, eut vent de l'énorme scoop et cafarda au général de Boissieu, gendre du président de la République.

Sur-le-champ, par estafette, l'Élysée nous adressa du papier bleu et l'opération tomba à l'eau. Sans cette sommation, *Match* aurait publié. Sous le régime gaulliste, avec son ministre de l'Information en la personne d'Alain Peyrefitte qui institutionnalisait la censure, validant ou biffant les sujets des JT, la presse écrite pouvait récupérer sous la table les photos privées de la famille du président afin de les publier sans le moindre accord, ce qui est totalement inconcevable aujourd'hui. Paradoxe de ce passé où la presse écrite tenait sa vitalité de sa puissance. Je ne dirais pas qu'elle était plus vertueuse, mais les rapports avec le pouvoir étaient plus francs. Roger Thérond, à qui revenaient les décisions, ne fréquentait personne, ne déjeunait pas avec des ministres, ne rejoignait pas de têtes couronnées à Monte-Carl, ne montait pas sur les yachts des grands patrons. Il n'en voyait pas l'utilité. Roger agissait en directeur de la rédaction, uniquement en directeur de la rédaction, pour le journal auquel il vouait son existence.

Je crois me souvenir qu'André Lacaze, toujours lui, incontournable rédac-chef, est parvenu à me joindre aux Baléares, dans un restau de plage, pour me demander… de rendre les 100 000. La liaison était mauvaise, du sable interférait dans la communication, ou des chiures de mouettes sur les lignes téléphoniques… Quoi ? Quoi !… Allô, Dédé, je ne comprends pas… Désolé, allô, j'entends mal… Très mal. Ça va couper, merde. Oh, ça a coupé !

Clic. Le soleil a continué de briller, sans interférences. J'ai plongé dans la grande bleue – j'aimais nager, la nage sculptait mon corps. Et je n'ai jamais rendu un kopeck. Était-ce ma faute si Raymond Cartier, cette baderne, avait trahi son journal ? Qu'on lui réclame la somme perdue, plutôt qu'à moi.

À la fin de l'été, quand je me suis pointé bronzé au journal, la tempête était retombée. Dédé m'a dit : « OK, garde le pognon, c'est nos affaires, un problème entre nous et Cartier. »

Sur le chemin du retour, j'ai fait halte à Saint-Tropez, où évoluait une sirène à la mesure de mes aspirations. BB ramassait coquillages et crustacés sur la plage ensoleillée de sa Madrague, qui n'était pas encore la cible des tour-operators. Comme d'hab, repérages : la sirène est bien sur son ponton, la *chevelure ébouriffée,* sous *le soleil,* son *grand copain*, en short de jean et tee-shirt blanc. L'accès le plus facile serait par la mer. J'achète un petit bateau en caoutchouc gonflable, pour poser mon appareil, un Nikon avec objectif à miroir. Sur le rivage, je me mets en slip, avant d'entrer dans l'eau, camouflé derrière mon esquif. Mais bon, on n'a pas toujours le cul bordé de romarin… Alors que je planquais la Madrague, guettant sa Vénus, une ombre sur les rochers où j'avais laissé mes fringues m'a fait signe de revenir. L'appareil à miroir dont je me servais avait trahi mon intrusion en jetant des éclairs. Le soleil, en cet Olympe, était bien le grand copain de Brigitte. En guise de trident, Poséidon agitait mon pantalon et ne voulait pas perdre son temps en palabres avec un pauvre mortel. C'était Bob Zagury, compagnon du moment de Brigitte. Je n'ai pas trouvé opportun de discuter non plus : avant d'être play-boy, Zagury avait été champion de basket-ball, je ne lui arrivais pas au nombril, mais à la poitrine, disons.

– Coco, amène ta pelloche, je te rends ton futal.

Good deal, qui fut exécuté sans tarder. Je me suis rhabillé, l'ai salué, Zagury a glissé ma pellicule dans son slip de bain avant de me regarder prendre la tangente avec son sourire Marlboro. J'ai quitté coquillages, sirène et crustacés de la plage abandonnée en me jurant d'y revenir – et j'y reviendrais.

Je commençais à bien gagner ma vie et *Match* ne fut pas perdant, au final, de son investissement dans l'album photo des de Gaulle, ma première pige à six chiffres. Tout vient à point à qui sait attendre. Le sujet famille de Gaulle, remisé dans un tiroir, fut publié après la mort du Général et fit un malheur, en termes de ventes, malheur qui s'ajouta au deuil national.

En attendant, ma source commençait à sentir le grillé. Les meilleures choses ont une fin. Charles junior et moi avons tout de même prolongé un peu les quatre cents coups dont une ultime fois, mémorable, pour le plaisir et par hasard.

Un type dans le vent devait s'habiller en Renoma. Plus *in* que Renoma, y avait pas. Et en face de chez Renoma se trouvait Mayfair, boutique de mode installée dans une ancienne boucherie du VIIIe, qui vendait des pulls shetland ras du ventre, des pattes d'eph milleraies, de la chemise à fleurs... Mayfair était la caverne de Jean Bouquin, créateur à Saint-Tropez. Un après-midi, Charles et moi sommes chez Mayfair quand nous tombons sur... Johnny Hallyday. *Paris is small.*

– Charles, je te présente Johnny Hallyday.

– Johnny, je te présente Charles de Gaulle.

Ils se sont fixés, comme un ours blanc croiserait une girafe, chacun mesurant d'instinct l'immense distance qui séparait leurs hémisphères respectifs… Et ils se sont plu. Au point que Johnny a dit :

– On fait une bringue ce soir chez moi à Loconville, pour l'anniversaire de Sylvie. Venez tous les deux, ça me ferait vachement plaisir.

Johnny, à jeun, au calme, y avait pas plus urbain. Il aurait pu passer son après-midi à faire traverser des vieilles dames dans les clous. Un sourire a éclairé la grosse tête en poire de Charles de Gaulle.

– Nous y serons, merci à vous, à plus dans le bus !

– Quel bus ? a demandé Johnny, pas au fait des expressions des petits-bourges du XVIe.

Le soir venu, en route pour Loconville, patelin de l'Oise, et pas en bus… Dans la 403 avec chauffeur de *Match*.

Dire que Johnny Hallyday vivait avec Sylvie Vartan à Loconville ne serait pas tout à fait exact, disons que Johnny et Sylvie s'y trouvaient hébergés par la bande de copains qui les squattaient. Loconville tenait porte et table ouvertes, vingt-quatre heures sur vingt-quatre, avec une fête tous les deux jours – entre, la baraque cuvait.

Aujourd'hui, devant l'église de Loconville, des fans viennent encore enterrer leur vie de garçon, de nuit, en beuglant à la lune « Les portes du pénitencier », avant de poster la vidéo sur YouTube. Johnny finira par quitter cette maison, un soir, en catimini, avec trois affaires dans un sac, en y laissant ses potes. Ce qui pourrait s'appeler déserter le domicile convivial. Sylvie, elle, avait fui depuis belle lurette.

Ce soir-là, le couple n'était pas encore lassé par l'ambiance, très rigolote, très chaude, tout à fait au goût de mon Charles, qui avait découvert des alcools plus forts que le Cointreau avec un zest de rockabilly. Vas-y, mon gars, ce n'est pas à Saint-Jean de Passy que tu reverras Sylvie Vartan te servir du whisky-Coca.

À peine arrivés, je l'ai toutefois prié d'attendre un instant dans la 403, histoire de sécuriser le périmètre. Mon œil de lynx avait repéré les bagnoles de deux lascars, photographes concurrents. Je suis allé trouver Carlos, copain de Sylvie et organisateur de sa birthday party – Carlos deviendra dans les années soixante-dix « chanteur comique », ses hits « Big bisou », « Senor météo » ou « Le bougalou du loup-garou » entreront dans toutes les têtes. Carlos et moi avons immédiatement privatisé la soirée sous l'exclusivité absolue de *Match*, hors de question que quiconque prenne une photo à part moi. N'ayant aucune confiance en mes confrères – je nous connais –, à ma demande, Carlos a même enfermé leurs appareils dans un placard. À ce moment-là seulement, je suis allé chercher le petit-fils du Général dont l'entrée fit, comme d'habitude, sensation.

Carlos était un ambianceur de génie, avec une trouvaille à la minute, entre deux hilarités. Subrepticement, il a entraîné Charles vers un grenier où Sylvie avait déposé de vieilles malles. Nous ne les avons plus revus pendant un moment. Soudain, ils sont réapparus au sommet de l'escalier, bras dessus, bras dessous… Carlos déguisé en Tante Yvonne, sous un bibi à voilette, avec ses gants, son sac, pliait les genoux, accroché(e) à Charles qui s'était dégotté une casquette et une tunique d'officier pour mimer son grand-père. La ressemblance étant déjà de famille, le tableau était ahurissant. Plusieurs secondes de stupeur ont frappé l'assemblée. Marche à marche, monsieur et madame de Gaulle ont descendu l'escalier, elle, adressant de petits signes d'une main gantée, lui, saluant à sa façon, les deux bras en l'air, sous les vivats. L'outrance, l'outrage étaient si manifestes qu'ils frisaient l'hyperréalisme. En conscience, par décence, je me suis dit : Marc, pour une fois, laisse tomber, ne fais pas cette photo.

Et j'ai pris la photo.

Ensuite… quelle fête ! Vraiment, une sacrée fiesta. Charles junior a dû s'en souvenir jusqu'à la fin de ses jours. Rien de bien méchant. Le whisky-Coca était la boisson du moment, dès qu'un type avait le dos tourné, on rajoutait une mégadose d'alcool dans son soda. J'avoue avoir fait plusieurs fois la blague à Petit Charles. On faisait tourner le pétard, sans parler du gâteau au chocolat-haschich maison.

– Je ne comprends pas, moi, ça ne me fait rien.

Chacun disait cela en s'écroulant, tordu de rire sur un canap'. J'avoue avoir invité Petit Charles à reprendre du cake-choco. Nous écoutions Jacques Loussier qui avec son groupe Play Bach faisait swinguer du Jean-Sébastien Bach. Au fond, nous n'étions pas très différents, à Loconville, de n'importe quelle bande de jeunes, amoureux de musique, de fous rires et de whisky-Coca.

Le souci, après un mauvais coup, c'est qu'au réveil s'en trouve toujours un pour pétocher. Pas Charles – comateux derrière un canapé, mon sens professionnel et de l'amitié me faisait toujours garder un œil sur lui –, pas Charles donc, mais Carlos, étrangement. Son oncle était le ministre des PTT, Jacques Marette. Persuadé que sa parodie d'un extrême mauvais goût remonterait jusqu'à lui, Carlos ne cessait de répéter, en panique :

– Qu'est-ce que va dire mon oncle ?

Tout juste s'il ne fouillait pas le jardin pour débusquer des taupes de la Sûreté nationale.

Carlos avait raison. Cela s'est su.

Roger Thérond a de nouveau été convoqué à l'Élysée, dont je commençais à devenir la bête noire – quelle fierté. Face à la semonce, mon patron a dû jouer l'ingénu. *Paris Match* ne s'occupe pas de surboum et l'idée d'outrager les plus augustes représentants de l'État n'est pas sa ligne. Si dans le sillage festif des yéyés se commettent d'indécentes plaisanteries scabreuses, *Match* n'a rien à voir là-dedans.

Moi, tête brûlée, j'y croyais, à mon « exclu », mais il ne fut jamais question de publier Carlos et Charles déguisés. J'ai même dû remettre ma photo et son négatif à un envoyé du palais où le tout a été brûlé. Je me demande encore si le Général eut la curiosité d'y jeter un regard. J'en avais conservé un tirage, bien entendu, qui a fait rigoler quelques amis à la rédac.

Au fond, Johnny contre de Gaulle ajoutait un refrain à l'ancestrale chanson que nous entendons encore aujourd'hui : le nouveau monde contre le vieux.

Je ne sais plus où est passé ce cliché unique.

Il a disparu.

À force d'aller un soir sur deux chez Régine, l'autre chez Castel, de s'afficher dans les meilleurs restaurants, notre compagnonnage n'a pas non plus échappé à l'extrême droite qui a tiré un boulet rouge, via une image et un article à la une de son journal *Minute*. La photo était légendée d'un titre assassin : *Quand* Match *entretient de Gaulle.*

Pas faux. L'article suivait, signé Jean Montaldo, du même tonneau. Sur l'image, on nous voyait, Charles et moi, sortir de chez Castel, en galante compagnie de Carole Lebel. Faut dire que Charles en pinçait pour la doublure de BB.

À l'Élysée, ce raccourci a jeté un froid polaire. Tante Yvonne a convoqué son petit-fils rebelle.

– Maintenant, ça suffit! Vous vous déshonorez et vous nous peinez beaucoup. Quelle honte pour la famille!

Nous ne nous sommes plus revus. Nul ne pourra prétendre que j'ai perverti ce noble enfant de France car le pire restait à venir. Après son diplôme d'avocat, les démons de la vieille droite l'ont saisi, Charles de Gaulle junior s'est engagé en politique, a été élu giscardien, avant de basculer vers le Front national de Jean-Marie Le Pen auquel son grand-père vouait le plus profond mépris. Si le clan avait passé l'éponge sur ses erreurs de jeunesse, il n'a pas pardonné à Charles cette dérive sous la bannière du nom qu'il portait.

Shalom Sharon

Je ne plaisantais pas en affirmant que les grands reporters, revenus d'un tremblement de terre, d'une famine au Biafra ou de la jungle amazonienne des orpailleurs, pouvaient se retrouver à couvrir aussi bien le Bal des petits lits blancs que la migration des oiseaux en Camargue. Je suis allé photographier les oiseaux de Camargue, avec Gérard Géry dont j'étais toujours l'assistant. Le vol des hérons pourprés, le ballet des flamants roses m'ont changé du twist, mais une autre population animale camarguaise n'a pas convenu à Géry. Lui qui avait vaincu le Mont-Blanc et tant de pics n'a pas supporté les piqûres de moustique, il s'est mis à enfler, à étouffer, avant de se retrouver hospitalisé d'urgence. J'ai dû finir le reportage en shootant des oiseaux, je m'en suis bien sorti. Quittant l'hôpital, sujet bouclé et envoyé, Géry a été satisfait : en récompense bien méritée, nous décidons d'aller finir notre note de frais à Saint-Tropez.

À peine arrivés place des Lices, nous tombons sur… Bob Zagury, que connaissait Gérard Géry. Bob n'était pas seulement ex-basketteur en équipe nationale et compagnon de Brigitte Bardot, mais aussi acharné de poker. Géry, pareil. Beaucoup de reporters de *Match* s'adonnaient au poker dans les sous-sols du journal. Moi pas. En une petite après-midi à tâter de la quinte flush, j'y avais perdu un mois de revenus. Non seulement les cartes ne me passionnaient pas, mais ces saloperies sont cause de ruine, je m'étais juré de ne plus jouer à rien.

Dès qu'il nous a vus, Zagury m'a reconnu, il a fait un geste du bras, comme s'il manipulait une muleta de torero, à la façon dont il m'avait nargué avec mon pantalon, l'été précédent. Sans rancune, Zagury a appris à Géry dans quelles circonstances nous nous étions rencontrés… Éclat de rire général, avant qu'il nous propose de le rejoindre le soir même pour un poker prévu à la Madrague.

Quelques heures plus tard, je passais le portail bleu en invité et saluais la maîtresse de maison. Bien sûr, elle était extrêmement belle, tout le monde le savait, tout le monde le sait encore, mais Brigitte Bardot ne se résumait pas à son infinie beauté. Quelque chose de l'ordre de la perfection faite femme t'impressionnait en sa présence. Comme un souffle, l'apparition d'une féerie en short, pourtant à l'opposé de son mythe. Moi qui ne l'avais vue que de loin, avec des intentions prédatrices, j'ai été subjugué à en devenir muet – ce qui est peu fréquent. À partir du moment où vous entriez chez elle, vous étiez de sa famille. Elle venait de réussir un triplé cinématographique, *Vie privée*, de Louis Malle, *Le Repos du guerrier*, de Vadim, et *Le Mépris*, de Godard. Mais c'est *Et Dieu créa la femme*, en 1963, tourné à Saint-Tropez par Vadim, qui avait révélé son paradis au grand public. Brigitte avait fait découvrir à Vadim ce petit port où ses parents possédaient déjà une villa. Après *Et Dieu créa la femme*, plus rien ne fut vraiment comme avant à Saint-Tropez.

La table, les cartes, les cendriers sont prêts. En cuisine, Brigitte secoue la salade pour le dîner léger des joueurs.

– Je vous aide ?

– Oui, merci, c'est gentil… Comment tu t'appelles ?

– Marc…

– Et toi, Marc, tu ne joues pas au poker ?

– Non, j'aime pas.

Nous nous sommes retrouvés côte à côte pour préparer des vodkas-orange. La partie a duré trois jours. Zagury, Géry, les autres, s'interrompaient, allaient dormir quelques heures pour se rasseoir à la table. Brigitte Bardot et moi assurions le farniente, la cuisine, le service, vodka-orange, salade du chef – son menu de l'été. J'allais me baigner, je revenais me doucher, elle ouvrait un bouquin, nourrissait ses toutous, ses minous, ses coucous, les heures passaient pendant que les joueurs, muets, tapaient le carton en trempant leurs lèvres dans ses vodkas-orange. Un midi, elle et moi nous sommes frôlés dans le couloir, je sortais de la salle de bains. Brigitte s'est arrêtée, m'a fixé avec cette bienveillance curieuse qui lui était propre, j'ai perçu une ambiguïté, la possibilité de la séduire. Elle aimait les mecs à la fois affûtés et baraqués. C'était Bardot. J'ai rougi, elle a souri, j'ai baissé la tête et suis passé sans me retourner. En fait, j'ai eu les chocottes. Elle était trop pour moi, je ne me suis pas senti à la hauteur. Nous nous sommes retrouvés à la cuisine où elle sophistiquait ses salades, en cordon-bleu rustique. Brigitte avait de l'aplomb, du caractère sans parvenir à être sûre d'elle. Très bien élevée, fille de la grande bourgeoisie, éduquée dans un carcan qu'elle avait brisé, victorieuse, absolument libérée, avec les trois brins d'arrogance que laissent les beaux combats gagnés. Sans prétention, elle était orgueilleuse. Sa pureté ne la rendait pas naïve, mais sincère, intègre. Ce fantasme planétaire possédait une intelligence flagrante. Enfin, pour couronner l'ensemble, un sens de la repartie digne d'une humoriste ou d'une philosophe. Elle avait besoin, non pas d'amour, mais d'aimer. Autant dire que Brigitte Bardot incarnait effectivement une perfection à la fois singulière et universelle. Instantanément désirable. Et irrésistible. Elle ne s'habillait plus en couture depuis le jour où elle avait posé son pied nu dans la petite boutique de Jean Bouquin, à Saint-Tropez, occupé à coudre par terre. Elle avait choisi quelques tenues avant de repartir comme elle était venue : en barque. Depuis, Jean Bouquin l'habillait selon leurs goûts, robe foulard, maxi ou mini, gitane, extravagante, en pionnière du style hippie chic, libre de ses mouvements autant que de ses paroles ou de ses actes. Une déesse humaine qui ne ressemblait à aucune femme.

Il fallait la voir passer le portail, en Mini Moke, poursuivie par l'aboiement de ses chiens à qui elle criait :

– À tout de suite, les enfants !

J'aimais bien sa maison. Je la regardais arranger les fleurs, ramener de chez un broc' un fauteuil d'osier.

– Faut que ce soit confortable, joli, Marc, mais pas luxueux.

Le marbre et l'or la laissaient froide. Une salade, une paire d'espadrilles, un galurin de paille suffisaient. J'ai papoté avec Brigitte Bardot pendant soixante-douze heures.

Le plus surprenant fut la fin de partie. Au dernier jour, Brigitte, plus éclatante que jamais, nous présenta l'addition pour les salades et les boissons.

– Vous mettrez ça sur votre note de frais, les garçons.

Elle connaissait parfaitement le mode de vie des journaleux. Géry a raqué, masquant notre consternation. Sur le moment, j'ai trouvé ça radin. Grâce à ses cachets, les propositions qu'elle suscitait, l'actrice ne pleurait vraiment pas misère. Avec le recul, peut-être s'agissait-il d'une forme d'émancipation. La Madrague avait abrité un tournoi de poker, normal que la maîtresse de maison, après avoir pris soin de rassasier et rafraîchir les joueurs, en soit rétribuée. La facture a quand même assombri notre parenthèse enchanteresse. Géry et moi la pensions au-dessus de ça.

Bob Zagury se trouvait au bout de son histoire avec Brigitte, sans s'en douter. BB pouvait jouer les geishas par amour, pas au point de se vouer au quotidien d'un bonhomme. Je crois que c'est durant cet été-là, 1966, qu'elle croisera dans un restaurant de Gassin Gunter Sachs, flamboyant héritier Opel, considéré comme le play-boy du jour. Gunter avait tout, le physique, l'argent, la liberté, le caractère... Coup de foudre réciproque tonitruant. De cette minute, tous les deux ne se quitteront plus, jusqu'à aller se marier secrètement dans la foulée, à Las Vegas, le 14 juillet 1966, en huit minutes, pour 7 dollars.

Un unique photographe s'y trouvait, en exclusivité. Ce ne fut pas moi, nom de Dieu de bordel de merde, mais son ami Philippe d'Exea. Ce confrère venait de perdre ses appareils au poker. Je l'avais dépanné en lui prêtant un des miens. J'étais à la fois fou de rage et conscient de mon manque d'expérience pour une telle exclusivité mondiale. Moi, j'avais discuté trois jours avec Bardot, lui, en quelques minutes à Las Vegas, s'est fait des couilles en or.

Chapeau.

L'amitié ouvre les plus grandes portes.

Quelques mois plus tard, je suis redescendu dans le Sud couvrir une tournée de Johnny. Tous les deux nous sommes retrouvés un soir à la terrasse du Byblos de Saint-Tropez. Soudain, il m'a dit qu'il aimerait bien rencontrer Brigitte Bardot.

– Aucun problème, suffit de demander, mon grand.

Du Byblos, j'appelle Brigitte à la Madrague, qui se déclare tout aussi contente de cette rencontre. Rendez-vous est pris le lendemain pour déjeuner à L'Épi-Plage, à Pampelonne, repaire des play-boys.

Je les ai présentés l'un à l'autre. Si je faisais le total aujourd'hui de toutes les personnes que j'ai présentées, je pourrais remplir le Stade de France, c'est presque devenu ma profession dans les années qui ont suivi. Le business naît aussi des rencontres, comme l'amour. Mais pas toujours…

Johnny a tout essayé, ses yeux de loup, de cow-boy sauvage, de chanteur tendre, ses silences… Il a pris sa guitare, joué une, deux, trois chansons, poussé une pointe de rock, repris Elvis et même Brassens… Brigitte l'écoutait, yeux mi-clos, étendue sur sa serviette et sous son charme. Johnny s'est même approché pour lui susurrer « Only you » à l'oreille… Rien à faire. Ceinture. La rencontre n'a pas été plus loin que son sourire, des bravos, des bis et un p'tit bisou final. À l'impossible, nul n'est tenu, Brigitte avait le cœur ailleurs. Après une chaste après-midi de rêve, elle s'est éloignée, nu-pieds, agitant son paréo en signe d'au revoir, vers sa Jeep, laissant le cow-boy sur le sable. Et Johnny m'a bassiné pendant des jours et des jours, obsédé par l'apparition, me demandant s'il devait lui envoyer des fleurs, une bague, une Mini Moke flambant neuve, un chiot… ou des tongs… Brigitte n'a jamais donné suite.

À Paris, boulevard Montparnasse, chez Régine, au Jimmy's, l'ambiance est devenue démentielle. Twist et

La rencontre que j'ai organisée entre Johnny et Brigitte Bardot, en août 1967, à Saint-Tropez. Derrière ma caméra éclair 16, je ne perds rien de cette scène précieuse.

madison n'y suffisaient plus, Honoré Bostel, chroniqueur mondain à *Match*, a inventé la Bostella, nouvelle transe. Rien de musical, aucun déhanché, simplissime : tu danses, danses, danses et subitement, quand la musique s'interrompt, toute la piste se jette par terre, les uns sur les autres, en tas. Marie-Hélène de Rothschild, le baron de Redé, les photographes de *Match*, Patrice Habans, Michou Simon, notre correspondant à Saint-Tropez, mon ami Jean-Pierre de Lucovich, Sagan et Gréco, Hélène Rochas, Jacques Chazot… et moi.

Sammy Davis Jr. mange un ris de veau, en haut, Jean-Claude Brialy est en bas, dans la cave à charbon – Régine a même réussi à se taper Brialy, « le beau Serge », Jean-Claude lui-même n'en est jamais revenu. Dans le tas de la Bostella, Marie-Hélène a paumé un clip d'oreille serti d'un diamant gros comme le Ritz, Françoise a mordu le duc de Windsor, qui a eu l'air d'apprécier… Jean-Pierre Cassel veut m'acheter mon blouson de cuir de chez John Charles, sublime boutique du passage du Lido, mais mon blouson n'est pas à vendre, je le lui donne.

Nous filons passer des week-ends à Rome. Un paparazzo demande à Helmut Berger de pisser contre une voiture, en pleine rue, à deux pas de Jackie Onassis.

– *Per favore, piacere,* Helmut ! La photo me permettra de nourrir ma famille pendant une semaine !

Et Helmut Berger d'ouvrir sa braguette.

Chez Régine, la clientèle, mot affreux qui la révulse, est plus jet-set que chez Castel. Il y a les stars, les

« bourrés », que nous surnommons même « bourrés comme un saucisson », Rothschild, Aga Khan, Niarchos, quelquefois Onassis et tous les autres, artistes, noctambules, photographes, pin-up, mannequins et gigolpinces… Un cocktail Molotov d'excentricité. Les plus fous sont anglais, le duc et la duchesse de Bedford, surtout la duchesse, née française, Nicole Milinaire, ex-productrice de télévision, qui secoue très fort les vieilles branches de l'aristocratie et les nuits parisiennes où elle se sent plus libre qu'à Londres. Le duc est dingue d'elle, encore plus dingue que lui. D'ailleurs, les Bedford, dont la fortune est infinie, veulent inviter toute la bande outre-Manche dans leur abbaye de Woburn, un palais de cent chambres. Régine m'ouvre les portes de la *high society* déjantée – j'y reviendrai, cette jet-set valait le détour.

Mais la fête s'arrête, brutalement. Régine est dévastée, la baronne Marie-Hélène de Rothschild en pleure. À l'aube du 5 juin 1967, au Proche-Orient, une coalition, Égypte-Jordanie-Syrie, soutenue par les nations arabes, vient d'envahir Israël.

– Ils vont tous les tuer, me crie Régine, blême. Ça recommence !

Le monde entier le pense. Comment le petit État juif pourra-t-il tenir, encerclé par tant d'assaillants ? David pourra-t-il vaincre Goliath ? La guerre vient de commencer, elle va durer six jours, délai qui lui donnera son nom. Je file à *Match*, paré à décoller. J'étais trop jeune pour l'Algérie, j'ai vu revenir d'Indochine des photographes auréolés du prestige d'avoir couvert des batailles et vu mourir trop d'hommes. Celle-là est ma guerre. Le journal ne veut rien entendre. Toutes les capitales d'Europe anticipent une boucherie, j'ai juste vingt ans… « Pas question, Marc, tu restes là », tranche Thérond, refusant de m'envoyer à Tel Aviv, vu mon âge.

Fou de rage, je claque la porte, pressé de trouver un autre commanditaire pour m'accréditer là où le monde saigne et bouge autrement que par des folies mondaines. J'irai à Tel Aviv. Quand même. C'est mon métier, mon obsession.

Je vais y réussir grâce à Alain Ayache, archétype des meneurs de la grande presse de ces années-là, ces *self-made men* aventureux avec lesquels je me sens en fraternité. Juif pied-noir, Ayache et moi partagions un parcours assez semblable malgré nos origines différentes. Arrivé d'Algérie en métropole à seize ans, Ayache s'était illustré par un coup fumant en s'enfermant dans un placard du restaurant Drouant pour révéler les délibérations de l'académie Goncourt. En 1971, il lancera un quotidien fameux, au titre bien dans son caractère : *Le Meilleur*, premier quotidien à la fois hippique et d'opinion. Accrédité par son agence de presse, j'attrape le dernier avion pour Tel Aviv, pas en avance sur l'actualité.

Sur un vol grande ligne, dormir est une bêtise. La destination commence en vol, entre les sièges, si tu ne sais rien d'un pays, la plupart de tes voisins en connaissent plus que toi. Alors dis bonjour, parle,

1979. Au téléphone avec Roger Thérond, patron de *Paris Match*, depuis le désert du Sinaï. Je suis le seul journaliste à couvrir la restitution de ce territoire à l'Égypte par Israël. Derrière moi, des soldats égyptiens.

Seul journaliste au monde à assister à la cérémonie de remise du Sinaï à l'Égypte par les Israéliens. Moment historique en présence d'Hosni Moubarak et du président de l'Égypte, Anouar el-Sadate.

Dans le Sinaï rétrocédé aux Égyptiens, je dicte mon reportage à la rédaction de *Paris Match*.

discute, interroge… Les journalistes se comptaient sur les doigts de la main, tous déjà partis, mais l'avion était loin d'être vide. Un violoniste a joué un morceau poignant : Ivry Gitlis. Un de mes compagnons de voyage représentait les éditions Robert Laffont, Jean-Claude Lattès se rendait à Tel Aviv pour signer les mémoires de Moshé Dayan, chef charismatique de Tsahal, l'armée de défense israélienne. Et j'ai sympathisé avec François Corre, directeur du *Nouveau Candide*, fils du patron de presse Max Corre. Au retour, François me présentera son père qui m'emmènera… au golf de Morfontaine. Ce golf de Morfontaine où je rencontrerai un certain Paul Pétridès, marchand d'art, expert d'Utrillo…

À peine débarqué, je file au front. Très vite, je comprends. On ne voit rien d'un pays en guerre et on ne voit pas grand-chose non plus de la guerre. Quand les correspondants sont autorisés à pénétrer sur une zone, celle-ci a été nettoyée au napalm par l'armée. On circule parmi des épaves, des débris calcinés, toujours les mêmes, scènes désolées, sans action, ni blessés ni cadavres, évacués pour raisons sanitaires. Un désert dans le désert. On n'a pas beaucoup d'états d'âme, en concurrence avec tous les reporters du monde, parqués dans deux-trois hôtels internationaux. À Tel Aviv, les notes de frais dignes de *Paris Match* permettaient de se loger au Hilton, les autres occupaient le Dan Hotel.

Tout s'était presque déjà joué de la guerre des Six Jours. Sans conviction, j'ai photographié un char jordanien incendié par un tir de roquette sur lequel jouaient

Voici photographié pour la première fois, le minuscule avion sans pilote israélien.

LE JOUET ESPION

C'est l'arme la plus surprenante et la plus efficace d'Israël. Ce petit avion sans pilote, de 2,5 m de long et de 4 m d'envergure est un espion redoutable. Pratiquement invisible dans le ciel, peu bruyant, indétectable par les radars et invulnérable aux missiles, il porte sous son ventre une caméra à qui rien n'échappe et qui transmet directement sur les écrans de l'armée israélienne les découvertes de sa prodigieuse indiscrétion. Pour la première fois, Paris Match vous fait découvrir le Mazlat, ce jouet ultra secret à un million de dollars qui est en train de sortir de la clandestinité depuis que ses performances ont fasciné la marine américaine qui vient de le commander à 24 exemplaires. Il peut aujourd'hui se permettre de se montrer au grand jour. Les Israéliens savent que ce moustique à regard d'aigle pourra continuer à être téléguidé sur les zones sensibles et à tourner autour des objectifs particulièrement intéressants, sans se faire attraper, ni détruire. Depuis cinq ans, ses renseignements ont déjà permis d'épargner au combat des centaines de vies sans en exposer aucune.

En 1986 en Israël, je photographie le premier drone de l'Histoire.
Deux semaines plus tard, ce scoop mondial paraît dans *Paris Match*.

les enfants d'Israël. Une farandole de jeunesse tournoyait autour de l'engin. L'image fera la une de *France-Soir*, devenant un des symboles de cette guerre éclair. Je préférais celle de mon confrère Gilles Caron. Partout, on trouvait des paires de chaussures abandonnées dans le sable du désert, celles des Arabes qui s'étaient déchaussés pour s'enfuir plus vite. Leurs godillots racontaient l'ampleur d'un retournement, l'État juif résistait en pourchassant ses adversaires. Gilles Caron en aligna quelques paires et prit sa photo magistrale.

Si la guerre me paraissait un étrange terrain d'opérations, il me restait, comme partout ailleurs, à pratiquer l'art de la rencontre. Celles que j'allais faire à Tel Aviv demeurent parmi les plus fortes et les plus belles de ma vie.

La poule aux œufs d'or

Le 24 avril 1972, madame Albert Lespinasse, en compagnie de quelques amis, joue au bridge dans le grand salon de son fastueux appartement de la Muette, sis au sein des immeubles Walter, summum du luxe foncier parisien. Monsieur, lui, est en train de faire la sieste. Un couple de très grands bourgeois, pas du genre à venir bimbocher chez Régine ou Castel. La vie leur est douce et dorée, Albert étant le propriétaire de Banania, président-directeur général du groupe.

Surgissent des hommes armés et cagoulés.

– Mains en l'air !

Comme au cinoche.

Les Lespinasse, leurs amis, leurs employés de maison, sont ligotés aux fauteuils Louis XVI. Impuissants, ils regardent les braqueurs décrocher un à un les chefs-d'œuvre qui ornent les murs. La collection Lespinasse compte parmi les plus belles de France, constituée d'une quarantaine de toiles des plus grands maîtres : Cézanne, Renoir, toutes inestimables.

En un tour de main, les bandits emportent ce trésor, abandonnant sur les lieux de leurs méfaits châssis, cadres et les Lespinasse saucissonnés. Un voleur insolent lance « Y a bon Banania ! », avant de disparaître.

L'affaire, dépassant le simple fait divers, fait l'ouverture de tous les 20 Heures. La police enquête.

Un mois plus tard, via son réseau louche, qui entend parler de tableaux à fourguer, les « tableaux Banania » dans le jargon du milieu ? Ma pomme, forcément. Pas fou, je décline sans même en référer à Paul Pétridès. Ce fric-frac est trop voyant, les toiles trop connues, la police sur les dents surveille le marché, voilà un coup à se faire pincer et tuer ma poule aux œufs d'or.

Non, merci.

C'était sans compter sur ma chance…

Tranquille, je fais un saut à Genève pour me fournir en barreaux de chaise… Chez Davidoff, je lie connaissance, toujours avenant, avec un fumeur de havanes particulièrement élégant. Entre hommes du même monde, nous discutons en humant les cigares avant de nous séparer courtoisement.

Et à côté de qui m'assois-je, en première classe, sur le vol du retour ? L'amateur de cigares, enchanté de me revoir. Nous repartons à discuter, il se présente plus en détail : Christian de Galéa. Et que fait-il, dans la vie ? Monsieur de Galéa, architecte, est l'héritier d'Ambroise Vollard, à la tête du prodigieux fonds de tableaux d'un des plus importants marchands d'art de la première moitié du XXe siècle.

– Quelle activité passionnante ! Sans être expert, je suis moi-même amoureux de peinture.

Intérieurement, j'ai l'impression d'être Lino Ventura dans *Les Tontons flingueurs* lorsqu'il apprend que le père de son futur gendre est vice-président du Fonds monétaire international.

À Orly, Galéa me prie de l'appeler Christian, en retour, je le convie, un jour prochain, chez Lasserre, « où j'ai *ma* table ».

Quand j'en parle à mon ami Paul Pétridès, le vieux a un frisson de concupiscence. Tous les marchands d'art rêvent de rencontrer l'héritier Vollard.

– Tu viens de faire une rencontre prometteuse, Marc. Galéa pèse très lourd.

Je sens que Pétridès a quelque chose en tête dont il ne me souffle rien.

Chaque fois que nous nous retrouvons au golf de Morfontaine, il me demande :

– Et Galéa, tu le vois toujours ?

– Plus que jamais.

– Demande-lui donc s'il n'a rien à vendre.

Et le vieux tape sa balle, aux anges.

Avec Christian de Galéa aussi, nous sommes à tu et à toi désormais, amitié d'autant plus facile que je n'ai rien à lui vendre, au contraire. Je voudrais acheter mais lui ne lâche rien. Enfin, si, mais c'est bien parce que c'est moi, à qui il se dit heureux de faire une fleur : un beau Cézanne, *Paysans aux foins*, pour 2 millions de francs. Bon prix pour un Cézanne, même si la toile est inachevée. Avec plaisir. Je le revends illico à Pétridès, pour 2 millions et demi. Le marchand banque, sans discuter.

500 000 dans la fouille.

Galéa vendra ainsi, par mon intermédiaire, plusieurs tableaux à Pétridès. L'héritier Vollard refusait de traiter avec des marchands.

Elle est pas belle, la vie ?

Tous ces derniers mois, mon business avec Paul Pétridès – je le considérais davantage comme un négoce que comme un délit – a pris beaucoup d'ampleur. Au fond, n'étais-je pas également marchand d'art, comme mon ami Paul ? De soir en soir, une toile passant de sous mon imper à sa réserve, nos échanges sont devenus rituels dans sa cuisine. Des « relations » me parlaient d'un tableau… J'en informais le marchand : le peintre, le motif, les dimensions… Paul me répondait, placide :

– Faut voir.

Je photographiais la toile avec mon Polaroïd. J'arrivais chez Pétridès. Il voyait.

– Un scotch, Marc ?

Et je lui ramenais le tableau. Il remontait de la cave avec ses enveloppes d'argent liquide, comme s'il en imprimait dans son sous-sol de l'avenue Matignon. Nous n'en reparlions pas, ni vu ni connu, aucune trace, aucun souci. Du fric, j'en ai partout, dans mes poches, mes doublures, des bons de caisse cachés dans mes livres, sous le canapé-lit, chez mes parents. Je mets du temps à quitter le deux-pièces du square Saint-Lambert. J'aime ce refuge, mes racines, le café de maman. C'est fou mais ça me convient de revenir de chez les Bedford, de chez Getty, Rome et Saint-Trop dans notre petit appart, je ne parviens pas à le quitter, ni mes parents. Et puis je n'ai pas le temps. Finalement, je prends un studio avenue Pierre-Ier-de-Serbie et j'ouvre un compte à la banque Rothschild. Dès que les employés m'aperçoivent franchir le seuil, ils sortent de sous le comptoir la machine à compter les billets avec des sourires jusqu'aux oreilles. Je suis le Père Noël. À l'époque, les bons de caisse, de montants variables, permettaient d'obtenir du liquide à n'importe quel guichet, ils n'étaient pas nominatifs. J'ai eu jusqu'à 4 millions de bons de caisse, chez moi, chez mes parents, cachés dans les trois tomes des *Trois Mousquetaires.*

Chez Lasserre, j'ai effectivement ma table où j'invite six, huit, dix potes. Ma note est toujours réglée rubis sur l'ongle. Je laisse des pourboires princiers, bien plus qu'André Malraux avec qui je suis leur meilleur client. Monsieur le ministre déjeune presque toujours seul. À force de nous croiser, nous finissons par tailler une bavette, souvent, dans le vestibule, en vieux habitués.

Paul Pétridès préfère les peintres fin XIXe-début XXe, Gauguin, Picasso, Modigliani, Renoir… Je ne suis jamais remonté plus loin dans le temps. Je me forge un œil. J'apprends le marché. Je découvre le Beau. Picasso, très gros, Picasso, du lourd, périodes bleue ou rose, plus chères que la cubiste. Et Modigliani, le must, Pétridès voudrait des Modigliani, ses portraits de femmes surtout, mais ils sont rares. Peut-être peignait-il lentement. Et il est mort jeune, à trente-cinq ans, Amedeo Modigliani, Modi, c'est pas comme Utrillo. Quoiqu'ils aient été éthyliques tous les deux. Pissarro, bien. Sisley, joli. Seurat, lumineux. Mais j'ai un faible pour des peintres plus confidentiels, qui font autant briller le regard de Pétridès qu'un Renoir ou un Cézanne. Jenkins, par exemple, est merveilleux. Une marine de Jenkins représente une des plus belles choses au monde et pratiquement personne ne sait ce que c'est. Quel dommage. L'art est comme la vie, bizarrement injuste, mais les tableaux restent. Marie Laurencin, j'aime bien. Pétridès en a plein, chez lui.

Un jour, un loustic me met sur un nouveau coup. Un Modigliani, enfin. À cargaison extraordinaire, procédure d'exception. Faut aller le chercher, le Modi, sans garantie, et pas la porte à côté, en Belgique. Tâtant le terrain, je me renseigne par la bande, l'offre émane des milieux du grand banditisme, qui me sont alors inconnus. Personne n'a entendu parler d'un vol de Modigliani récent, à se demander où ils sont allés le chercher, si ce n'est pas du vent, un traquenard. Ils en veulent 25 briques, donnant-donnant, l'échange se déroulerait dans une ferme de Wallonie, évidemment paumée. Ça m'excite à moitié. Le rituel tourne au thriller, mais je n'aime pas la campagne. J'en parle à Pétridès, pas refroidi du tout.

– Vas-y, nous verrons bien. Je te prépare la mallette.

250 000 pour un Modigliani, tu penses, quelle aubaine. Et ce n'est pas Pétridès qui va se taper l'aller-retour, tomber sur un faux ou se faire trouer le buffet. Ceci dit, pour un Modigliani, je me sens pousser des ailes, je pourrais aller à Vesoul. Ma commission surpassera de loin celle d'un Utrillo, même période blanche. Pétridès est chaud et je veux voir. J'empoigne sa mallette, une Vuitton, je vérifie les 25 patates et je pars, enfouraillé, car j'aime les flingues et qu'un mec armé en vaut quatre.

J'ai suivi l'itinéraire, passé Lille, Namur, Tourcoing, pour m'enfoncer dans le trou du cul du monde wallon. Les GPS n'existent bien sûr pas, je pique des coups de sang sur des cartes d'état-major illisibles pour arriver enfin dans un lieu-dit bouseux, une ferme délabrée, dont sortent deux types, entre chien et loup, sur les coups de huit heures du soir.

La nuit tombe, le chien hurle.

J'attrape la mallette en tâtant mon automatique 11.43 dans la poche de mon imper. Les deux types ressemblent à deux trompettes. Un gros, un maigre, avec des pifs violacés, mal rasés, patibulaires en diable. Ça me changeait du duc et de la duchesse de Bedford. Pas antipathiques, ceci dit, plutôt rustres. Grosso merdo, ils planquaient dans cette bicoque depuis deux ans, tricards en France, après un de ces braquages où il vaut mieux se faire oublier, disparaître. La bande avait dû se disperser, eux étaient restés là, à veiller sur quelques vestiges.

– Et le Modigliani ?

– Il est là.

– Où ?

– Par là… L'argent d'abord.

Nous entrons. J'ouvre la valise sur la table. Ils regardent les « Pascal », vérifient la somme. Je referme.

– Y a pas d'embrouille, les gars. Alors, ce Modigliani ?

Le maigre désigne du pouce une grange, dehors, à la toiture pourrie. Nous nous dirigeons vers le bâtiment. Une faible ampoule fonctionne encore, accrochée à une poutre, le gros allume une lampe torche, s'éloigne, arrache une bâche, et là, au fond, posée contre un mur de brique, je distingue une toile, mon premier Modigliani, une tête de femme avec ce cou girafique qui communique une émotion, sans que l'on sache pourquoi. Je m'approche, fasciné. Les mecs restent en retrait. Je me penche, et là, un choc.

La femme a des trous plein la figure, la toile présente des impacts.

– Bordel, qu'est-ce que vous avez foutu avec ?

Les gars se dandinent d'un pied sur l'autre, emmerdés.

– On n'a pas réussi à le fourguer, on l'a sur les bras depuis des mois, ça a fini par nous foutre en rogne.

Ils ont tiré dessus, ces cons. Au moins auraient-ils pu manquer la cible, tirer dans les coins, mais non, un carton, pleine poire. Foutu, le chef-d'œuvre, morte, la dame de Modigliani.

– Vous êtes des tarés, les mecs, ho! Qu'est-ce que vous voulez que je fasse de ça, maintenant?

Ils n'aimaient pas la peinture. Ils m'avaient laissé venir au cas où, sans se faire trop d'illusions. Avec mon Polaroïd, j'ai pris un cliché du désastre en murmurant que, peut-être, mon client estimerait les dégâts et ferait une nouvelle offre. Sans y croire, eux non plus d'ailleurs. L'argument était aussi une façon de m'extraire en douceur, sans sortir mon 11.43. Mais tout s'est bien passé. Nous avons bu un café, nous sommes serré la main et je suis reparti avec ma valisette Vuitton et les 25 patates dedans, plus les Polaroïds destinés à Pétridès.

À Paris, Pétridès s'est arraché les cheveux devant le Polaroïd de la toile saccagée. Au-delà de l'affaire manquée, son amour de l'art n'admettait pas une telle connerie sacrilège.

– Y en aura d'autres, des Modigliani, j'ai fait, pour le consoler.

– Il n'y en a jamais d'autre. Chaque tableau est unique. C'est comme une vie.

Je le comprenais, triste pour lui.

L'art rend sensible.

Tout cela pour dire que de 1967 à 1972, année du cambriolage chez les Banania et de ma rencontre avec Christian de Galéa, dépositaire du fonds Vollard, mes affaires avec Pétridès prospérèrent. J'avais pris de la bouteille dans les pinceaux tout en restant toujours aussi naze au golf et reporter tout-terrain.

Le grand marchand à pignon sur avenue Matignon, unanimement respecté, a fini par m'avouer ce qu'il avait en tête, sans doute depuis le début. Pétridès possédait à présent quelques toiles de la collection Vollard, en bonne et due forme, avec tampon, attestation, tout le toutim. Si j'imitais ces fameux tampons Vollard, la paperasse, les certificats, il pouvait apposer sur n'importe quel tableau la prestigieuse provenance, avec l'avantage d'endormir la méfiance des autorités.

J'avais déjà falsifié, les doigts dans le nez, les notes de frais à *Match*, je pouvais bien recommencer.

Du coup, Pétridès se sentait même prêt à écouler « les tableaux Banania » par cette méthode.

En veux-tu du Banania ? En voilà !

Picasso… Renoir. Un Gauguin.

Les tableaux que j'avais refusés, quelques mois auparavant, par prudence, je les ai pris, grâce à notre arnaque de faux certificats. Si je gagnais chaque fois d'énormes sommes au passage, Pétridès amassait une fortune. Il connaissait des collectionneurs sur chaque continent. À lui seul, un monsieur Miki, je crois, qui sera bientôt Premier ministre au Japon, lui achetait plusieurs toiles par an. Nous prenions juste soin de changer le titre du tableau afin d'échapper à la liste des œuvres volées, le tour était joué. De la micro-entreprise, nous sommes passés en quelques mois au trust international.

J'ai vingt-cinq ans. Je ne sais vraiment plus quoi foutre de mon blé, encore que, on trouve toujours. Toutefois, je le jure, c'est bien moins l'idée de faire du fric que l'aventure, l'adrénaline, qui m'habitaient. Un midi, j'achète une Rolls-Royce chez le concessionnaire à Levallois, modèle Silver Shadow, bicolore, marron glacé et noir. Payée comptant. Le début d'une longue série, je suis devenu bon client. Et comme ces véhicules ne se conduisent pas soi-même, j'engage un chauffeur.

– Chez Lasserre, Michel, s'te plaît.

Déjà, j'étais repéré, je changeais de voiture tous les trois mois. Mon ami de toujours, Guillaume Durand – autre amateur d'art –, s'en souvient :

« Marc est inégalable… Avec un téléphone portable en or à *75 000* euros, il siffle un carrosse, une Rolls dernier modèle, couleur discrète entre or et argent, conduite par un Noir sorti d'Oxford. Jeune, il a compris que la note de frais n'avait plus d'avenir et que nous, les journalistes, allions tous finir pauvres, alcooliques et souvent quittés par nos épouses respectives… Marc adorait garer sa Ferrari Testarossa rutilante en deuxième file devant le Flore, histoire de stupéfier définitivement les mondains de Saint-Germain. J'eus l'idée extravagante de lui demander pourquoi ce manque de discrétion, alors que les services de l'*État* s'intéressaient à son cas.

– Tu crois quand même pas que je vais rouler en Ferrari Testarossa pour aller me garer dans une rue en pente et discrète ?

Un personnage à la Audiard, en même temps attentif, généreux… »

Guillaume est tout à fait juste. Je suis un parvenu, si on ne me voit pas, si on ne me remarque pas, j'ai l'impression de crever. Après la Rolls, avant la Testarossa, je ne compte plus, je me suis offert une Maserati. Je ne pouvais plus me garer en trombe au journal ou sous les fenêtres de chez mes parents sans que les plus candides ne se posent quelques questions. Pigiste de luxe, certes, je multipliais les coups.

À nouveau, la chance m'a souri. Je suis tombé sur un personnage atypique, gestionnaire de fortune, banquier et consul du Salvador à Paris, en prime. Serge Hervel m'a reçu dans son bureau aux tentures vertes avec les armoiries du Salvador en or, flanquées des drapeaux bleu et blanc nationaux. On se serait cru dans un album de Tintin. Mais ce personnage était aussi réel que ce pays, plus petit État d'Amérique centrale, parmi les premiers producteurs de café. Peu après m'avoir rencontré, vu mon train de vie, mes cigares, mon charme, mes relations, Serge Hervel pensa à me proposer une mission pour le Salvador où je n'avais jamais mis les pieds, infoutu de le situer sur un planisphère.

Pourquoi refuser l'imprévu ?

Mon interlocuteur s'avéra captivant, beaucoup plus intéressant qu'un mondain de pacotille. En me traçant à grands traits les caractéristiques de son pays, il m'informa que le Salvador présentait la particularité de voir toutes ses ressources concentrées entre les mains de sept familles autour du président Molina. Ce banquier-consul se trouvait être également le fondé de pouvoir de la plupart de ces familles, leurs avoirs étant déposés dans sa banque suisse. Je n'ai pas insisté inutilement sur le régime politique, c'eût été déplacé, rien qu'à voir sa tronche en grand uniforme sur le portrait officiel et galonné pendu au mur, le colonel Molina ne devait pas être un fervent démocrate. Cette nation confetti m'a fait penser au pays imaginaire du *Viva Maria !* de Louis Malle, où débarquent Brigitte et Jeanne Moreau. D'ailleurs le colonel ressemblait beaucoup au dictateur Rodriguez mais, étant bien élevé, je n'ai rien dit, laissant Hervel conclure sa proposition.

– Nous avons besoin de personnes qualifiées, bien introduites et dévouées pour promotionner notre pays en Europe, le faire valoir, favoriser toutes sortes d'échanges.

J'étais son homme, la com' est mon domaine, c'est de la camaraderie qui rapporte. Aux curieux, aux envieux, je pourrai dans la foulée expliquer que, tout en restant reporter-photographe, j'étais à présent chargé de mission,

Avec le président du Salvador, Arturo Armando Molina, dans les années 1970.
Il vient de signer un contrat pour l'achat de quinze hélicoptères.

diplomate quoi. Dorénavant, je représentais un pays pété de thunes et dispendieux, El Salvador. Quoi qu'il en soit, cette charge me servirait de couverture.

J'ai pensé me mettre à l'espagnol mais comme ne pas parler anglais ne m'avait pas gêné en Israël – tu trouves toujours à te faire comprendre et au besoin un traducteur –, je n'y ai plus songé. On est comme on est. Mieux vaut se faire confiance que du mouron.

Je n'ai pas tardé à faire mes preuves, bien motivé, le Salvador sentait bon autant le moka que l'*aventura.* En vérité, la destinée de ce pays se résumait au bon vouloir de son président et des sept familles de Rapetou. Leurs désirs valaient des ordres. Le colonel Molina caressait le rêve, à la fois de gosse et de despote, de posséder… des hélicoptères. Seulement voilà, la « guerre du football » plaçait son pays sous embargo, hors de question que la France du général de Gaulle vende une hélice à cet État mal vu. En avril 1969, un match de foot pour les qualifs de la Coupe du monde au Mexique avait exacerbé les tensions entre le Honduras et le Salvador. Le Honduras venait d'expulser sans ménagement des travailleurs salvadoriens. La veille du match, le Salvador rompit ses relations diplomatiques avec le Honduras. Dans la nuit précédant la rencontre, les supporters de chaque camp, déchaînés, avaient empêché les deux équipes de fermer l'œil. Les joueurs entrèrent sur le terrain dans une tension à couper à la machette. Après les deux mi-temps, sur un score de 2 à 2, les prolongations permirent finalement au Salvador de se qualifier mais le climat avait carrément tourné à la guerre totale – justement appelée guerre du Football – entre les deux pays frontaliers. Ne disposant pas de véritable armée, chacun cherchait un arsenal pour se foutre sur la gueule. Une pure folie. La France et presque toutes les grandes puissances refusaient depuis de livrer des armes dans cette poudrière.

Le rêve de Molina était devenu celui du banquier-consul, prêt à se couper en quatre pour satisfaire aux desiderata de son colonel. Hervel m'a demandé si, par hasard, je ne connaîtrais pas un moyen de faire avancer ce dossier ultra-sensible. Des hélicos… A priori cela ne se trouve pas sous le sabot d'un cheval.

Je me suis débrouillé. J'ai fait acheter un Alouette III à l'Aérospatiale, quelques hommes politiques bien introduits l'ont aidé à passer entre les mailles de l'embargo. Serge Hervel a pu envoyer un hélicoptère « civil » au Guatemala qui fut vite « militarisé » au Salvador. Et le colonel Molina s'est offert un baptême de l'air en Alouette.

Dès qu'il a eu un hélico, Molina en a voulu d'autres, une quinzaine, c'est humain. Je n'y voyais aucun inconvénient sauf que le président ne trouva jamais les fonds nécessaires. L'argent est le nerf de la guerre, mon colonel, et pas qu'en Amérique centrale. Accessoirement, quelques années plus tard, malgré une volonté de réforme tardive, Molina fut délogé du palais présidentiel par le mécontentement populaire.

Quand je vous disais qu'il ressemblait à Rodriguez, dans *Viva Maria !*

Quelque part dans ses mémoires, Guillaume Durand ajoute à mon sujet : « Il a une qualité fondamentale dans sa profession par ailleurs totalement indéfinie : une véritable et définitive absence de culpabilité… » Guillaume a encore raison. Ceci dit, avec le temps, dans certains cas très rares, il m'arrive, la nuit, dans mon mauvais sommeil, d'avoir sinon des regrets, du moins quelques remords.

On vieillit.

Au début des années soixante-dix, à vingt-cinq ans, je suis donc reporter dans un des meilleurs magazines du monde, marchand multicarte, capable de refourguer des Utrillo, des Picasso aussi bien que des hélicos, un peu diplomate, j'ai ma table chez Lasserre, mon club de fumeurs de havane. Je suis jeune, riche, heureux, marié à une femme admirable – qui est toujours la mienne à ce jour – et bientôt papa d'un magnifique garçon.

À partir de 1972 et du cambriolage chez monsieur et madame Banania, je roule sur l'or, littéralement. Ma mission pour la République du Salvador sert d'alibi à mon train de vie disons, exotique. Je dépense sans compter. Quelle ombre pourrait gâcher le joyeux panorama de ma réussite et de mon avenir ? Franchement, je n'en vois aucune. Même pas un nuage.

Quoique, un soir, après avoir garé ma Rolls devant mon domicile, j'ai à peine le temps d'ouvrir ma portière que quatre agents de l'antigang, des armoires à glace, me prennent au collet.

– Par ici, l'ami.

Les portes du pénitencier

Écroué. À Fleury-Mérogis. J'ai beau être un homme, je chiale comme une madeleine. Pendant un jour, deux jours, trois : je chiale. Je ne fais que chialer, hébété, incapable de me ressaisir, une fontaine.

Le vieux Pétridès me charge à mort, ce salaud, même pas écroué, vu son âge et son prestige. Et tous les marchands d'art de la place de Paris de le défendre avec des cris d'orfraie. Comment monsieur Pétridès, auguste professionnel considéré, pouvait-il imaginer la provenance douteuse de mes tableaux, moi, si connu du tout-Paris, roulant en Rolls Silver Shadow… Trente, quarante tableaux délictueux. Les flics fouillent ses livres de comptes. Les journaux ne parlent que de ça, mon nom est partout. De jeune cador de la presse, en vingt-quatre heures, je suis devenu un paria, un taulard.

Je chiale.

– Ce n'est pas gagné, me souffle mon avocat, maître Biaggi, aussi réputé qu'impuissant.

Quand j'évoque ma liberté conditionnelle, il me répond par une moue, en m'indiquant que nous risquons… dix ans. Pour recel, braquage, association de malfaiteurs…

– Quoi ! Enfin, je n'ai jamais braqué personne !

Pénalement, c'est tout comme. Les braqueurs de la marchandise volée, fallait bien que quelqu'un les rencarde sur ses riches propriétaires. Le juge se demande si Marc Francelet ne serait pas le cerveau de cette juteuse crapulerie.

Je chiale. Dix ans. Et pourquoi pas le bagne, à casser des cailloux en Guyane, comme Papillon ? Et ma mère, mon père ? Et Roger Thérond, et André Malraux, qu'est-ce qu'ils vont penser ? Et ma femme, elle va bien ?

– Elle tient le coup, très courageuse.

Je chiale.

– Tous tes comptes ont été saisis.

Fumier de Pétridès.

Utrillo m'a tué.

T'as plus que tes yeux pour pleurer, maintenant. Chiale, connard.

Au bout de trois-quatre jours, j'ai arrêté de pleurer et j'ai ouvert les yeux. La privation de liberté est terrible, surtout pour moi, hyperactif, mais je n'ai pas été élevé au château avec une cuillère d'argent dans la bouche. J'en ai vu d'autres, dès ma naissance, dans l'urgence de l'accouchement de ma mère, je suis né dans le panier à salade qui la transportait à la maternité. Au fond,

Fleury-Mérogis, c'est un peu comme un retour aux origines. Merde et merde, j'ai même pas eu le temps de prendre un cigare. Marco, mon coco, te laisse pas abattre.

On finit par s'adapter au monde carcéral, on s'installe, forcé de prendre le pli. À moi de l'envisager comme une aventure nouvelle. André Malraux lui-même avait goûté à la prison, à Phnom-Penh dans les années vingt, pour vol de statues khmères. Il n'avait pas dû en faire une pendule, Malraux. Et cet épisode ne l'a pas non plus empêché de devenir ministre.

Reste fort, combatif, défends-toi contre la corporation sans foi ni loi des Paul Pétridès & marchands d'art, voilà ce que je me suis dit en balançant mon dernier Kleenex dans les latrines.

Si, au début des années soixante-dix, j'étais déjà marginal, la taule a achevé de me sortir du droit chemin. Il y a des gens bien en cabane et il y a des pourris, des salauds, autant qu'au-dehors, le destin continue entre hommes. C'était ma première incarcération, sans que je le veuille cette expérience m'a définitivement affranchi des règles, des lois. Ta morale, ta droiture t'appartiennent, elles ne se calquent plus sur un exemple, un modèle à suivre. En prison, tu t'appartiens. Face à une justice qui devient l'adversaire, tu traces ta route entre le bien et le mal. Au fond, le juge, désormais, c'est toi. Je n'ai pas perçu cet écart sur le coup mais, dans les mois qui ont suivi, j'ai glissé davantage hors des normes, seul. J'ai continué d'observer le monde, de l'autre côté des murs, en attendant de revoir le ciel en grand. Sans être malheureux, j'ai changé. Je me suis aggravé. Guillaume Durand dit qu'une part de gaieté en moi s'est enfuie ou enfouie. Un individu qui passe par la prison reste au fond de lui, à perpétuité, un taulard, la marge qui l'écarte brusquement de la société demeure en lui. Son cœur change et il ne jette plus le même œil sur la réalité qui l'entoure. La détention est aussi la première école du grand banditisme, un centre de recrutement où on se reconnaît et où on se coopte à tous les étages.

Pour le moment, dans ces premières semaines qui sentent le béton, l'humide, dans cet univers sonore où d'oreille, autour de moi, je sens chaque matin s'éveiller une fourmilière d'enfermés, d'instinct, selon mon aptitude, il me reste à purger ma peine, « faire mon temps », selon l'expression consacrée.

Si mon activité dans les tableaux volés, objectivement, méritait sanction, je n'y voyais aucun crime, je n'étais donc pas habité, je l'avoue, par une encombrante culpabilité. La souffrance et le traumatisme de la famille Banania, privée de ses chefs-d'œuvre, ne hantaient pas mes nuits. Monsieur Banania, lui, ne s'est hélas pas remis de ce sensationnel fric-frac... Quand les admirables peintures lui furent restituées, il n'en a plus voulu, il ne supportait plus ces toiles de maître découpées par des voyous, salies par d'autres yeux que les siens. Et monsieur de Lespinasse a donc vendu toute sa collection.

Pour ce qui me concerne, le jeu avait mal tourné, certes, mais je passais de longs moments songeur sur mon lit sans me remettre en question. M'être fait prendre ne m'empêcherait pas de me battre pour recouvrer ma liberté. Que je sois à Fleury-Mérogis quand Paul Pétridès restait libre m'incitait à rejeter le système de mes juges. À chaque extraction de ma cellule pour instruction, le fourgon me conduisait chez le magistrat avec une patate d'enfer pour assurer pied à pied ma défense. Je ne haïssais pas mon juge, au contraire, je désirais le convaincre sans endosser la responsabilité entière de cette escroquerie où marchands d'art et gros clients, jusqu'à des politiciens étrangers, avaient trouvé eux aussi une formidable aubaine. Quand on te traite en coupable, normal que ta première réaction soit d'en pointer un autre – c'est humain. Après l'avoir estimé au point de voir en lui presque un père, je vivais d'autant plus mal la trahison de Paul Pétridès, sa façon de me charger pour se défausser entièrement me faisait l'effet d'une trahison.

– Moi, monsieur le juge, je golfais à Morfontaine… De fil en aiguille, les événements ont fait le reste, qu'est-ce que vous voulez…

Le juge m'écoutait.

Faire son temps signifiait pour moi l'accomplir du mieux possible. Fleury-Mérogis venait d'ouvrir un bâtiment, une aile en tripale, que nous étions seulement trois détenus à occuper, une résidence dans l'ultra-modernité carcérale. Tout y était neuf, comme dans les films de science-fiction. Avec deux colocataires, donc, un confrère, Jean-Pierre Arassus, ayant écopé de quinze ans pour trafic de fausse monnaie. Et Claude Lipsky, le fameux Lipsky, baptisé par la presse « l'escroc du siècle », qui suscita immédiatement ma curiosité.

Au fil des Trente Glorieuses, Lipsky a dirigé le Patrimoine foncier, double terme trop rassurant pour être honnête, prospère société de placements immobiliers. En fait de placements, Lipsky disposait des fonds à sa guise pour se lancer dans d'aventureuses acquisitions.

Indéniablement, il avait la bosse des affaires après s'être lancé à la fin de la guerre d'Algérie en rachetant pour une bouchée de pain des milliers de kilomètres de fil barbelé. Mais il s'est avéré négligent, trop artiste sans doute. Au final, son Patrimoine foncier laissait sur le carreau plus de 14000 épargnants floués, un trou béant de presque 50 millions. Trou d'autant plus scandaleux que Lipsky demeura longtemps introuvable, défrayant la presse avant que la justice ne finisse par le retrouver en cavale en Israël. Après d'âpres négociations, « l'escroc du siècle » venait d'être extradé vers la France où il attendait, comme moi, un procès plus retentissant encore. La rumeur prétendait qu'il avait bénéficié d'appuis parmi les huiles du pouvoir pompidolien, accusations qui déjà remuaient les foules.

Escroc ayant par profession le sens du contact, un caractère liant, Lipsky s'avérait un compagnon idéal, avec une parfaite connaissance des rouages financiers autant que psychologiques[7]. Avec Jean-Pierre Arassus, nous pouvions parler négoces en tous genres et d'un autre sujet capital… Patron d'un restaurant, la gastronomie était son violon d'Ingres. Autant dire que nous nous sommes lancés dans une cuisine qui rehaussait l'ordinaire de la détention. Si les cantines permettent de se ravitailler, les services pénitentiaires n'offrent pas une gamme très variée, on se trouve vite limité. Ce fut à moi de faire en sorte d'y remédier.

Observer, c'est déjà comprendre. Les gens ne s'observent pas assez. Lors de mes allées et venues au parloir ou pour les extractions, j'avais remarqué un jeune gars, frais sorti de l'école pénitentiaire. Un maton débutant au regard ouvert qui lors des fouilles n'avait pas le silence muré, la mâchoire serrée des matons expérimentés. À l'évidence, un bon gars. Un matin, il m'a parlé, ayant lu des articles sur moi. Que je puisse connaître Johnny Hallyday le laissait baba. J'y ai vu un signe engageant. Quelques jours plus tard, je me suis

7. Lipsky allait être condamné à cinq ans, huit en appel. Libéré, il ne fit plus parler de lui jusqu'à un nouveau scandale dans les années quatre-vingt. Installé en Afrique, il spolia d'innombrables militaires selon le même principe de placements bidons, pour 30 millions. Avec adresse. Ses démarcheurs étaient d'anciens officiers, experts à convaincre leurs collègues d'engager leurs économies, d'autant que les militaires en poste à l'étranger bénéficiaient de primes et de revenus bien supérieurs à ceux de la métropole. Lipsky aurait parfaitement eu la compétence de réussir honnêtement mais la fraude agit souvent comme une drogue chez certains escrocs, l'arnaque les motive autant, sinon davantage, que le bénéfice.

lancé, sans trop réfléchir. Devant une porte, comme le jeune gardien s'effaçait pour me laisser franchir la grille, je me suis penché à son oreille :

– Tiens… prends ça.

Doucement, sur un ton paternel et entendu, j'ai glissé dans la poche de son uniforme une liasse de biffetons. Une fraction de seconde. Presque rien. Un geste furtif… Le risque était gros mais lui a refermé la grille, détournant les yeux, mine de rien, pour me ramener en cellule, donner un tour de clef. Nous n'avons échangé ni un mot ni un regard. En cellule, j'ai attendu dix minutes, une heure… Pas de réaction, aucun pas pressé dans la coursive. RAS. Planqué contre le placard de son vestiaire, je l'imaginais en train de compter les billets, l'équivalent d'un mois de salaire…

La journée a continué dans sa routine.

En prison, comme avant, comme après, je veillais à garder un paquet d'argent. Sans argent liquide sur moi ou à portée de main, je me sens à poil, vulnérable. L'argent constitue l'oxygène en cas d'appel d'air et on a vite une sensation d'asphyxie en taule. L'argent est un formidable passe-partout. À Fleury, comme ailleurs, j'en ai fait rentrer et je m'en suis servi.

Lipsky et Arassus ont vu arriver, par enchantement, du whisky, de la vodka, de la bonne charcuterie, de bons cigares que nous fumions à la fenêtre… Un enchantement signé Francelet, par plaisir de partager, toujours, comme au square Saint-Lambert, de couvrir la table, d'agrémenter le quotidien d'événements. Cette joie à laquelle je n'ai jamais pu renoncer : flamber, flamboyer, passer outre, savourer, fumer, déguster, profiter, se servir.

Nous n'avons pas sympathisé, le jeune gardien et moi, je ne lui ai pas demandé de renier son serment dans la pénitentiaire, de faire entrer une arme, de se compromettre en vue d'une évasion, je voulais seulement partager un foie gras, un chorizo avec mes potes au fil de ces journées où on n'a rien à partager qu'un présent étriqué. Je glissais au jeune maton ma liste de courses hebdomadaire, quelques billets. Tacitement, nous avons perfectionné notre marché noir sans causer de trouble majeur à l'ordre. Quoi, ce n'était que péché de gourmandise, un supplément d'âme sous forme de bonne bouffe.

Je me suis porté volontaire comme bibliothécaire. Ce n'est pas que la littérature constituait mon évasion, mais le chariot de livres avec lequel je circulais de cellule en cellule me permettait de me déplacer à travers la détention aussi librement qu'un poisson dans son bocal. Rapidement, je me suis mis à porter des messages, à les glisser dans les pages d'un roman classique ou d'un polar sanglant, à connecter d'un bâtiment à l'autre deux détenus que la justice isolait. Je conseillais au premier de prendre rendez-vous chez le dentiste, mardi prochain… Devant le cabinet du dentiste, il retrouvait son acolyte et pouvait communiquer. J'œuvrais sans bruit dans un monde parallèle, hochant du menton, lâchant trois mots… J'ai vite été quelqu'un en taule parce qu'à Fleury aussi, ce fut ma nature et mon besoin. Contrairement à ce que l'on peut affirmer de l'ingratitude et de l'oubli, ce n'est pas le propre de l'homme, du moins pas dans l'univers carcéral. Partout où on peut faire circuler une bouffée d'air, contredire l'adversité, le récipiendaire, d'un froncement de sourcil ou d'un battement de paupière, t'en voue une reconnaissance presque infinie. Une pierre blanche sur le béton, ça aide. Et savoir se faire des amis partout constituait déjà ma philosophie, je n'en ai d'ailleurs pas vraiment d'autre. J'aimais ces signaux clandestins, cette fraternité où je pesais, la force de ce réseau de camaraderie clandestine, et plus que jamais j'adorais le chorizo. Enfin, l'entraide servait aussi mes intérêts dans la perspective du jour où j'en aurais à mon tour besoin.

Mes activités bibliophiles m'ont également permis de fréquenter les auxiliaires de Fleury, détenus requis au nettoyage ou au service de bouffe (gameleurs) de porte en porte, ayant le privilège de vaquer aux quatre coins des bâtiments[8].

La taule est une société où le type qui passe le balai et la serpillière dans un coin s'avère bien plus important que n'importe qui.

À la fin de mes tournées bibliophiles, je déposais mon chariot dans un réduit. Sous le lavabo se trouvait un placard, une fois par semaine ce placard a servi de cache au jeune maton qui y déposait mes emplettes que

8. En France, contrairement aux États-Unis, il n'y a pas de réfectoire, les repas se prennent en cellule.

je rapportais discrètement en cellule. Avec les deux autres détenus, le trio de la tripale, Arassus, Lipsky et moi étions exemplaires, jamais un barouf, une gueulante. Le whisky de marque nous ensuquait un moment. Nous nous sommes mitonné de mémorables gueuletons. La valeur d'un homme réside aussi dans sa faculté d'adaptation et nous n'en manquions pas. C'est triste de s'enfiler de la vodka tiède, et nous ne pouvions pas faire entrer un minibar, je me souviens que pour la rafraîchir à température idéale, nous placions la bouteille dans la cuvette des waters. Une simple bouteille d'eau en apparence, car le maton complice prenait soin de transvaser tous les alcools dans des bouteilles qui n'attireraient pas l'attention. Contents, sinon heureux, nous étions tranquilles, notre bon esprit et notre bonne conduite n'attiraient pas les fouilles sinon celle d'un gardien galon d'argent tatillon, vicelard, toujours soucieux de sanctionner une faille, une faute, extrêmement dur avec les détenus. Un pénible, il s'en trouve toujours un, mais notre mépris le tenait à distance.

J'étais donc en forme, compensant mes excès de charcutaille et de Chivas par des exercices physiques quotidiens. Au palais, pour me défendre face au juge, je me suis jeté dans la bataille.

Le dossier exonérait très largement Pétridès, sa parole semblait autant d'or que son patrimoine, tout s'ajustait pour faire de moi un fusible qui servirait de cerveau, de coupable. Si je ne suis pas regardant avec la loi, pour mes affaires personnelles, paradoxalement, j'ai un sens aigu du droit : je hurlais à l'acharnement judiciaire. Le juge m'écoutait. Un bon juge, soucieux de son indépendance et de se forger lui-même sa sacro-sainte conviction intime. Lors d'une audition, j'ai déballé tout à trac qu'il était normal que le commissaire Ottavioli dédouane Pétridès contre moi, connaissant le marchand d'art depuis les sombres arrangements de l'après-guerre, ce commissaire, déjà réputé, possédait deux Utrillo de la période blanche, les plus cotés. Bien au-dessus des moyens d'un fonctionnaire public. Pétridès les lui avait offerts, pour services rendus, disons. Ni une ni deux, le juge a interrompu mon audition pour ordonner illico une perquisition chez le commissaire Ottavioli où furent découverts, sur les murs de son appartement… les deux Utrillo. À l'époque, si rien n'empêchait un marchand d'art d'offrir de tels cadeaux à un policier, cette découverte venait étayer mes dires. D'autant que *L'Express*, par la plume de Jacques Derogy, son investigateur le plus réputé, enfonça le clou pour moi, grâce à un article fracassant : « Le commissaire épinglé », où il dénonçait l'ancienne collusion entre Ottavioli et Pétridès, qui avait brouillé l'enquête.

Les cordes se sont peu à peu dénouées de mon cou. Hermann Goering a fait le reste. Dans la foulée, Jacques Derogy a révélé au grand public comment Pétridès avait bâti sa collection sur les biens spoliés aux juifs pendant l'Occupation, qu'il avait même été l'intermédiaire expert en art de Goering. L'hallali s'est porté immédiatement sur le prestigieux marchand d'art, me soulageant d'autant. Dans *Le Nouvel Obs*, François Caviglioli m'a également soutenu : « De petit trafiquant, Marc Francelet devient victime… Marco, celui qui sait tout sur tout le monde et à qui on ne téléphone jamais pour rien. Marco les bons tuyaux… »

Ce surnom allait me rester. François Caviglioli est devenu mon ami jusqu'à sa mort. On est toujours ému d'être défendu quand tout semble vous lâcher, davantage encore par un journaliste qui savait écrire comme personne.

Cette année-là, la presse m'a sauvé.

Ma peine s'allégeait à l'horizon. Je risquais une détention bien moins lourde que dix ans, pour simple recel, avec les remises de peine automatiques mon temps se chiffrerait plutôt en mois qu'en années. Une éternité quand même.

Malheureusement, avec ma tendance à en faire toujours trop, j'ai bien failli perdre cette chance. Un midi, tranquille, ramenant mon chariot dans son débarras, content à l'idée d'ouvrir le placard, je me suis agenouillé pour sortir mes courses de leur cachette quand une voix a résonné derrière mon dos.

– Alors, Francelet, on fait son marché ?…

Je n'avais rien entendu venir. Un galon d'or, carrément, surveillant-chef de détention, s'était déplacé et me fixait, ironique, entouré de dix matons patibulaires. À genoux, j'ai soupiré en poussant le sac. Adieu whisky, vodka, cigares… Tes emmerdes recommencent, j'ai pensé. Ensuite, c'est eux qui m'ont cuisiné mais je n'ai pas lâché le morceau. Le jeune gardien et moi étions liés par une parole, un pacte, une « mentale ». Malheureusement, c'était trop tard. La facilité rend imprudent. Au fil des semaines, j'ai sans doute exagéré sur mes commandes, mon passeur s'est trahi par son sac. Il était de service de nuit, chaque surveillant de nuit entrait avec un sac de sport qui contenait le survêtement dans lequel il dormait entre les rondes et quelques effets. Ses collègues ont remarqué la grosseur suspecte de son sac. Prévenu, le galon d'argent, le vicelard, s'est mis à le surveiller. Pourquoi le sac du jeunot entrait-il régulièrement si plein pour repartir vide le lendemain matin ? Pas la peine d'avoir le QI d'Einstein pour en tirer une conclusion. Le galon d'argent zélé a fini par surprendre le débutant sur le fait, en train de déposer des victuailles dans notre cachette. Le jeune gars a tout avoué sur-le-champ. Non seulement il a été chassé de la pénitentiaire, mais il est parti en taule, lui aussi. Je me demande ce qu'il est devenu par la suite, si sa reconversion forcée a auguré pour lui d'une existence meilleure.

Je n'étais pas fier de moi. Quand le galon d'argent m'a dévisagé avec morgue, triomphant, j'avoue avoir éprouvé une bouffée de haine, moins à cause du Chivas-chorizo que pour le jeune gars que j'avais foutu dans cette merde.

Je crois que c'est en taule, aussi, que je suis devenu rancunier. Au fond, une sanction ne change pas profondément un homme, elle le pollue sans le transformer, j'en suis la preuve, pas plus en bien qu'en mal.

À Fleury, j'étais sur un autre coup plus passionnel encore que le plaisir des papilles. Chaque jour, je discutais avec l'homme dont tous les journaux rêvaient d'obtenir une interview. Il était cependant hors de question que le détenu Lipsky, en attente de son procès, parle à qui que ce soit d'autre que son magistrat instructeur. Autant dire une exclusivité aussi phénoménale qu'impossible. A priori. Là encore, je me suis lancé. Le challenge extraordinaire de fournir à *Paris Match* un tel sujet alors même que je me trouvais en prison m'excitait au plus haut point. Ça aurait une sacrée gueule, une exclu depuis Fleury-Mérogis valait de prendre quelques risques.

Mon instruction était repartie sur de meilleures bases, un des jeunes avocats qui s'occupait de mon cas, Patrick Devedjian, était malin, ambitieux, il n'avait pas froid aux yeux. Mon juge l'a bien compris. Le jeune avocat m'a annoncé une proposition. L'affaire Banania constituait un gros dossier pour mon juge, il lui tenait à cœur de clôturer son instruction en beauté. Sa progression dans la hiérarchie judiciaire en dépendait. Or, dans l'inventaire, manquaient deux admirables petits tableaux, égarés, disparus, deux Sisley, introuvables chez Pétridès, qui se défendait bien sûr de les avoir jamais vus. On ne trouvait trace d'aucun client, d'aucun versement pour ces deux toiles. Si, par hasard, son client, Marc Francelet, avait la moindre idée d'où se cachait cette paire, le juge en tiendrait compte dans ses conclusions autant que pour ma remise en liberté.

Le juge Émile Cabié avait du nez. J'avais effectivement une tendresse pour Sisley. Je trouve ses paysages apaisants. Les toiles dormaient dans mon coffre, en Suisse. Devedjian est allé à Genève avec une procuration signée de ma main et il a rapporté le contenu. Avec les tableaux, dans un sac plastique, se trouvaient également 400 000 francs, petite poire pour la soif en prévision de ma sortie – j'ai prié mon avocat de me les conserver précieusement. À peine arrivé gare de Lyon, Devedjian est allé déposer les Sisley dans une consigne. Ces consignes, à l'époque, servaient de coffre à toute une pègre ; si ces armoires de fer pouvaient parler, elles raconteraient de fabuleux romans. Ensuite, Devedjian s'est rendu chez le juge Cabié pour lui remettre la clef d'un casier de consigne de la gare de Lyon.

Les deux Sisley, derniers manquants, sont réapparus durant la très performante instruction du juge Cabié et ont pu être restitués. Devedjian était vraiment un bon avocat. Son talent n'a fait que se confirmer par la suite.

Je restais autant obsédé par ma défense que par la possibilité folle de faire un scoop avec Lipsky, question de panache. Je gambergeais sec en mâchonnant des chewing-gums.

Au parloir, mon avocat m'a fait passer un Minox, le plus petit modèle du marché. Pour lui, aucun souci, les avocats ne sont pas plus fouillés à l'entrée qu'à la sortie. Le détenu, en revanche, n'y échappe jamais. Corrompre un maton au parloir représente une entreprise trop dangereuse, trop aléatoire. Comment regagner ma cellule avec l'appareil ? Les lecteurs de *Papillon* ou de bien d'autres récits carcéraux me répondront que l'anus y est un moyen de transport courant. Cependant, même petit et léger, je ne me voyais pas m'introduire ce Minox, vite fait, devant mon avocat. Si nous étions devenus proches, nous n'étions pas intimes à ce point. Sans parler du risque de me faire pincer par un surveillant dans une tentative qui gênait mon amour-propre.

J'ai préféré le chewing-gum. Devedjian est arrivé avec son air de premier de la classe et sa sacoche en cuir. Tout en compulsant mon dossier, en conversant, j'ai craché un énorme chewing-gum bien mâchouillé pour le fixer entre nous, sous la table, Devedjian y a collé le Minox. Et après ? Après, nous nous sommes salués et je suis parti à la fouille, en laissant le Minox sur le chewing-gum. J'avais fait des essais dans ma cellule avec un carnet, une boîte de sardines vide, le montage tenait. Cet appareil de fabrication allemande, léger, étroit et fin, une dizaine de centimètres sur trois, était passé à la postérité grâce au film d'espionnage. Depuis la guerre, effectivement, les agents secrets s'en servaient pour photographier les documents. Les amateurs le connaissaient depuis sous le nom de Minox-Espion.

Un auxiliaire responsable du ménage au parloir avocat s'est chargé de le récupérer le soir même. Et comme cet auxiliaire s'occupait aussi des repas, il me l'a rapporté en cellule en même temps que la gamelle du dîner.

Au temps de *Papillon*, au bagne de Cayenne dans les années trente, les chewing-gums n'existaient pas et je n'en ai que davantage d'admiration pour lui.

À *Match*, comme je l'ai déjà dit, rien ne paraît sans photo, selon l'ADN du journal. Avec ce Minox, j'ai donc photographié « l'escroc du siècle » dans sa cellule, en promenade… Un reportage entier Fleury-Mérogis, comme si vous y étiez, puis le Minox est reparti comme il était venu, via le parloir avocat.

Étendu sur mon lit, j'ai attendu le boum de la parution. Un gros boum. Tout en obtenant son accord, il était hors de question que Lipsky soit inquiété pour ce sujet qui, tout en décrivant sa détention, son caractère, le laissait tout à fait étranger à ce papier très bien informé depuis quatre hauts murs d'où aucune image n'était jamais sortie. Au début des années soixante-dix, la pénitentiaire ne recevait pas de journalistes. Subitement, la prison se trouvait exposée, dévoilée dans la presse, à la stupéfaction du gouvernement, du ministère, du directeur, de l'opinion. Tout le personnel judiciaire s'est jeté sur le numéro de *Match*, interloqué, scandalisé. Évidemment, vu mon passé, mon passif, les soupçons se sont portés sur moi, mais quoi ? Quelle preuve ? Ils avaient beau fouiller, tout retourner, le petit Minox n'était plus à l'intérieur. Ni vu ni connu. J'en riais. Au parloir avec Devedjian, moi aussi je me suis précipité sur *Paris Match*, enthousiasmé par les quatre pages de mon reportage anonyme, incognito.

Quel coup! Toujours vivant, Marc Francelet vous salue bien. À bientôt, Roger Thérond.

Le directeur de la prison ne me lâchait pas, prêt à passer l'éponge à condition que je lui révèle par quel moyen, nom de Dieu, quel contact, bordel de merde, j'avais pu faire entrer et sortir un appareil, mais quoi! Quoi?

– Je n'ai pas touché un appareil photo depuis qu'on se connaît, monsieur le directeur, comment voudriez-vous que je fasse?

Sage, je n'ambitionnais que d'accomplir ma peine, je collaborais à mon instruction.

– Vous n'avez qu'à en parler à mon juge, le juge Émile Cabié, monsieur le directeur, il vous le dira lui-même.

Toutefois, j'avais un compte à régler pour venger le jeune gardien fautif. Par quelques allusions au détour des coursives à un porte-clefs, j'ai mis en cause ce maton pénible et vicelard, le galon d'argent responsable de notre chute. Il s'était vanté de s'être payé un pavillon, j'ai glissé à quelques-uns de ses confrères qu'ils devraient se demander comment il avait pu se l'offrir… son pavillon. Ça a fait le tour de la détention à la vitesse d'une traînée de poudre. Galon d'argent a été convoqué chez le directeur, l'administration a épluché son compte bancaire, ce surveillant s'est trouvé suspecté, d'autant qu'il n'était pas aimé.

Un soir, lors de l'appel, il est entré dans ma cellule. Pendant cet appel, à chaque fin de service des surveillants, tandis que s'opère le comptage, aucun gardien n'a le droit de pénétrer dans une cellule, nous sommes bouclés, les règles en prison valent pour les détenus autant que pour le personnel. Il écumait, fou de rage. Je ne lui ai pas laissé le temps d'en placer une, pas envie de discuter, j'ai ramassé un tabouret et je lui ai foutu un bon coup sur la gueule.

Galon d'argent est parti en arrière, en sang, avant de décamper. J'ai été convoqué, bien sûr, cette violence m'exposait à une punition, mais, compte tenu que le surveillant n'avait pas à se trouver dans ma cellule pendant l'appel, je n'ai écopé que d'un séjour au mitard, en slip sur une couchette de ciment. Pas drôle. Pas grave. J'avais publié un beau sujet, cette joie, cette fierté m'ont tenu compagnie. Ensuite, j'ai fait ma peine, j'ai fait mon temps. Je me suis tenu sage. Ma femme me visitait très régulièrement. Nous avions un fils, tout petit, six mois, que je ne voyais pas grandir, elle m'apportait des photos qui me serraient le cœur mais je refusais qu'il voie son père en prison, je ne voulais pas que mon petit garçon pénètre dans cette enceinte. Le juge Cabié savait combien il s'avérait éprouvant pour moi de ne pas voir mon fils. Un jour, à la fin d'une instruction, il m'a proposé de faire venir ma femme et notre enfant à ma prochaine audition, je pourrais ainsi voir Dimitri dans son bureau où le magistrat nous laisserait entre nous, un moment. J'ai donc revu mon fils dans le cabinet du juge.

Du Salvador, j'avais rapporté pour lui une brassière en laine tissée multicolore avec une capuche. Un tout petit habit des Andes. Dimitri portait cette veste, je le revois encore braquant sur moi ses yeux noirs. Il était comme un minuscule dieu Inca et j'ai pleuré.

J'ai obtenu ma conditionnelle à mi-peine de ma condamnation à trois ans, soit dix-huit mois.

Un matin, à l'aube, heure des levées d'écrou, je suis sorti. Sortir est un bonheur fulgurant, bien sûr. La vie, toute la vie dans ses moindres souffles, est d'une beauté qu'on oublie trop souvent à force d'en être rassasié. Mais sur le coup, j'ai chancelé, l'air, l'espace, m'ont asphyxié. Ce choc ressemble à un vertige où un corps enfermé est brusquement de nouveau lâché, assailli de sensations. Il faut plusieurs heures, plusieurs jours parfois, pour redevenir libre. Un chemin à l'envers. Cette expérience de vie, pure et violente, où un homme se retrouve, je l'ai goûtée, je l'ai vécue.

Je n'étais pas plus voyou ni honnête homme qu'auparavant, mais je n'étais plus tout à fait le même. Disons qu'une part de ma jeunesse est restée entre ces murs gris avec les années soixante révolues.

Quelque temps plus tard, une fois l'instruction terminée, après ma libération, j'ai eu la surprise de recevoir un appel du juge Émile Cabié. Sa voix m'a fait frémir mais il m'a rassuré, manifestement de bonne humeur.

– Passez me voir au palais cet après-midi… Juste comme ça, venez… Je voudrais vous montrer quelque chose.

J'y suis allé, la conscience à peu près tranquille. Émile Cabié venait d'être nommé premier juge, je l'ai aidé à visser la plaque de cuivre sur la porte de son grand bureau, plus lumineux. Le magistrat tenait à me remercier pour la manière dont il avait pu boucler ce dossier qui lui valait la promotion qu'il espérait.

Patrick Devedjian est devenu avocat ayant pignon sur rue, avant d'évoluer vers la carrière politique dont il est devenu un ténor. De ce jour, la classe politique ne m'a plus jamais surpris.

Et Paul Pétridès n'a jamais passé un seul jour en prison.

Vers la fin de ma peine, je m'étais rapproché à la fois d'un soleil et de la mort, qui portaient tous les deux un nom. Le premier, le soleil, est Jean-Paul Belmondo. Nous nous connaissions, je l'avais rencontré grâce à un directeur artistique chez Filipacchi, René Château, devenu l'homme d'affaires du comédien. Cet acteur éblouissant, je crois n'avoir jamais vu une aura, un charme plus grands que ceux de Belmondo, m'a tout de suite eu à la bonne. Nous nous sommes immédiatement bien entendus. Mais notre complicité était encore loin de revêtir l'intimité qu'elle prit dans les années qui suivirent. Bientôt, j'irais aux quatre coins du monde avec Jean-Paul. En attendant, pour accompagner ma sortie, c'est lui qui s'est porté témoin de moralité, une de ces garanties dont sont friands les juges d'application des peines. Je ne m'y attendais pas, je ne lui avais pas demandé, Jean-Paul l'a fait, sur l'intercession de René

Château. Je ne l'oublierai jamais. Tous les deux ont été partie prenante dans ma liberté. Un geste pareil n'a pas de prix, rien ne peut l'effacer.

Sans le savoir, sans le connaître encore, depuis Fleury-Mérogis d'où je dirigeais mes affaires, mes investissements – la justice ne m'avait pas tout pris –, je me suis rapproché également d'une autre figure tout à fait différente, qui elle aussi me fascina longtemps. Cet homme-là était d'une certaine façon la mort, même s'il ne lui ressemblait pas et que je le comprendrais seulement plus tard.

Il s'appelait Zemour, Gilbert Zemour. Truand, chef de la mafia juive, de la mafia tout court, meneur d'une fratrie qui allait déclencher une sanglante guerre des gangs.

Sauvé par Belmondo

Un beau matin de 1976, quand Myriam, ma femme, a entendu à la radio qu'un chauffard avait été interpellé à 310 kilomètres-heure au volant d'une Ferrari rouge, elle s'est assise en s'écriant : « À tous les coups, c'est Marc ! » Ma femme me connaît. C'était bien moi. J'aime Ferrari. Quand on amorce la trentaine, on en a encore sous le pied, la vitesse m'a toujours paru moins redoutable que le point mort, et quand un jeune type a passé dix-huit mois au trou, il peut se sentir pressé. Durant les trente, quarante ans qui suivront, ralentir ne m'a pas effleuré. Plus tu fonces, moins tu risques de chuter, c'est vrai en affaires aussi. Quand j'évoque dix-huit mois, je calcule en gros. Dans sa mansuétude, le juge Cabié avait facilité ma conditionnelle à mi-peine. Et le greffe a suivi, sans vérifier, se trompant dans les calculs. Lorsque les flics ont arrêté ma Ferrari rouge, ils ont interrogé les Sommiers au sujet du conducteur pour s'apercevoir que Marc Francelet se trouvait recherché afin d'achever une condamnation dont il lui restait trois mois à purger. Je les ai donc faits. 310 kilomètres-heure n'incite pas un JAP – juge d'application des peines – à passer l'éponge. Le compte est bon, retour en taule. Une formalité de quelques semaines pour redevenir tout à fait blanc. Le principe même de la justice correctionnelle est de laver les fautes. Au fond, un homme qui sort de prison est plus vierge que la plupart de ses concitoyens. Je ne me suis jamais retrouvé devant un jury d'assises. Commettre des délits ne m'empêche pas de mépriser le crime. Je rappelle qu'aujourd'hui mon casier judiciaire est aussi blanc qu'un flocon de neige.

Bienheureux sans doute celui qui échappe à l'obsession de l'argent – ce n'était pas mon cas. À trente ans, j'étais plus que jamais convaincu que l'argent constitue la principale valeur universelle, rien d'autre n'est si puissant. Si tu as de l'argent, tu es quelqu'un, si tu en as beaucoup, tu es envié. L'argent force le respect bien davantage que le talent, la beauté ou le mérite, avouez-le avant de me jeter la pierre. Je le sais parce que j'ai vécu et vis encore ce que la fortune provoque dans le regard d'autrui, d'intérêt, de fantasme ou de jalousie.

Mon passage à Fleury avait exacerbé mon sens maniaque du confort, mon goût de la vitesse, du mouvement, des plaisirs qu'offre le luxe. Quand tu peux faire un saut à Saint-Trop en quarante minutes à bord d'un jet privé, cuir pleine fleur fauve avec une hôtesse pour égayer un vol radieux au-dessus des nuages – Scotch avec un ou deux glaçons, monsieur ? –, il est normal de considérer la SNCF comme une bétaillère qui se traîne, même en wagon de première. C'est moche ? Je le conçois mais c'est comme ça, je mentirais en prétendant autre chose, à l'âge que j'ai, je le pense toujours. À mon avis, le pouvoir de l'argent me paraît même encore plus violent que voilà vingt ou trente ans. Tel est le monde des hommes de ma génération. Les aspirations des jeunes d'aujourd'hui, je ne les connais pas très bien, je n'en fréquente plus beaucoup. Dans les années soixante-dix, si un gus au pied du jet avait reproché aux passagers de bousiller la couche d'ozone et notre belle planète bleue, ce fada les aurait fait se gondoler de rire.

Qui n'a jamais eu l'opportunité de faire ou de jouir du fric ne sait pas ce que c'est. Moi, je parle de ceux qui en ont, de leurs tentations, de leurs réflexes.

Les affaires, dans la majorité des cas, sont foncièrement malhonnêtes, comme la politique. À quoi bon s'en indigner sans fin ? Un cercle d'individus obsédés par la volonté de s'imposer, gagner plus, maîtriser, dominer, ne se laisser emmerder par rien ni personne, suivre leur but contre vents et marées, mordre la ligne jaune pour aller plus vite, plus fort… Voilà ce qu'est la famille des hommes d'affaires. Trouver le filon juteux, s'en foutre plein les fouilles, se lancer à nouveau… Ensuite, certes, il n'est pas interdit d'être généreux, d'aspirer à faire le bien, à sa guise. Je ne décris pas l'enfer, juste les réalités que j'ai traversées. Je sais ce qui se passe, en loucedé, j'en ai assez vu et j'ai joué ce jeu comme les autres joueurs autour de la table à millions. Sans jamais avoir été une crapule, un salaud, pas même un voyou, je le jure, monsieur le juge.

Au milieu des années soixante-dix, je suis donc remonté dans ma Ferrari sans respecter les limitations de vitesse. Je suis retourné à *Paris Match*, un des havres les plus solides de mon existence. Personne ne m'a reproché mes écarts de conduite ou alors on ne me l'a pas dit. Sur le parking, ma voiture prouvait que je restais du bon côté du manche, accroché à ma vocation perdue d'aligner des coups, des sujets décoiffants en pleine page, quasi bénévole au regard d'autres sources de revenus. Le journal n'était plus aussi flamboyant, ses reporters-photographes moins héroïques qu'au cours des années soixante. Peu importe, cette presse-là demeurait ma maison.

Pour le reste, j'étais ouvert à tout, investissements, commerces, import-export, commission ou lobbying, divers postes directoriaux, partout où je pouvais servir à une entreprise lucrative. Chevronné, j'ai rejoint à certaines époques l'état-major de titres de presse, sans cesser l'affairisme. Avec une limite stricte, la prostitution, la drogue, la violence, les braquages m'étaient aussi étrangers qu'infréquentables. Paradoxalement, si j'aimais les armes, je ne désirais pas m'en servir. De même que je collectionnais déjà les montres de prix sans me soucier du temps qui passait. Le sang m'écœure, je ne conçois pas la souffrance. J'ai toujours été plutôt un homme heureux, convivial. Mystérieusement, mes parents m'ont sans doute légué cette aptitude au bonheur qui découle du goût de vivre. Je suis un meneur, un stimulant, toujours partant. La pression m'entretient. Mais fondamentalement, j'aime veiller sur qui m'est proche. Arranger des contrats autant que des rencontres. J'aime l'agitation, l'actu, la folie du moment, les défis, gérer au mieux les coups du sort. Prendre la vague, un paquet de mer ou de merde quelquefois, pas grave, c'est toujours la vie, ta vie, alors c'est bon. L'angoisse m'est venue seulement avec le temps, comme une maladie de l'âge, une parmi d'autres. Il ne faut pas s'écouter. Je suis un beau parleur, ce qui permet de ne rien dire de soi. Si j'aime être vu, je ne me regarde pas, parce que je ne m'intéresse absolument pas. Voilà sans doute une des clefs du bonheur.

J'ai protégé ma vie de famille par un pacte aussi quotidien que sacré. Avec ma femme, mon devoir a été limpide, à l'ancienne : lui offrir ce que l'on appelle une vie de rêve. Tout le meilleur auquel puisse aspirer une femme, je le lui ai donné. Maintenant, certains jours, elle aussi pouvait essuyer la vague, connaître la porte des maisons d'arrêt, les parloirs, déposer du linge propre pour un numéro d'écrou, récupérer la Ferrari à la fourrière... Veiller sur les enfants, surtout. Myriam a accepté le pacte, elle et moi sommes toujours mari et femme. Madame Francelet a eu de beaux bijoux, et si elle a dû quelquefois en vendre certains précipitamment, il lui en reste encore quelques-uns.

J'ai repris mes bons déjeuners à six, huit, dix couverts, avec ma bande, pour se parler, se tenir au courant de tout. En 1976, on pouvait encore finir un repas sur la fumée d'un havane autour d'une table de restaurant. Fumer en avion. Aujourd'hui, même en jet privé, tu ne peux pas, c'est interdit. De toute façon, je ne fume plus. Avec le temps, j'ai pris conscience de mes bronches et mes artères.

Enfin, je suis allé remercier Jean-Paul, qui m'a accueilli avec son sourire éclatant, la main sur mon épaule.

– Maintenant, tu vas arrêter tes conneries!

Je ne suis pas certain que Jean-Paul le pensait vraiment. Mes frasques l'amusaient, l'intriguaient. Lui volait trop haut au-dessus de la vie pour en connaître les aléas. En 1976, il trônait au sommet de sa gloire. Après *Borsalino* au côté d'Alain Delon – je reviendrai sur leur dispute lorsqu'un film les réunira à nouveau, *Une chance sur deux*, de Patrice Leconte, en 1998 –, Belmondo avait décidé de maîtriser entièrement le processus cinématographique en devenant, comme Delon, son propre producteur, via Cerito Films (du nom de sa grand-mère sicilienne). Il régnait sur le box-office avec divers metteurs en scène, de De Broca à Verneuil ou Giovanni. Jean-Paul Belmondo était devenu Bebel, surnom qui lui a toujours déplu sans qu'il n'en dise rien. *Le Magnifique* avait consacré son triomphe d'acteur-cascadeur-producteur, en 1972.

Depuis, il enchaînait les alias de lui-même sur grand écran : *L'Incorrigible*, *L'Alpagueur*, bientôt, en 1980, ce serait *Le Guignolo*, avec Georges Lautner. René Château, qui nous avait présentés, veillait sur ses affaires. Ex-graphiste

1992. Sur le court avec Jean-Paul, pendant des vacances dans sa propriété d'Antigua.

chez Filipacchi, René avait même créé ces lettres noires majuscules, BELMONDO, qui tel un logo barraient le sommet des affiches. Belmondo tournait au rythme d'une machine bien huilée. Soucieux de conquérir également la critique, la vedette avait pourtant essuyé un échec cuisant avec *Stavisky*, d'Alain Resnais, grand rôle sinon grand film selon les cinéphiles, qui fut sifflé, hué au festival de Cannes 1974 sans rencontrer non plus le grand public dont Belmondo était familier. Sa première et dernière production.

Muet, écœuré, blessé, Jean-Paul avait complètement tourné le dos au cinéma d'auteur. Derrière son sourire, sa décontraction apparente, il haïssait critiques et cinéphiles, vomissait les intellos, le tout-Paris culturel qui l'avait rejeté, replié sur un pur cinéma de divertissement maison. Jamais honoré, en 1976, il était pourtant devenu une star internationale sans pratiquement quitter l'Hexagone, une légende vivante à la fois incontournable et discrète. Sans conteste le plus célèbre des acteurs français, devant Delon. Si le public, français, russe ou japonais, admirait Delon, il adorait Bebel. Mais, quand nous nous sommes mieux connus, j'ai réalisé que, sur son Olympe maîtrisé de A à Z, Jean-Paul éprouvait pourtant un certain isolement.

En quelques semaines, notre camaraderie est passée à une intense amitié. Moi aussi, je l'adorais, car Jean-Paul est irrésistible. Si l'envie le prend, il pourrait séduire n'importe qui, n'importe quoi, un banc de sardines. Parce que, avant d'être un séducteur, il est de la classe des charmeurs surdoués. Avec presque rien, un sourire, un mot, en un clin d'œil, il vous conquiert. Malgré sa réserve – Jean-Paul est d'un caractère réfléchi, distant, presque froid –, il dégage quelque chose d'avenant, de fiable, sympathique et chaleureux. Si dans ma vie j'ai vu un être rayonner en se contentant d'entrer dans un restaurant ou de traverser un trottoir, c'est lui. Sans cliché, on peut parler de magie. Je l'ai connu éclatant. Malgré son AVC ou son âge, son aura perdure aujourd'hui, à ce que l'on m'en dit. Belmondo, ce soleil, m'a immédiatement et durablement ébloui. Tout en adoptant son naturel, je le regardais en clignant des yeux. J'aime admirer. Rien n'est plus doux que l'admiration.

Malgré quelques messages d'encouragement via mes avocats, l'amitié de Johnny ne m'avait guère soutenu en prison, ce n'est pas lui qui s'était porté garant devant mes juges, mais Jean-Paul, qu'en vérité je connaissais moins bien. Ma reconnaissance était fondée, je restais bouleversé par son geste. Certes, Johnny était happé par le tourbillon de sa carrière, de son caractère tempétueux, à écumer les salles de concert en tournées continuelles. Jean-Paul, assez casanier, s'avérait plus disponible, moins exposé. Un matin, il m'a appelé.

– Marc, qu'est-ce que tu fais ce midi ?

J'aurais eu rendez-vous avec le pape que j'aurais répondu être libre comme l'air.

– Viens bouffer avec moi, on se retrouve au Stresa, ça te va ?

Si ça m'allait !…

Mon téléphone s'est mis à sonner régulièrement, Jean-Paul et moi avons pris l'habitude de nous voir deux-trois fois par semaine. Le planning de mon futur s'est organisé selon deux pôles : chaque matin, je restais sur le qui-vive, soit Johnny, soit Jean-Paul m'appelait pour déjeuner. Ravi, j'alternais entre deux étoiles, en un mot j'étais un homme comblé.

La grande époque

Un été, Johnny et moi sommes à Saint-Tropez, plus exactement sur son bateau. Il est heureux, détendu et riche. C'est rare… Qu'il soit tout cela à la fois est même exceptionnel. En forme, il vient de boucler une grosse tournée. Nous profitons du moment, de la mer, quand il rompt le silence.

– J'ai un peu d'argent de côté, pour une fois… Il serait peut-être temps que j'achète un appartement à Laura.

– C'est ce que tu peux faire de mieux.

S'il est difficile de contredire frontalement une star, on peut s'enthousiasmer avec elle d'une sage résolution. Va pour un appartement à Laura, acquisition a priori facile mais, avec Johnny, le simple devient vite compliqué. J'en ai confirmation quelques secondes plus tard lorsqu'il ajoute, de sa voix la plus sourde :

– Mais surtout pas un mot à Laeticia.

C'était reparti. Cachotteries, pression, jalousie, casse-tête autour de cette volonté naturelle chez un père qui

1995. Début de la relation entre Johnny et Laeticia : avec eux au Maroc pour fuir les paparazzi.

1998. Dans les coulisses du stade de France, pendant la Coupe du monde. Avec Johnny, Laeticia, l'homme d'affaires Jean-Claude Darmon, Jean-Paul et son épouse Natty.

a les moyens d'installer sa fille. Je crois, au fond, que Johnny a longtemps aimé la zizanie. En dehors de la scène, cette explosion d'adrénaline, de talent, d'adulation qui le propulsait hors du temps, seul lieu où il se retrouvait dans l'absolu, si son existence ne pouvait pas suivre ailleurs un cours normal, c'est qu'il s'y ennuyait. Un artiste extrêmement célèbre n'est pas voué au bordel permanent, Jean-Paul Belmondo m'en a donné la preuve en maintenant dans ses affaires autant que dans son intimité un contrôle et un cap quasi permanents. Pas Johnny.

Pourquoi ne pouvait-on pas en souffler un mot à Laeticia ? Parce que sa femme, à la seconde où elle l'aurait su, se serait démenée pour l'en empêcher, Johnny le savait bien. Il en est ainsi quelquefois dans les familles recomposées avec des enfants de plusieurs lits. Johnny n'a pas échappé à cette déveine.

Le pire, c'est que le premier à en parler avec Laeticia fut... Johnny. Elle n'a pas crié, à peine si elle a bronché, acquiesçant du bout des lèvres... Le cirque commençait.

Dès qu'elle m'a vu, moi, l'éternel complice de son mari, elle m'a sauté sur le paletot, m'accusant de vouloir payer un appartement à Laura et d'avoir fichu cette idée dans la tête de Johnny.

Le barnum Hallyday.

Les jours suivants, Johnny me fit quelques confidences : Laeticia revenait sur le sujet, plus chatte, multipliant les arguments, les réserves... « Laura n'en a pas vraiment besoin, elle fait sa vie », « Si tu crois qu'elle t'en remerciera, réfléchis bien… », « Il y a d'autres priorités, tu ne crois pas, chéri », etc. Le même refrain matin, midi et soir, à table, sur l'oreiller. J'ai très bien connu Johnny, je n'ai jamais compris pourquoi un homme tel que lui, fin, instinctif, dominant et têtu, ne pouvait pas dire : « J'achète cet appartement pour ma fille », sans laisser quiconque s'opposer à sa décision légitime. Mais non… Dans la comédie de sa vie, anticipant les réactions, misant sur les rivalités des uns et des autres, il en jouait avec une certaine perversité. Johnny était lâche dans ses relations affectives. Incapable de dire non frontalement, de s'imposer, de trancher un problème, il préférait foutre la merde en poussant son entourage dans des conflits. Mes prises de bec avec Laeticia le comblaient; la plupart du temps, il les provoquait. J'ai été le partenaire de ses mélodrames, excité, triste ou rigolard avec lui. Bombant le torse, il me disait : « Elle m'emmerde, c'est mon pognon ! » Et à Laeticia, la bouche en cœur, il chuchotait : « Oh, mon chou, Marc me saoule avec cette histoire d'appart… » En vérité, moi, je ne pensais qu'à son bien, à le protéger, ce qui revenait à l'empêcher, dans la mesure du possible, de faire une connerie. Si j'ai été pendant plus de cinquante ans son ami, tous les deux n'avons jamais lâché notre jeunesse. Nous la retrouvions l'un dans l'autre. Je l'ai suivi dans des moments ahurissants ou scabreux non par aveuglement ou admiration – je l'admirais évidemment –, mais parce que c'était mon meilleur pote. Nous avons été frères. Je n'ai jamais eu à juger Johnny et je ne commencerai pas aujourd'hui. C'était un type gentil, magnifique, sensible et totalement à part. Un solitaire, comme il l'a chanté, qui souffrait de sa solitude. Et il pouvait être d'une mauvaise foi révoltante. « J'ai inventé la mauvaise foi », disait-il, car Johnny était capable d'avoir des éclairs de lucidité fulgurants, y compris sur lui-même.

Mais c'était aussi Johnny l'Embrouille.

Il pouvait m'avouer en tête à tête que le producteur Norbert Saada racontait partout que je lui prenais une commission à chaque fois que je lui envoyais un client. C'était évidemment faux. Johnny jetait juste un pétard pour voir l'effet de la déflagration. Il était convaincant. Souvent, je marchais. Il me regardait froncer les sourcils, m'énerver, monter dans les tours, me ruer sur le téléphone… avant de conclure :

– Rassieds-toi, oh, je plaisante.

Ces petites mystifications dépassaient l'humour potache. Il y avait là un mystère. Un de ses jeux favoris était aussi, subitement, de t'accuser, te fixer comme si tu l'avais trompé, trahi, te toisant de ses yeux d'acier, la voix rauque : « Je vais te casser la gueule, salaud. » Deux, trois fois, j'ai marché, dont une, dans sa cuisine, où j'ai vraiment failli l'emplâtrer. Pour rien. Soudain, il débranchait en partant dans un rire.

– Je t'ai eu, hein, connard.

Son rêve, c'était le cinéma. Combien de fois je l'ai entendu flinguer le rock, la chanson, sa carrière musicale.

– Je m'en fous de chanter ! J'en ai ma claque, ce que je veux, ce sont des rôles, être acteur.

Un désir obsessionnel. En attendant les propositions des metteurs en scène, peut-être créait-il des situations, des intermèdes de fiction pour s'échapper dans un rôle, une rupture. En fait, sans le savoir, tu lui donnais dans la vie réelle la réplique d'un petit scénario imaginaire, délirant, tordant ou flippant – ça dépendait du script. De la même manière, à des moments tout aussi inattendus, pouvaient s'ouvrir des parenthèses de vérité bouleversantes qui se refermaient comme elles étaient venues.

Un jour, comme ça, il m'a confié :

– Marc, en fait, tu connais plus de monde que moi.

Je connaissais du monde, oui, mais lui aussi.

– Enfin, Johnny, qu'est-ce que tu racontes…

– Je connais du monde, mais moi, en vrai, je ne connais personne, absolument personne.

J'ai mesuré sa solitude qui n'a fait que se creuser, en public comme en privé, le jour et la nuit quand il rameutait n'importe quelle connaissance pour ne pas affronter seul ses insomnies. Un soir, après son appel tardif, j'ai rappliqué à Marnes-la-Coquette pour regarder avec lui un western, un policier, bref, plusieurs films à la suite, dans sa salle de projection, jusqu'à l'aube. À peine installé devant l'écran, je l'ai vu s'endormir dans la pénombre, je me suis retapé tout seul un John Wayne. À la fin, Johnny a rouvert un œil, masquant un sursaut, comme s'il n'avait pas roupillé.

Virée avec Johnny Hallyday au fin fond de la Californie
dans les années 1990.

Été 1997 à Cuba, sur le yacht de Johnny, le *Only You.*
Nous venons de fêter ses 54 ans en petit comité. En guise de bougies
sur le gâteau, j'ai planté… des cigares.

– C'était super, hein ?

– Super.

Je n'ai plus répondu à ses appels : passé minuit, il trouverait quelqu'un d'autre. Je tenais à voir en lui celui que j'avais rencontré à seize, dix-sept ans, rocker idéal, impénétrable, qui nous fascinait déjà. Cette nuit-là, il lui fallait quelqu'un, je suis venu et il s'est endormi. Comme ces gosses qui ne veulent pas que leur maman coupe la lumière de leur chambre. Johnny n'a jamais eu personne pour lui dire : « Allez, dors maintenant, j'éteins la lampe. » Laeticia, que justice lui soit rendue, a été cette main bienveillante qui a apaisé ses dernières années. Ceci dit, Laeticia ne semblait pas apprécier que Johnny puisse payer un appartement à Laura. Laura appartenait à sa vie d'avant, qui ne comptait plus.

C'est fou ce que nous avons dû inventer pour cet achat. Madame Hallyday a fini par acquiescer, à moitié. Johnny m'a prévenu d'une voix lasse : « Faudrait mettre 2 millions, Laeticia est OK à 2 millions de francs, maxi. » (Soit 300 000 euros.) Je lui ai répondu qu'à ce prix-là, on pourrait peut-être trouver une belle caravane, mais il n'a pas ri. Finalement, un joli trois-pièces fit l'unanimité… pour deux fois plus cher. Ultime manœuvre, via un notaire compréhensif, nous avons fait rédiger un contrat de vente bidon pour un bien à deux millions et demi de francs. Ni vu ni connu, je t'embrouille. Et c'est ainsi que la famille Hallyday put pendre la crémaillère. Johnny était heureux, autant d'offrir un joli appartement à sa fille que de berner sa petite femme chérie. Le montant, 2, 3 ou 5 millions, il s'en fichait un peu.

Je n'ai pas eu les félicitations de Laeticia mais mon téléphone a sonné : c'était Nathalie Baye. La mère de Laura me remerciait de ce que j'avais fait pour sa fille. Nous avons déjeuné ensemble, je la rencontrais pour la première fois. Au temps où Nathalie était avec Johnny, elle aussi l'a préservé de son cercle, elle l'a même entraîné à la cambrousse. Je voyais Johnny seul à seul, il se lamentait : les chevaux, le lait cru, les laitues le saoulaient… L'après-midi, il filait au bistrot du patelin s'envoyer des ballons de blanc avec les fermiers et les manœuvres locaux. J'en pleurais de rire. Nathalie et lui ont vécu une grande histoire d'amour et j'ai été honoré de rencontrer cette femme bien.

À l'époque, elle ne pensait sans doute pas la même chose de moi. Si Johnny avait ses travers, je serais faux cul de ne pas avouer les miens. Quelques années plus tôt, en 1986, lorsqu'il m'avait avoué, malheureux, que Nathalie et lui, c'était fini, j'ai failli pleurer aussi. Personne n'était encore au courant. L'émotion ne m'a pas empêché de courir à *VSD* – le propriétaire de l'hebdomadaire, François Siegel, m'ayant recruté comme conseiller – pour préparer la une. Sous une belle image du couple s'étalait en gros caractères : *Nous ne vieillirons pas ensemble.*

Johnny m'a traité de « fumier », pour la forme, au fond pas mécontent. Nathalie a dû le penser aussi, sincèrement, elle.

Mais c'était plus fort que moi. Un si beau titre ne pouvait pas rester dans un tiroir. *VSD*, cette semaine-là, doubla ses ventes.

Nathalie Baye me pardonnait. Laura était désormais à l'abri, du moins foncièrement. Pour le reste, la vie continuait.

Si je raconte cet épisode immobilier, c'est qu'il eut des répercussions inattendues sur mon existence. Johnny et l'argent constituent un sujet homérique qui pourrait pourtant se résumer simplement. Johnny n'était ni avide ni rassuré par le fric, en fait, pour lui l'argent n'existait pas en soi. C'était un chiffre qui s'affichait à côté d'une voiture, d'une maison, d'une moto, d'un bateau ou d'un effet scénique, un chiffre toujours exorbitant. Face aux réactions pragmatiques, il hochait la tête, un ange ou une nuit passait, et il insistait. Je veux cette maison, ce bateau, cette voiture, cette moto, la grue et les hélicos pour mon prochain spectacle. Et il n'aurait absolument pas compris que son banquier, sa maison de disques, son producteur ne règlent pas la facture – n'était-ce pas la raison même pour laquelle il les payait ? Une fois que vous aviez saisi ce principe, vous compreniez l'aspect économique de sa personnalité, par ailleurs d'une générosité également hors norme. Il pouvait avec la même désinvolture se débarrasser du bateau, offrir la voiture, la moto… Il n'y a que pour ses spectacles que sa constance s'avérait implacable, de la première à la

Avec Johnny, une complicité inégalée, une amitié inébranlable.

À la remise de la Légion d'honneur de Belmondo, à l'Élysée, en 1997.
De gauche à droite : le journaliste Philippe Labro,
Jean-Paul et sa femme Natty, Carlos
et Jean-Louis Debré, alors ministre de l'Intérieur.

dernière minute. J'ai vu Johnny donner sa chemise dix fois. Pour un de mes anniversaires, il s'était mis en tête de m'offrir… un Warhol. Il avait demandé à Guillaume Durand, spécialiste de l'art contemporain, d'en trouver un. Vu le prix faramineux et les emmerdes, les attaques qui me tomberaient sur le nez si ça se savait – Johnny l'aurait dit à la terre entière *et* à Laeticia –, j'ai préféré un magnifique juke-box que j'avais remarqué chez lui et qu'il a fait venir, à grands frais, des USA.

Laeticia Boudou-Hallyday ne m'a pas sauté au visage, toutes griffes dehors.

Johnny avait placé les gains de ses dernières tournées chez un gestionnaire de fortune que je connaissais de loin. Le type lui avait promis un rendement si juteux que n'importe quel client aguerri aux affaires se serait méfié. Mais quand Johnny lui réclama des fonds pour l'appartement de Laura, la somme fut virée immédiatement, avec les compliments de cet homme d'affaires « très classe ».

– Marc, je te dis que je gagne plein d'argent grâce à lui, tu devrais le rencontrer.

D'habitude, je veillais à lui organiser des rencontres, des ouvertures, changer son horizon. Pour une fois, ce fut l'inverse. Nous avons donc déjeuné avec le dénommé Jacques Heyer, au Stresa.

J'étais moi-même « homme d'affaires », situation vague qui définissait bien les miennes. Je maniais beaucoup d'argent, mon train de vie le prouvait. Johnny appréciait mes lucratives activités, que je sois « blindé » le changeait des pique-assiettes, et il m'arrivait plus souvent qu'à mon tour de payer nos virées en jet, des notes faramineuses ; au moins je n'étais pas avec lui pour profiter d'une star. La question à laquelle une célébrité dépensiaire ne peut jamais répondre est de savoir qui l'aime et qui l'abuse, les intérêts se greffent systématiquement aux sentiments. Elles en deviennent toutes plus ou moins paranoïaques, chassant régulièrement des parasites pour en accueillir d'autres, souvent pires.

Socialement, j'avais toutes les raisons de déjeuner avec Jacques Heyer.

– Un mec formidable, tu vas le voir par toi-même, a renchéri Johnny.

Johnny ne se trompait pas. Je me suis immédiatement très bien entendu avec Jacques Heyer. Nous étions à la fois proches et pas concurrents. Je ne connais rien à l'économie, mes opérations sont plus concrètes, sans ribambelle d'avocats ni contrats de soixante pages. Jacques était carrément banquier d'affaires, un as des rouages boursiers, des transferts, des législations, jonglant avec les dividendes et les plus-values, les taux de change. Un prince genevois de la bulle financière. Il voyageait en jet privé, roulait en Ferrari. Moi aussi. Nous avions également en commun le goût du charisme, de la séduction dont il ne manquait pas. Un homme avenant, curieux, drôle, un brin flambeur et, plus rare, très attentionné. Il avait le souci de votre confort, particulièrement envers ses clients qui se trouvaient autrement mieux traités chez lui que par des banquiers chiants. À la limite, avec sa légèreté, sa bienveillance, il pouvait passer pour philanthrope. Jean-Paul Belmondo, parmi de nombreuses personnalités, lui avait également confié une somme. Dans les milieux fortunés, on parlait de plus en plus de monsieur Heyer, pour en dire le plus grand bien.

Nous nous sommes liés d'amitié tandis que Johnny est retourné à Laeticia qui le surveillait comme l'huile sur le feu.

Quand Heyer partait pour les États-Unis, sachant que j'y avais un fils étudiant, il me téléphonait. Une fois là-bas, il allait voir mon fils à Miami et lui faisait passer un bon moment, s'intéressant à sa jeunesse, à ses projets. Rien ne l'y obligeait ni n'aurait pu me toucher davantage. D'autant que Dimitri, rapidement, apprécia l'ami Jacques.

Johnny donnant un concert pour l'inauguration du Zenith de Genève, j'ai organisé un dîner de cinquante couverts, à l'auberge d'Aulnay, une des meilleures tables de la ville frontalière, un festin étoilé, égayé de grands crus. Au café, je me suis approché de la caisse, carte Gold à la main. Avec un sourire entendu, le patron m'a fait savoir que la note était déjà réglée, par monsieur Heyer, qui venait de s'éclipser. Il y en avait pour des milliers d'euros, son attention dépassait de beaucoup la boîte de truffes de chez Favarger. J'avoue avoir pensé ce soir-là que la classe de Jacques frisait le grandiose. L'argent impressionne plus encore ceux qui en ont que les gens qui en manquent.

En évoquant ces années quatre-vingt, quatre-vingt-dix, je parle d'un temps que les moins de vingt ans et les revenus modestes ne peuvent pas connaître. Les lois sur la transparence financière des grandes entreprises, publiques ou privées, le financement des campagnes électorales n'étaient que de vagues projets gaucho-idéalistes. Et le partenariat européen contre la fraude économique balbutiait. La délinquance en col blanc prospérait. Il suffisait de prendre un train pour Genève et d'y passer une heure pour ouvrir un compte en Suisse, totalement hermétique au fisc et autres instances de lutte anticorruption. Le soleil d'un paradis fiscal brillait à trois heures de Paris. Dans les premières du TGV, des habitués sortaient des clous en passant la frontière avec des valises de billets dans les porte-bagages. Nous nous saluions en membres d'un club aussi vaste que select. Disons que je faisais le voyage plus fréquemment que d'autres.

Depuis les années de Gaulle et ses réseaux, beaucoup d'ambitieux épousant la carrière politique étaient rapidement mis au parfum. Dans notre Hexagone, l'argent et le pouvoir se mêlaient mieux encore que dans d'autres pays européens – appelons cela l'exception française. C'était la belle époque, moi qui ne suis pas nostalgique, je dois le reconnaître. Le job est devenu plus dur et bien plus stressant ensuite.

À moins d'être communiste (et ils ne sont plus des masses), un homme politique français d'envergure ne vit pas dans un trois-pièces cuisine, ce qui serait d'ailleurs suicidaire. Il faut recevoir beaucoup et bien, en ville, le week-end à la campagne, si possible dans le Luberon, en Corse, sur l'île de Ré, à La Baule où les villas avec piscine ne sont pas données. L'argent occulte offrait le standing qui convient à la gouvernance locale ou nationale de notre Ve République, raison pour laquelle les TGV pour Genève étaient bondés. Les métiers d'intermédiaires, de conseil, d'investissement ne manquaient pas de clientèle.

Heyer survolait du haut de son jet cette effervescence, inspirant une confiance aussi radieuse que son sourire de porcelaine. Il ne s'occupait pas seulement de people… Petula Clark, Henri Leconte, Jean-Claude Killy, Johnny ou Belmondo semblaient un divertissement comparé à son implication dans les gros réseaux financiers de la droite française, très organisés depuis la Centrafique de Michel Foccart. Enfin, madame Heyer était proche de Jacques et Bernadette Chirac.

Je le retrouvais souvent à Genève, nous passions chez Davidoff acheter des double-Cohiba, nous nous retrouvions à déjeuner au vietnamien de l'hôtel Hilton, après avoir fait un saut dans nos établissements bancaires respectifs dont les coffres pouvaient être, non pas des boîtes, bonnes pour les petits rentiers, mais de la dimension d'une salle de bains. Les œuvres d'art prennent de l'espace.

Entre amis, il est naturel d'échanger librement et Jacques savait causer. On ne s'ennuyait jamais en sa compagnie. À propos de coffre, il m'a confirmé que Jacques Chirac, dans son bureau à la Mairie de Paris, jouissait d'une armoire blindée XXL. D'après lui, mais peut-on le croire? il aurait vu le maire de Paris y piocher des liasses.

Au retour, dans le Paris-Genève feutré, à voix basse, je croisais des connaissances avec lesquelles je discutais de choses que le grand public ignore et que les journalistes ne peuvent pas écrire sous peine d'être condamnés. À vrai dire, ce monde-là évoluait dans sa propre réalité. Est-ce toujours le cas aujourd'hui? Oui, sans doute. Globalisation et révolution numérique changent la donne. Une autre génération est en piste, prête à déjouer ou violer les nouvelles réglementations. Moi, je me suis assagi. J'en savais beaucoup sur la circulation de l'argent occulte mais Heyer en connaissait toujours plus que moi, apprentissage qui renforçait mon plaisir à le fréquenter. Nous avons pris l'habitude de nous voir lors de ses passages à Paris, mêlant l'humour au business en évoquant des transactions, des rumeurs, les bons et les mauvais nageurs de la grande piscine du liquide.

– Tu vois toujours Heyer? me demandait Johnny.

– Je l'ai encore vu pas plus tard qu'hier!

Johnny rigolait. J'aimais tant le voir rire.

À la toute fin de la décennie quatre-vingt-dix, j'ai vu moins souvent mon ami Jacques, pour une raison indépendante de sa volonté comme de la mienne : il a eu des ennuis, de sérieux ennuis. En fait, je ne l'ai plus vu du tout, il était… en taule. Sa société a éclaté comme une bulle de savon. Plus rien dans les coffres ni sur les comptes. En une nuit, de gestionnaire de biens, Heyer est passé au statut d'arnaqueur grand genre, un Madoff franco-suisse ayant dilapidé la plus grande partie des fonds de ses clients. La tuile, la chute, le trou. La justice suisse venait de mettre le bout du pied dans une fourmilière. Ses victimes se sentant brusquement exposées, l'affaire n'a pas fait trop de bruit, sinon chez les initiés qui attendaient la suite, fébriles. La justice allait passer mais elle est parfois si lente qu'on la perd de vue. Et les Suisses ne sont pas réputés pour leur vivacité.

En 2003, le juge Tappolet m'a convoqué à Genève comme témoin dans l'affaire Jacques Heyer. Prudent, je me suis présenté avec mon avocat suisse, Dominique Warluzel. Notre entrée dans son bureau a été saluée par une exclamation joviale.

– Alors, monsieur Francelet, avez-vous perdu plus ou moins d'argent que tous ces hommes politiques français clients chez Jacques Heyer ?

J'ai rigolé, mais maître Warluzel n'en a pas cru ses oreilles. Ensuite, je n'ai eu à dire au juge Tappolet que du bien de Jacques Heyer. Je l'aimais bien, même si, rétrospectivement, j'ai compris qu'il réglait nos notes de restaurant et nous offrait des cigares avec notre argent. La fin de l'instruction promettait un feu d'artifice à la une des journaux français. Jacques Heyer, pris dans les filets de la justice suisse, ne faisait pas honneur à leur système bancaire. Et il dormait en prison où les résistances d'un homme habitué au luxe faiblissent considérablement.

Ça allait barder.

Il ne s'est absolument rien passé. Le grand silence de Genève est retombé sur cette bavure. Sous son allure respectable, Genève constituait un véritable nid de délinquance internationale auquel les Suisses eux-mêmes ont mis de l'ordre ces dernières années. Des peoples, des patrons, des politiques parisiens grugés ont tempêté en jurant qu'on ne les y reprendrait plus, tous en restant dans leurs petits souliers. Voir leurs noms dans une longue liste d'évadés fiscaux pris dans une faillite frauduleuse ne les emballait pas. Personne n'a porté plainte depuis Paris – pour de l'argent volé au fisc, pas facile. Johnny s'est passionné un moment pour ce retournement digne d'un polar de Jacques Heyer – « Marc, ça pourrait faire un super film génial ! », Belmondo a gueulé plus fort parce qu'il est très vigilant sur les questions d'argent. Le tout-Paris a beaucoup parlé de Jacques Heyer, j'en ai discuté avec pas mal de journalistes désireux d'enquêter sur lui… Dans la fracassante affaire Schuller[9], financier occulte du RPR,

9. En 1995, dans l'affaire des HLM de la ville de Paris – 5 à 6 millions d'euros de pots de vin annuels –, quand le juge Éric Halphen s'apprête

c'est encore Jacques Heyer qui avait organisé et financé la cavale sud-américaine de Didier Schuller…

Et puis la vague est passée, sans cris ni noyades. On a oublié. Jacques avait parmi ses parents un procureur influent, la justice française n'a pas bougé… Après quelques mois de prison préventive, il a écopé en bout de course procédurale d'une condamnation pour « gestion déloyale »… et s'est évaporé.

Aujourd'hui, personne ou presque ne connaît Jacques Heyer, qui coule des jours paisibles à Saint-Tropez, en tapant tous les jours une balle de golf, sans vouloir revoir personne. Lui qui sait tout des comptes secrets de la Ve République va finir sa vie dans un dix-huit trous en savourant sa chance de ne pas les avoir pris dans la peau. Derrière les murs de sa propriété, toujours flanqué d'un gros chien dissuasif, apeuré et solitaire, l'ami Jacques n'a jamais lâché un traître mot à un journaliste ou à un juge, et je ne suis pas sûr que ses jours tranquilles soient heureux.

à perquisitionner les bureaux du président de l'office des HLM, Didier Schuller, celui-ci s'enfuit. Didier Schuller, proche du RPR, est également conseiller à la Mairie de Paris. Il se réfugie d'abord en Suisse, puis aux Bahamas et en République dominicaine, où il mène grand train. Schuller bénéficie de sept vrais-faux passeports. Il a toujours affirmé avoir été pressé de partir par « le clan Chirac », celui-ci ayant organisé, couvert et financé sa cavale. Beaucoup de têtes du RPR étaient touchées par le scandale des HLM parisiens, de Jean Tiberi, maire de Paris à l'époque, à l'entourage de Jacques Chirac et Jacques Chirac lui-même. Après sept ans de cavale, Didier Schuller a fini par rentrer en France où il a été jugé et condamné à de la prison ferme.

La banqueroute Heyer aurait pu en rester là, mais non. En tout cas pour moi.

Je suis matinal, toutefois, le 27 mars 2007, à 6 heures et des poussières, je suis encore au lit quand j'entends des coups à la porte. Ce n'est pas le laitier – je ne bois jamais de lait. J'ouvre. Police. POLICE. Sans me laisser le temps de bâiller, une demi-douzaine d'agents de la brigade financière envahissent mon appartement derrière un gradé qui m'agite sous le nez sa commission rogatoire. Être mal réveillé n'incite pas à être aimable, mais restons courtois.

– Vous voulez un café ?

Pas de café. Face à des policiers en perquisition, s'affoler, s'indigner, est inutile, soit c'est du bluff, tout va vite rentrer dans l'ordre, soit c'est grave et c'est trop tard. Eux sont pressés, quatre cents mètres carrés à fouiller représentent du boulot. On luttera chez le juge. Quoi ? Comment ? Pourquoi ? Le commissaire reste évasif. Moi aussi, je suis dans le flou. J'ai souvent des trucs à me reprocher mais pas au point de subir une descente. J'ai beau chercher la faute, sincèrement, je ne vois pas.

– Je vous emmène chez le juge.

– Pas de problème.

Direction la brigade financière, boulevard des Italiens, où je suis présenté à mon magistrat instructeur, Philippe

Courroye, qui me notifie mon placement en garde à vue. Nous nous connaissons, il vient de m'inculper dans un autre dossier, l'affaire Pétrole contre Nourriture, un sac de nœuds autour de la question de l'approvisionnement du peuple irakien durant l'invasion du pays par les Américains. Depuis que Saddam Hussein a offert un puits de pétrole au général Jeannou Lacaze, chef d'état-major des armées, je possède aussi des bureaux dans ce pays. Courroye m'a mis en examen, j'ai bâillé avant de prendre congé. Ses poursuites ne mèneraient nulle part, importer du chorizo ou exporter 2 millions de barils en Irak, sous une avalanche d'injonctions contradictoires, vous exposait fatalement aux lois, à l'embargo, aux alliés, au monde libre… Le commerce pétrolier devait fonctionner quand même, tout le monde le savait, faisait ou laissait faire un trafic… Sauf monsieur Courroye qui, des mois après la bataille, venait jouer les pères Fouettard. Résultat : une instruction interminable, des millions d'euros dépensés, monsieur Courroye s'envolant pour enquêter jusqu'en Irak, des milliers d'heures, de pages, d'énergie gâchés en temps perdu, aux frais du contribuable, qui aboutiront à la relaxe de tous les prévenus en première instance. Monsieur Courroye m'a donc dans son collimateur[10].

10. Sur l'affaire Pétrole vs Nourriture, la plupart des prévenus seront condamnés en appel, sauf moi.

Rebonjour, monsieur le juge.

Il a mauvaise mine, cet homme-là a toujours mauvaise mine. J'ai rencontré beaucoup de magistrats, en qualité de suspect, coupable ou innocent, de témoin, quelquefois de copain. En général, pris un à un, ils sont bons. Ils font le job. Lui ? Je le trouve faux. Je me demande de quoi il va bien pouvoir me parler.

– Connaissez-vous Inskandar Safa ?

– Bien sûr, c'est un ami !

Iskandar Safa, « Sandy » pour les intimes. Une des plus grosses fortunes libanaises. Courroye a lancé un mandat d'arrêt contre lui, propriétaire des Constructions mécaniques de Normandie, société qui gère les chantiers navals de Cherbourg. Iskandar Safa ne peut même plus quitter son pays, ce qui provoque un bordel pénible pour l'économie du Liban et sur les chantiers navals. J'ai pris sa défense, alerté des journalistes, j'en ai même emmené un à Beyrouth pour écrire un portrait de ce tycoon d'Orient. Un long papier paru dans *Le Point* qui ne diabolisait pas Sandy Safa. Courroye me rappelle précisément cet article. En accompagnant ce journaliste, il considère que j'ai tenté de l'influencer, ce qui constituerait un délit de subornation. D'ailleurs, il en a la preuve, je lui ai offert une montre de luxe.

– Une Rolex ! me lâche-t-il, triomphant.

Une Rolex ?... J'aime les belles montres, certes, mais... Soudain, je me souviens et m'esclaffe, il s'agissait d'un souvenir, une babiole, de ces contrefaçons qu'on trouve dans tous les souks de la Méditerranée.

Montrez-la-moi, cette Rolex, qu'on rigole. Un magistrat réputé m'a fait tirer du lit à l'aube, manu militari, pour une tocante à 20 dollars. Je ne rêve pas, je ne suis pas dans un roman de Kafka, je suis dans le cabinet du juge Courroye qui toussote, en sautant du coq à l'âne.

– … Et vous dites beaucoup de mal de moi partout, monsieur Francelet.

– Je dis seulement ce qu'on m'a raconté.

Éberlué, j'apprends être sur écoute depuis plusieurs mois, nuit et jour, mes conversations sont enregistrées, décryptées, transmises. Courroye les lit de la première à la dernière ligne, passe-temps qui doit lui porter sur les nerfs. Depuis des mois, je lui en mets plein la tronche, au téléphone avec des proches, des amis, pour la façon dont il instruit le dossier Pétrole contre Nourriture, sans rien comprendre des réalités de la guerre en Irak, du monde arabe en général. Et je rapporte ce que je sais de lui.

Voilà.

Et je ne dis rien d'autre.

Le regard de Philippe Courroye devient glacial.

Quel que soit mon contentieux avec le juge Courroye, quel rapport avec la commission rogatoire et ma présence dans son bureau ? Je ne suis pas venu là pour qu'un magistrat offusqué me fasse une scène, quand même ?

Au terme de ma garde à vue, Courroye me met en examen pour fraude fiscale, blanchiment et corruption d'agent privé – le journaliste du *Point* –, un délit du dernier cri qui vient de sortir dans la loi. Et Courroye d'ajouter, pour finir :

– Je vous envoie en détention.

Dans le couloir, je n'en reviens pas, mon avocat non plus : le dossier est vide, le reporter du *Point*, Sandy Safa, la fausse Rolex, c'est du vent.

Formel, Daniel Vaconsin, mon avocat, me garantit que je serai sorti dans une heure.

L'escorte me transporte chez le juge des détentions et de la liberté, seul habilité à ordonner une détention. Une femme d'une soixantaine d'années, qui se montre dubitative, quelque chose lui échappe, elle ne voit pas sur quels motifs justifier mon incarcération, encore moins après mes déclarations. Une Rolex à 20 dollars ?

– On me demande votre incarcération mais vous avez des revenus, un logement fixe.

Je manque lui répondre « On est con », mais je me tiens.

Elle nous prie de la laisser un moment étudier le dossier. Nous sortons dans l'attente du verdict, mon avocat estime que c'est joué, et gagné, quand soudain, au bout du corridor, nous voyons rappliquer la longue silhouette de Philippe Courroye, l'air furax. Il s'engouffre chez la juge. Leur conciliabule dure dix minutes, puis il repart sans un regard pour moi.

Madame la juge me rappelle.

– Je prends la décision de vous placer sous mandat de dépôt…

Virage à 180 degrés. Sans lever la tête de sa feuille ni oser croiser mon regard, comme crispée sur son siège. Indigné, je hurle avec mon avocat : « On est au XVIIe siècle ou quoi ? »

Me voilà dans le fourgon pour la Santé.

Je ne suis pas un bleu, quand j'ai atterri pour la première fois en taule, j'ai beaucoup pleuré les premiers jours, je n'allais pas m'y remettre à soixante piges. Quand même, la Valda ne passait pas, mâchoires serrées, je ne comprenais absolument pas ce qui m'arrivait. L'impression de revivre un mauvais film en délaçant mes chaussures au greffe.

Pour comprendre la rage que j'éprouve d'être enfermé pour rien, peut-être faut-il le vivre. C'est une tempête intérieure. J'en frémis encore.

Courroye n'avait pas tort sur un point. J'ai eu tout le loisir pendant plusieurs jours, plusieurs nuits de penser à lui et à ce qui pouvait me valoir cette sanction, la montre, l'article positif sur Iskandar Safa dans *Le Point*, mes conversations téléphoniques qui semblaient lui porter sur l'estomac, rien ne valait le mandat de dépôt. La mémoire m'est revenue peu à peu. N'étais-je pas plutôt prisonnier pour un autre motif ?

Sur mon lit de fer, à Fresnes, j'ai passé en revue mon passé récent. Je recevais entre trente et cinquante coups de fil par jour, encore aujourd'hui je passe la moitié de mon existence au téléphone. Ma mémoire ressemble à un standard téléphonique bombardé. Mais en cellule, patiemment, j'ai reconnecté les fils et je me suis souvenu d'un appel, deux semaines plus tôt. Un appel de Charles Pellegrini, ex-patron de l'Office central de la répression du bandistime – ce que l'on nomme un grand flic, et ce n'est pas un vain mot en ce qui concerne Charles.

– Marc, faut que je te voie, vite, ça va très mal entre toi et Sarko.

Sarko? Qu'est-ce que c'est que cette histoire? Sarkozy vit sa vie. À six semaines du premier tour de l'élection présidentielle, il a d'autres chats à fouetter que moi. Pour quel motif, d'ailleurs? Je ne l'ai croisé qu'une fois, une seule fois, lors d'un déjeuner que j'ai organisé chez Le Duc, fameux restaurant de poissons des Invalides, pour fêter le mariage de Johnny Hallyday avec Laeticia. Déjeuner où Nicolas Sarkozy se montra un ambianceur irrésistible. Il connaissait les paroles des chansons de Johnny mieux que Johnny lui-même. Je l'avais trouvé franchement sympathique. Nous ne nous sommes jamais revus. Cependant, mon ami Pellegrini me met la puce à l'oreille. Je savais, par l'entourage du candidat à la présidence, qu'un de ses conseillers, Pierre Charon, lui avait soufflé que j'étais à l'origine de la paparazzade à la une de *Paris Match* dévoilant la love story entre Cécilia et Richard Attias, main dans la main à New York, des photos volées en pleine page. Du lourd. Roger Thérond a dû en caresser sa barbiche dans sa tombe. Une au retentissement phénoménal. Si je continuais de tuyauter régulièrement *Match*, par plaisir, par passion, par provocation, cette fois, je n'y étais pour rien, à regret. Mes accusateurs se faisaient mousser sans vérifier leurs allégations. Classique. Avant même d'être élu, le candidat Sarkozy subissait la nuisance des courtisans. Pierre Charon était de cette engeance. Les journalistes bien informés, qui, en privé, ont la dent plus dure encore que leur plume, le surnommaient « conseiller rire et chansons », sachant que Nicolas Sarkozy le tolérait parce que Charon le divertissait, tels les bouffons d'antan divertissaient le roi. Cela dit, je n'avais pas levé le petit doigt pour démentir, assez satisfait qu'on attribue à ma réputation ce coup tonitruant. Erreur. Je mésestimais, du fond de sa blessure, la promesse que s'était faite Sarkozy de châtier tous les coupables. Le renvoi du directeur de *Match* qui avait validé ce sujet, Alain Genestar, dont Sarko obtint la tête à force de pression sur l'actionnaire propriétaire Arnaud Lagardère, en était la preuve.

Charles Pellegrini reste inquiet pour moi. Il veut me voir. Le lendemain, nous nous retrouvons à la Villa Corse, restaurant où les poulets ont l'habitude de manger une plancha de charcutaille. Nous évoquons ces rumeurs infondées. Pellegrini a donné rendez-vous à son informateur policier des RG qui me rencardera mieux que lui. Cet homme nous rejoint à la fin du repas. Mon avenir semble le tracasser, lui aussi. Quelque chose se trame. Nous restons ensemble plus de deux heures. J'évoque la couverture de *Match*, mais il reste perplexe. Le danger ne serait pas de ce côté. Soudain, il me demande si je me rends souvent en Suisse, si j'y ai connu un certain Jacques Heyer, dont les bureaux étaient installés à Genève.

Là, je tilte. Ce sujet pourrait en effet être embarrassant pour Nicolas Sarkozy, Jacques Heyer étant « ce banquier [qu'il] aimerait bien oublier », comme le titre alors en gros *Libération*.

Nous nous quittons. Selon les RG, Sarkozy devrait l'emporter, il en est d'ailleurs convaincu, c'est son moment, son heure, qui, une fois passée, ne revient plus. Ce Brutus est à un cheveu d'entrer dans l'histoire. Mais un ultime grain de sable peut altérer la machine la mieux huilée, une dernière marche glissante faire chuter le héros... Sur le moment, avec Pellegrini et le policier des RG, je n'y ai pas vraiment cru. Sarkozy n'avait pas réagi à la parution du livre signé Victor Noir[11]. Pris par mon emploi du temps, j'ai oublié leur signal d'alerte.

À y réfléchir mieux, je me souviens enfin que Patrick Balkany, pilier de la Sarkozie, m'avait lui aussi prévenu de la fureur de son ami Nicolas à mon égard.

J'ai vu Nicolas Sarkozy devenir président de la République française sur la petite télévision d'une

11. Pas plus qu'il ne réagira plus tard au *French Corruption* de Gérard Davet et Fabrice Lhomme (Fayard, 2013), ou à d'autres témoignages très durs parus dans la presse.

cellule pénitentiaire et je n'ai pas eu envie de chanter « La Marseillaise ».

Un mois après son élection, j'ai été libéré, mes chaînes sont tombées, toute la procédure s'est soldée par un non-lieu. Aucune de mes fautes n'avait existé. *Pssschitttt*, comme a dit l'autre. Je me retrouvais sur le trottoir de la maison d'arrêt de Fresnes quand Nicolas Sarkozy avait gravi le perron de l'Élysée triomphalement. Le juge Courroye allait devenir le procureur général contesté du tribunal de Nanterre.

Hubert Védrine, compagnon de route de François Mitterrand, ministre des Affaires étrangères et surtout longtemps secrétaire général de l'Élysée, poste qui vous place au cœur des arcanes du pouvoir, dit : « Les secrets d'État n'existent pas. » Je le crois aussi. En fait, tout sort, tout est publié, évoqué, par de grosses manchettes ou des encadrés plus discrets, des confidentiels, des conditionnels, contre la droite, contre la gauche… Trop tôt, trop tard, les gens s'en foutent, ils sont en vacances ou occupés à autre chose. Les images et les informations déferlent du matin au soir. Ça va, ça vient, par nuées. Giscard d'Estaing perd l'élection de 1981 pour une affaire bidon de diamants. Chirac la gagne en mai 1995 malgré de réelles casseroles. Jacques Heyer se faufile entre les mailles du filet, mais Cahuzac est laminé pour un compte en Suisse. Sarkozy devient président mais Fillon reste coincé dans le portillon. Mon témoignage a été publié plusieurs fois… Aucun effet. Les secrets d'État sont plutôt un mystère. Voilà le mystère entre les affaires qui sortent, changeant le cours de l'histoire, et celles qui ne sortent pas. Entre ce qui traverse l'ormeta jusqu'à enflammer l'opinion, parfois pour quelques homards servis à la table d'un palais républicain, et ce qui demeure dans l'ombre, pas entendu, pas vu, pas cru. Ça s'appelle la démocratie? En tout cas, c'est la Ve République. La Ve a vieilli avec moi et elle aussi commence à avoir des problèmes de souffle.

Tout ça parce qu'un soir au couchant à Saint-Tropez, Johnny voulut payer un appartement à Laura avec des fonds placés chez Jacques Heyer. Johnny, lui, il aimait bien Sarko. Il le soutenait officiellement. Une amitié sincère et teintée d'intérêt réciproque. Un homme qui connaissait mieux que lui les paroles de ses chansons ne pouvait qu'être un bon président. Plus sérieusement, Johnny fonctionnait essentiellement à l'instinct, mais pour avoir fréquenté assidûment le couple Chirac, il savait bien qu'en cas de dette fiscale trop grosse à payer, le Château pouvait agir discrètement sur le ministre du Budget qui, à Bercy, tenait les chiens du fisc, à l'attaque ou au repos, selon les cas.

Restons avec Johnny un moment car je ne voudrais pas finir ce chapitre sur une note carcérale et un jugement trop maussade sur nos institutions.

Ma mère était toujours vivante à la fin des années quatre-vingt-dix. Veuve. Je l'avais installée dans une excellente maison de retraite, à Paris qu'elle ne voulait pas quitter, puisqu'elle y avait toujours vécu. Ma mère ne se fatiguait plus à aucune tâche, bien soignée, servie et même bichonnée, avec des copines à tous les étages. Johnny adorait ma mère. Les papas-mamans, les repas de famille, les foyers solides dessinaient un Eldorado qu'il n'avait jamais connu. Il aimait ma vie familiale, mon épouse Myriam, la stabilité insubmersible de mon couple.

– Ta maman, comment va-t-elle ?

Il me le demandait souvent. Parfois, maman m'appelait et je lui répondais devant Johnny. Il plissait les yeux en écoutant nos échanges, qui n'avaient pourtant rien de sensationnel : des banalités rapides, quelques mots tendres qu'on échange avec une mère de plus en plus âgée et à laquelle on ne rend pas visite aussi souvent qu'on le devrait.

Je me trouvais au restaurant de l'hôtel Nikko dans le XVe, avec sa belle vue sur la Seine, quand mon téléphone a sonné.

– Oui, Johnny ?

– T'es où ?

– Je suis au Nikko, et toi ?

– Moi, je suis avec ta mère.

– Arrête…

– Si je te le dis… Puisque tu passes ton temps à bouffer avec des cons plutôt que d'aller la voir, je suis venu à ta place. D'ailleurs, je vais te la passer, tiens.

J'ai entendu la voix de ma mère au fond du téléphone, ravie et chamboulée depuis sa maison de retraite. Johnny m'avait déposé quelquefois à cette adresse, il s'en était souvenu pour débarquer là-bas, à l'improviste, et demander à voir madame Jeanne Francelet. Il voulait chanter pour elle et ses copines.

– Viens, ta place est ici, ducon.

Il a raccroché.

Je me suis levé, j'ai couru au parking et j'ai filé à toute vitesse. L'ambiance dans la maison de retraite ressemblait à celle d'un pensionnat. Et dans la salle commune, autour de ma mère, royale, j'ai vu Johnny Hallyday gratter sa guitare en chantant du Georges Brassens à un cercle de retraités épanouis.

Cette image presque surréaliste en même temps qu'extrêmement simple est une des merveilles de ma mémoire.

Françoise, mon amour

Elle aimait les voitures et la vitesse. Moi aussi. Elle n'allait pas aux enterrements, moi non plus. Et pourtant, nous nous sommes rencontrés à pied, aux obsèques du journaliste Jean Marvier, premier biographe de Françoise Sagan. Elle n'avait alors que vingt-sept ans.

Le 15 mars 1983, sur les marches de l'église de Neuilly, j'ai remarqué cette silhouette en équilibre sur des jambes toutes fines, comme un oiseau égaré. Pierre Bénichou, directeur du *Nouvel Obs*, nous a présentés. Françoise et moi nous étions bien sûr déjà croisés dans les nuits des années soixante. Mais ce jour-là, j'ai commencé de la connaître.

– Ah, c'est vous Marc Francelet ! Depuis le temps que j'entends parler de vous…

Ça m'a flatté et c'était sincère, je suis sensible à la flatterie et à la sincérité.

Je lui ai laissé mon numéro. Le lendemain, elle m'a rappelé.

– Vous faites quoi ?… Êtes-vous libre à déjeuner ?

Nous ne nous sommes pour ainsi dire plus quittés.

Vu qui j'étais, autodidacte, avec mon milieu, mes copains, mes gros cigares, notre complicité n'allait pas de soi, a priori. Mais j'étais ébloui. Quand Sagan montait dans son Austin, quand elle soufflait sur sa mèche, quand je la voyais imiter la voix dc sa gouvernante Pépita pour chasser un importun au téléphone, « Madame n'est pas là », j'étais ébloui. Quand, au début, j'avais du mal à tout saisir de ce qu'elle disait, avec son élocution si particulière – un mot, un soupir, une phrase à toute vitesse, silence, un chuintement, deux mots… on aurait cru du morse en phonétique –, j'étais ravi quand même. Quand elle me demandait : « Marc, un ou deux glaçons dans votre whisky ? », j'étais transporté.

C'était Sagan. Depuis ma jeunesse, avec Bardot, avec de Gaulle, elle avait rang de légende. L'écrivaine française la plus connue au monde. De Paris à Moscou, de Moscou à Tokyo, Cuba, New York, il y avait des foules dingues d'elle, des millions de lecteurs sous son charme. Elle ne trouvait pas ma Ferrari rouge mauvais genre mais s'y faufilait avec un sourire de connaisseuse.

– Ferrari, oui, schneuuu, c'est incomparable avec Maserati.

Dans *Avec mon meilleur souvenir*[12], elle écrit : « Cet animal de fer apparemment assoupi, que l'on réveille d'un tour de clef enchanteur, cet animal que l'on lance doucement à l'assaut de la ville et de ses routes, de la

12. Gallimard, 1984.

Avec Françoise et l'acteur américain Robert Wagner
à une soirée Best de Chez Régine, en 1988.

Week-end à Deauville chez Françoise, avec quelques amis.
De gauche à droite : la journaliste Claudine Vernier-Palliez,
l'écrivain Bernard Frank, son mari,
et l'homme d'affaires André Guelfi.

campagne et de ses routes… » Nous pouvions parler plus facilement automobile que littérature, forcément, puisque j'ai conduit autant de bagnoles que j'ai peu ouvert de bouquins. Avec mon ami François Caviglioli, Françoise m'a quand même donné une idée de ce qu'était le style. En fait, nous parlions de tout comme si nous nous étions toujours connus.

Elle aimait rouler en pleine campagne, sans but. Toujours proche à la fois de la gaieté et de la mélancolie. Avec des passions inattendues, pour la photographie par exemple. Elle rêvait de pouvoir installer un mini-appareil sur son pare-brise, déclenchable depuis un bouton sur le volant. Quand je l'ai connue, elle dessinait même de petits croquis en comptant présenter son invention au concours Lépine.

Je suis tombé amoureux d'elle en deux heures de déjeuner. Sans la désirer physiquement, et Françoise n'a jamais eu non plus un geste ambigu. Nous étions des amis, je crois qu'elle plaçait l'amitié au-dessus de l'amour. Pour la première fois, je découvrais l'amitié amoureuse avec une femme. Que je sois ébloui, quoi de plus normal, mais qu'elle s'attache à moi me bluffait. Elle me laissait des messages.

– Allô, Marc, où êtes-vous, à Tombouctou ? Sinon, pccchhhheuuu, retrouvons-nous chez Lililipp…

Nous sommes allés partout, chez Lipp, au théâtre, au restaurant, à Moscou, en Géorgie, à Saint-Tropez, dans des caves, dans sa propriété normande… Le tout-Paris s'est habitué à nous voir ensemble. Je lui donnais mon bras, elle aimait ces attentions. J'ai mieux connu sa bande que j'avais vue twister chez Régine, Jacques Chazot, hilarant, la Gréco, sa sœur Charlotte Aillaud, Marie-Hélène de Rothschild, Hélène Rochas – les trois femmes les plus élégantes de Paris. Françoise vivait avec Peggy Roche, une styliste, toutes les deux partageaient un appartement rue de l'Université, avant de s'installer rue du Cherche-Midi.

Elles se voussoyaient.

– Peggy, dites, vous n'auriez pas vu mon sac ?

– Si, si… Comme d'habitude, Françoise, il est dans la gueule de Banco (leur chien).

Elles étaient drôlissimes, saphiques, farouchement indépendantes en même temps que fragiles. Elles fumaient comme des sapeurs – Peggy en est morte – et jouaient au gin-rami jusqu'aux aurores avec leurs copains : Pierre Bénichou, Frédéric Botton, le musicien qui a composé « La grande Zoa » pour Régine, et Bernard Frank, auteur placide si sympathique, qui me renseignait sur le milieu littéraire lors des soirées de Françoise avec des conseils de ce genre :

– Si vous voyez deux personnes en train de parler de littérature, ce sont des éditeurs. Si vous en voyez deux autres parler d'argent, ce sont des auteurs. C'est bien connu : les éditeurs parlent de littérature et surtout pas d'argent, les écrivains, c'est l'inverse.

J'avais peur de me faire jeter mais la bande m'a adopté, aussi libre d'esprit que Françoise. Preuve de qualité indéniable, Peggy Roche n'eut jamais une once de jalousie à mon égard. Mais par-delà ce cercle, les langues fourchues ont commencé à s'agiter : « Ils sont amants », « Qu'est-ce que Françoise fout avec Francelet? ». Un jeune mondain, brillant écrivain, Frédéric Beigbeder, chiffonné de nous voir ensemble au Flore, s'étonna auprès d'un ami : « Je ne comprends pas. C'est moi qui devrais être à la place de Francelet. »

Puis la rumeur s'est enlaidie : « Faut pas chercher, Francelet lui fournit sa came. »

Françoise était déjà dans la poudre. En 1957, sa convalescence pour quintuple fracture après son fameux accident de voiture en Jaguar l'avait rendue dépendante aux psychotropes puis à la cocaïne, efficace contre la douleur. N'étant guère raisonnable dans ses addictions, elle n'y allait pas de main morte et cela se savait. Avec moi pourtant, elle n'y faisait jamais allusion, sachant que je déteste les drogues – encore une élégance saganienne. Je ne l'ai jamais vue saoule ni dopée. Sauf une fois, chez Lipp, elle s'est éclipsée au sous-sol… Cinq minutes plus tard, elle est remontée avec une trace farineuse sous les narines. Je me suis penché pour lui chuchoter à l'oreille :

– Françoise, vous avez quelque chose, là, au bout du nez.

Saisie, d'un geste vif, elle s'est mouchée, honteuse comme une petite fille prise en faute. J'ai fait signe que c'était parti, sans importance, et nous avons discuté d'autre chose.

Si passer pour son amant ne me dérangeait pas, quand j'entendais médire que j'étais son dealer, moi, c'est la moutarde qui me montait au pif. Jean-Edern Hallier, auteur fin de siècle, talentueux paraît-il, fielleux, à moitié dingue, fut parmi les premiers à colporter cette insanité. Quand je l'ai vu se pointer à la Closerie des Lilas, je me suis levé d'un bond pour aller lui coller une paire de claques avant de le foutre dehors.

– Et ne remets plus les pieds ici, jamais. Ni chez Lipp, ni au Flore, tu m'entends !

Sentence aussi dure que de lui couper l'eau et l'électricité, Jean-Edern ne vivait guère que dans ce triangle. Tant pis pour lui. J'ai prévenu mon ami Miroslav Siljegovic, patron du Flore et de la Closerie, ainsi que tous mes copains barmen de me passer un coup de fil s'ils le voyaient rappliquer, ce sagouin aurait de nouveau affaire à moi. Fallait bien de temps en temps que les entraînements avec Belmondo et Johnny servent à quelque chose. Plus tard, Yves Mourousi, que j'aimais beaucoup, m'a prié de lever cette fatwa contre Jean-Edern.

Il a cessé de se dire dans Paris-langue-de-pute que je fournissais sa dope à Sagan. Avec les fake news, faut même pas discuter, faut cogner direct.

Entre Johnny et Belmondo, je me suis mis à rire aussi avec Françoise, dont l'humour était très différent. Françoise est devenue ma troisième étoile, *Un peu de soleil dans l'eau froide*[13], comme elle a titré un de ses romans – quel génie des titres, si elle était encore de

13. Flammarion, 1969.

Avec l'ami et complice Yves Mourousi et sa femme Véronique,
chez eux, dans les années 1980.

ce monde, elle en aurait trouvé un meilleur que celui imprimé sur la jaquette de ces mémoires pour lequel je me suis retourné le cerveau pendant des mois.

Si elle formait indiscutablement un couple avec Peggy, Françoise aimait les hommes, elle avait besoin de virilité, de protection. Comme Johnny, elle était de ces êtres qui ne peuvent pas couper la lumière de leur chambre, se retrouver seuls dans l'obscurité, elle non plus ne se couchait pas avant l'aube. Françoise se levait vers midi, déjeuner signifiait pour elle petit-déjeuner.

J'ai vite cherché à l'aider face à des situations qui la dépassaient, mille et une bricoles qui la laissaient désarmée : les factures, l'administratif, le fisc évidemment, les stationnements interdits, les parasites, les escrocs... Quand je l'ai rencontrée, son contentieux avec les impôts commençait à devenir violent. Une guerre compréhensible dans la mesure où non seulement elle ne déclarait pas ses revenus mais elle les claquait avant même qu'ils ne soient virés sur ses comptes. Encore un de nos points communs. Mais elle ne comprenait pas du tout cette logique idiote de vouloir la taxer sur des millions évanouis au casino ou en un été rigolo, à payer pour tout le monde. Les saisies sur ses droits d'auteur devenaient phénoménales, le fisc lui prenait quasiment tout. Je me souviens que sa carte de crédit, un moment, fut plafonnée à 500 francs par jour, 80 euros, ce qui peut paraître confortable aux yeux d'un percepteur mais qui, compte tenu de son mode de vie et du prix de la cocaïne, l'étranglait. Elle n'en parlait pas, ne se plaignait jamais, sinon en qualifiant de temps en temps les services fiscaux de « nazisme ».

Je voulais l'aider, non pas à vaincre les démons de son jardin secret, mais à limiter la casse, la rendre plus disponible à la littérature, moins « enquiquinée » par des contingences qui lui « cassaient les pieds ».

Elle méprisait la police, les banques, les bourgeois, grands ou petits, les soustractions, les casse-pieds, les antisémites et enfin, plus que tout, « les cornichons », que j'appelais les cons mais je n'avais pas son vocabulaire charmant. Elle aimait Gorbatchev, Mitterrand, Julien Clerc, les losers, elle trouvait Marguerite Duras « un grand écrivain pénible », elle défendait l'intifada palestinienne face à tous ses amis juifs, quand elle gagnait aux courses, au casino ou aux jeux à gratter (Françoise jouait à tout, compulsivement), elle déposait une liasse de billets sous la tête de clochards endormis sur les bancs. Enfin, elle avait cette vertu rarissime de ne pas accabler les coupables.

Même si nous n'avions pas le même point de vue sur Ariel Sharon, nous nous entendions comme larrons en foire.

Plus d'une fois en sa compagnie, lors d'un festival, un vernissage, j'avoue l'avoir regardée comme un trophée, la plus rare, la plus précieuse des créatures de ma galerie de caractères. Elle m'aurait demandé d'aller traverser la Seine à la nage pour elle que j'aurais plongé. Mais Françoise Sagan ne me demandait jamais rien, sinon l'heure.

Un soir, toutefois, manifestement, elle était au bout du rouleau.

– Pffffcheneneeeu, Minou, j'ai un souci.

Elle a commencé à m'appeler parfois Minou avant même de me tutoyer, je crois, surnom dont j'étais fier. Elle l'employait facilement certes, mais uniquement avec ceux qu'elle aimait.

Les soucis sont de trois ordres, de santé, de cœur ou de fric. Pour le premier, je connais les bons toubibs, les peines de cœur ne se soignent que par le temps, mais pour le dernier je suis là, j'ai la main.

La pression des impôts la conduisait à accepter des piges, des articles, des préfaces où elle dispersait sa plume. Sollicitée par un petit éditeur séduisant ou généreux, elle lui avait remis un commentaire sur un tableau, pour une anthologie, d'une dizaine de feuillets. Malhonnête, le type avait agrémenté le texte d'illustrations, grossi la typographie comme s'il destinait l'ouvrage aux malvoyants avant d'imprimer le tout à des dizaines de milliers d'exemplaires de ce qu'il annonçait comme LE nouveau Sagan. Son stratagème outrait Françoise, évidemment, placée devant le fait accompli. Elle était tenue par un gros contrat en cours chez Gallimard qui se préparait à sortir son prochain livre, à grand renfort de publicité : *De guerre lasse*[14]. Le margoulin répondait avoir acheté un texte à madame Sagan et être libre de le commercialiser

14. Gallimard, 1985.

à sa guise, rien ne l'en empêchait légalement. Le torchon brûlait et Françoise était désespérée par cette spéculation.

Son éditrice Françoise Verny, ce dragon, crachait des flammes. Dans le paysage culturel, les figures semblables à Françoise Verny ont disparu tels les dinosaures, balayées par l'ère des gestionnaires. Verny faisait la pluie et le beau temps dans l'édition des années quatre-vingt, quatre-vingt-dix, fixant les prix et découvrant des talents. Une forte femme vêtue d'une robe moulante noire, sous une tête de boxer, lippue, l'œil aussi noir que les cheveux. Avec son cabas devant chez Gallimard, on aurait cru la mère Michel. La nuit, elle lisait la Bible. La journée, elle buvait. Tous les gens de lettres se pressaient pour avoir rendez-vous plutôt le matin, entre 10 et 13 heures, car, une fois le déjeuner passé, Verny commençait d'être ivre. À 14 heures, son débit devenait pâteux, à 15 heures, elle titubait, à partir de 16-17 heures, elle pouvait abreuver d'injures n'importe qui, y compris Antoine Gallimard, le patron. Le lendemain, la même journée recommençait, effaçant la veille. Salons du livre et cocktails ne se comptaient plus où il avait fallu évacuer Françoise Verny, à quatre pattes entre les piles de livres, hagarde, ne reconnaissant plus personne ou traitant Jean d'Ormesson de « bas du cul ». C'était une grande professionnelle, d'un flair exceptionnel, à la fois douée pour les coups éditoriaux et respectueuse des véritables écrivains, délicieuse à jeun mais infernale imbibée.

Compte tenu du barouf, Françoise Verny m'appelle un jour, sur les coups de 16 heures.

– Dis donc, ton enculée de copine, qu'est-ce qu'elle a encore foutu, tu te rends compte que ça va pourrir la promotion, c'est une catastrophe, entre notre livre de 250 pages à 100 balles et la petite merde pas chère, les gens vont acheter quoi, tu crois ? Mais qu'est-ce qu'elle nous fait chier !

Son ton m'a effaré, je pensais l'édition plus policée, mais au moins savait-elle résumer une situation.

Réunion d'urgence chez Sagan, rue de l'Université.

L'écrivaine renifle nerveusement dans le canapé. Par chance, Verny n'est pas dans un trop mauvais jour. Que faire ? Le livre parasite ne doit pas paraître. Les avocats ne pensent pas pouvoir le faire interdire. Les services juridiques de chez Gallimard ont préparé un contrat de renonciation. L'idéal serait de le faire signer à l'éditeur indélicat, le menacer des foudres de la justice, personne n'y croit vraiment.

Je reste seul avec Françoise.

– Vous savez où il habite, ce type ?

– Oh, schhneeuu, oui, à deux pas.

– On y va.

– Comment ?... Shcneuuuu, tout de suite, vous croyez vraiment ?

– Prenez votre manteau, on y va maintenant.

Elle m'a jeté un de ces regards en biais au fond duquel brillait une lueur d'espièglerie. Sur un hochement de tête, cigarette en l'air, elle est partie se donner un coup de peigne, prendre un manteau et son sac.

– Banco, soit sage, on revient, ne va pas croquer les franges du canapé, bandit !

Et nous voilà partis dans ma Ferrari chez l'éditeur félon.

Elle ne disait rien, moi je grognais. Avec son sac sur les genoux, les yeux brillants, Françoise avait l'air de filer à la projection d'un film louche.

– Schnneueu, quel roman dites donc !

Au bas de l'immeuble, nous sonnons. Pas de réponse. À l'époque, les syndics utilisaient encore des dates fameuses et faciles à retenir pour verrouiller les accès. 1789, 1515, 39-45. Je tape 1789, sans y croire. *Clic*, la porte s'ouvre. Un miracle. Françoise en reste coite. Je joue le blasé.

Nous nous engouffrons dans l'escalier. Troisième étage. Je colle l'oreille à la porte. Pas un bruit. Je sonne. Personne. Je n'hésite pas longtemps, je trifouille la serrure avec une lime à ongles que me tend Françoise, la porte, juste claquée, s'ouvre.

– Vous alors, les portes vous aiment !

J'entre, Françoise sur les talons, dans ses escarpins. J'allume, la première chose que nous voyons jaillir du noir est un tas de son livre-opuscule, la toute première livraison, prête à partir en service de presse.

– Je vous en dédicace un, Marc, vous voulez ?

Partie de gin rami chez Françoise, rue de l'Université,
avec sa dernière compagne Ingrid Méchoulam,
l'éditeur Jean-Claude Zilberstein (au centre) et Bernard Frank (à droite).

Soirée chez Régine, en 1988, avec Françoise et Marie-Sophie L.,
alors épouse de Claude Lelouch.

L'appartement est splendide, le type n'a même pas l'excuse d'être pauvre. Nous décidons de l'attendre. J'éteins afin de ne pas alerter notre cible à son retour et nous nous asseyons côte à côte sur un petit canapé de l'entrée. Rien ne bouge. J'entends Françoise respirer et renifler.

– Ça va, Françoise ?

– Tout à fait, *snif.*

– Vous voulez aller m'attendre dans la voiture ?

– Non non non. Je ne déserte pas, à condition que vous me trouviez un briquet. La nuit tombe.

– Françoise ?

– Voui ?

– Vous ne devriez pas signer avec ce genre d'escroc, quand même.

– Je sais, mais… pchneeuu, je n'avais pas trop le choix. Il m'a payé la moitié de mes droits d'auteur, d'avance, en… ffffloque.

– Quoi ?

– Bah, en coke.

Elle me l'a dit d'une toute petite voix.

– Ah, je vois. Mais quel porc, ce type !

Je bouillonne.

– Il est chnneneneueue…

– Pardon ?

– Il est charmant cet appartement, vous ne trouvez pas ?

– Non.

– Vous avez raison, en fait, c'est snob.

Nous avons attendu deux heures, sans bouger, tapis dans le noir. Mi-angoissés, mi-rigolards. Sagan tirait cigarette sur cigarette, la braise illuminait un instant son visage. Je la vois encore, comme si elle fumait devant moi.

– Peut-être est-il parti, pchhheeeuuu, je ne sais où, au ski.

– Vous êtes vraiment obsédée par la poudre.

Chaque fois que la minuterie s'allumait dans la cage d'escalier, ouvrant un rais de lumière sous la porte, je me dressais, tendu comme un arc.

Qu'est-ce que ça ne fait pas faire, quand même, la littérature, je n'aurais jamais cru. L'ascenseur s'est arrêté à l'étage. Des pas se sont rapprochés, une clef a tourné dans la serrure.

Un type est entré, assez grand, avec sa greluche derrière lui. Évidemment, notre présence l'a choqué mais il a assuré, nous prenant de haut en demandant sèchement comment nous étions entrés. Sans lui laisser le temps d'en dire plus, je lui ai collé un pain qui l'a projeté contre le mur. Tout s'est passé très vite, sans un cri, j'ai refermé la porte, sa femme s'est jetée sur moi, toutes griffes dehors, je lui en ai collé une à elle aussi qui l'a envoyée valdinguer au bout du vestibule.

Derrière moi, j'ai entendu Sagan chouiner.

– Restons calmes, Minou.

Terminé Minou, ce n'était plus ni l'heure ni le lieu, place aux hommes.

J'ai empoigné le type par le colbac, à le soulever contre le chambranle.

– Écoute-moi bien, sac à merde, je ne te connais pas, mais toi tu vas vite me connaître, je suis pas de l'édition, si tu ne brûles pas tous ces livres, si tu essaies d'en vendre un seul, je te jure, tu vas t'en vouloir, je vais te faire casser les deux jambes, tu ne sauras même pas d'où ça vient, tu ne t'en remettras jamais.

Sagan, dans un coin, restait interloquée. De l'autre côté, la bonne femme se massait la joue, terrorisée. Le mec a changé d'allure, rabaissé son caquet, ses yeux en panique se demandaient si je n'allais pas sortir un flingue de mon imperméable pour le buter sur place. Sagan a farfouillé dans son sac à toute vitesse pour déplier le contrat de renonciation en toussotant. Dialoguer était superflu. L'éditeur l'a signé dans la foulée, sur la preuve même de son délit, le tas de livres. J'ai fourré le papier dans ma poche. Mission accomplie, repli de l'équipe d'intervention. Sur ce, Françoise et moi sommes repartis comme on abandonne les lieux d'un braquage, rapidement et sans un mot.

À peine sortie de l'immeuble, elle s'est pétrifiée au milieu du trottoir.

– Ouh, non, Minou, j'ai oublié mon sac !

Aussi sec, je suis remonté, j'ai sonné, le mec a ouvert… Ne sachant pas quoi lui dire, je me sentais con de lui demander, vous pourriez me rendre le sac de Françoise s'il vous plaît, du coup, je lui ai balancé une dernière mandale, j'ai ramassé le sac au pied du canapé et suis ressorti avec, sans me retourner.

Dans la rue, quand Françoise m'a vu réapparaître, elle a eu envers moi le regard d'une Femme envers son Homme, ce moment l'a comblée. Et moi de même. Elle n'en revenait pas d'elle-même, ni de moi.

Je crois que nous avons commencé à nous tutoyer le lendemain, en trinquant.

Dans son excellente biographie, *Sagan à toute allure*[15], parue en 2008, Marie-Dominique Lelièvre écrit que j'ai été « le Clint Eastwood » de Françoise Sagan. Ce soir-là, assurément, ce fut le cas.

Quelque temps après cette mésaventure, à l'automne 1993, Françoise Sagan publia l'un de ses derniers livres, *... et toute ma sympathie*[16]. Elle me l'a tendu en disant :

– Ce n'est peut-être pas la peine que je te le dédicace.

– Pourquoi ? Bien sûr que si.

Je l'ai ouvert, sur la page de garde mon nom était imprimé en caractères italiques.

Sur le coup, j'ai balbutié, incapable de prononcer une parole. J'ai pensé, quoi qu'on dise, à partir d'aujourd'hui, c'est bon, j'ai fait quelque chose de mon existence. Françoise Sagan m'a dédié un livre, à moi. À *Marc*

15. Denoël, 2008.
16. Julliard, 1993.

Francelet. C'était bien mon nom sur la première page. Cela dit, j'ai mis des mois à le lire. On ne se refait pas. Si j'avais connu Françoise Sagan à quinze ans au lieu de Johnny Hallyday, je serais peut-être devenu éditeur, ou correcteur, ou libraire.

Va savoir.

Bordeaux-Paris-Moscou-Tbilissi

J'ai une forêt entière de souvenirs avec Françoise, sous des ciels changeants. Peu après le coup de poing chez l'éditeur marron, j'ai fait un séjour en cabane. Pas à cause de ce malotru – encore un mot de Françoise – qui avait porté plainte pour quelques mandales à domicile – le juge ne l'a pas suivi, il y a des juges clairvoyants. Non, une fastidieuse histoire de diamants que j'avais récupérés chez des voyous bordelais pour des spéculateurs parisiens, quelques pierres s'étaient égarées en route. Le jour du procès, à Bordeaux, j'ai remarqué une silhouette en petit manteau trois-quarts dans la salle du tribunal. Françoise Sagan était venue me soutenir. Elle ne m'en voulait pas. Elle se perdait au casino, moi, dans quelques coups douteux. Chacun ses noirs, impairs et manques. Elle a écouté avec une désapprobation manifeste les réquisitions de l'avocat général. J'ai écopé de quelques mois, fermes.

Trois jours plus tard, l'ambiance a changé en tôle. Les gardiens me traitaient avec une certaine déférence, des sourires entendus. Françoise avait fait paraître un vibrant plaidoyer dans *Libération*. Cet article est encore encadré chez moi.

« Marc Francelet est un homme fort, gai, viril, courageux et gentil, j'en réponds… Marc Francelet n'a jamais fait du mal à une mouche ni à quelqu'un, il n'a jamais volé un pauvre, ni un honnête homme. Il n'a jamais lâché un ami et s'il a fait du mal à une mouche, qu'elle se présente.

Ce que j'ai vu hier était un déni de justice et c'est insupportable. S'il sort un fauve de prison dans six mois, je dois avouer que ce n'est pas vraiment là le sujet de mon indignation, ce qui m'inquiète, ce qui me fait écrire cet article est que je crains que de cette prison, si on l'y met, il ne ressorte jamais personne. »

Moi qui n'ai pas la larme facile, j'avoue en avoir versé une.

À ma sortie, Françoise m'a accueilli, transportée.

– Ouh là là, tu en as bavé, Minou. Même si tu viens de sortir, tu as besoin d'évasion. Viens, je t'emmène, tout est arrangé. On part dépenser des kopecks !

Elle était auteure de best-sellers jusqu'en Russie mais le rideau de fer rendait impossible le versement de ses droits en Occident. Les roubles, monnaie non convertible, ne sortaient pas des frontières, ce qui se gagnait en URSS devait se dépenser en URSS, superpuissance où

COUP DE SANG

« Ce que j'ai vu hier était un déni de justice »

par Françoise Sagan

Interpellé le 24 avril, dans le cadre des recherches sur Action directe, placé en garde à vue, Marc Francelet, le journaliste de *VSD*, n'avait pu se présenter devant le tribunal correctionnel de Bordeaux, qui le jugeait, au même moment, pour complicité d'abus de confiance, dans une affaire de vente de bijoux. Informés, les policiers n'avaient rien fait pour prévenir les juges. Son « *opposition* » ayant néanmoins été reçue, Francelet a été rejugé — et condamné : 18 mois de prison, dont 6 avec sursis. Nous publions ce cri du cœur de l'écrivain Françoise Sagan, amie de Francelet, qui a assisté lundi au procès.

Parions net et parlons bien. Il ne s'agit pas ici de politique, il est des questions qui dépassent la politique. Même si je suis dans l'opposition, je ne me réjouirai jamais si l'on m'annonce une maladie incurable chez Chirac ou un autre car une vie humaine est une vie humaine. Je ne me frotterai pas les mains si l'économie française dégringole. Une patrie est une patrie. Je n'applaudirai pas si mes pairs de l'opposition attaquent systématiquement tout ce que fait le gouvernement actuel. La bonne foi est la bonne foi. Ce dont je veux parler ici aujourd'hui concerne les hommes et les femmes de droite comme de gauche. Il s'agit de la justice et même d'un cas précis, celui d'un ami à moi, Marc Francelet, journaliste de VSD au procès duquel j'ai assisté à Bordeaux hier.

Gardé à vue avec Gilles Millet de « Libération », il était convoqué entre-temps à Bordeaux pour une affaire datant de 81 et pour laquelle le substitut prévoyait 30 000 francs d'amende. La police chargée de terroriser les terroristes et non plus de ménager la justice n'ayant pas prévenu la cour, Francelet fut donc condamné à Bordeaux par défaut à deux ans de prison ferme. Rejugé hier lundi sous mes yeux par un juge qui commença par s'excuser de lui avoir fait payer la désinvolture de la PJ, il finit quand même par être condamné à dix-huit mois de prison dont six mois avec sursis, soit un an de prison.

De 30 000 francs d'amende à douze mois de prison, la nuance est énorme, me direz-vous, mais elle est explicable, sinon excusable. Marc Francelet était un homme fort, gai, viril, courageux et gentil, j'en réponds. Malheureusement, il fut à 20 ans fasciné par les frères Zemour qui le truandèrent d'ailleurs de huit millions (voir les mémoires du commissaire Letaillantère), comme il fut truandé d'ailleurs plus tard par des grands bourgeois qui lui firent faire de la prison à leur place (affaire Pétridés), comme il fut truandé par la ville de Lyon l'année dernière où il installa un immense chapiteau dont le succès fit se souvenir à la ville que le terrain en question n'était pas « *chapiteautable* », comme il l'avait été auparavant dans cette affaire qui nous occupe. Marc Francelet, donc, malgré sa réputation, a été truandé par la pègre comme il l'a été par la bourgeoisie, comme il l'a été par les petits escrocs, comme il l'a été par l'État.

Mais je dis que Marc Francelet n'a pas à être truandé par la justice parce qu'il n'a jamais fait de mal à une mouche, ni à quelqu'un, parce qu'il n'a jamais volé un pauvre ni un honnête homme, il n'a jamais maltraité un faible, à part une raclée donnée à un gangster dans une boîte de nuit. Il n'a jamais lâché un ami et s'il a fait du mal à une mouche, qu'elle se présente. Et il a une femme, deux enfants, un travail, de la passion pour son travail. Et depuis cinq ans une vie plus que régulière. Bien sûr, il n'a jamais vendu quelqu'un, il n'a jamais demandé pardon, il ne s'est jamais excusé et bien sûr, il n'a jamais supplié. Sauf hier à Bordeaux pour cette affaire rocambolesque, incompréhensible au verdict de laquelle je n'ai pas assisté tant j'étais convaincue qu'ils le libéreraient. Hier donc, il a proposé au juge de payer, s'il le fallait absolument.

Il était vrai qu'il avait prêté cet argent à un tiers qui s'était évaporé et que Marc Francelet est idéal, vu sa réputation, pour payer à la place des autres. Mais si vous voulez rembourser, a dit le président, c'est que vous êtes coupable. Non, a dit Marc, non mais la prison je ne peux plus supporter, j'ai peur. Alors moi je dis avec tout le mélo que cela réclame, je dis que si Francelet, qui a écopé de douze mois pour quinze vieux millions qu'un autre a sûrement piqués j'en jurerais, tout cela parce qu'il était interrogé en même temps par un autre juge sur le terrorisme, moi je dis que si Francelet dit qu'il a peur, eh bien moi aussi j'ai peur. J'ai peur qu'il meure d'injustice à force et qu'à force de souligner son passé, on ne finisse par barrer sa vie définitivement et si à peine rentrée de Bordeaux j'ai commencé à écrire ce rapide article, c'était parce que je voulais avoir la conscience tranquille sinon l'amitié.

Messieurs les juges, je vous rends votre enfant, je vous dis qu'il est en danger et que c'est un danger qui vient de vous. Messieurs les juges rappelez-vous, regardez bien cette femme, cette statue qui représente la justice qui vous représente, elle n'est pas tournée vers le passé et si ses yeux sont de pierre, ils cherchent quand même à comprendre. Mais là que peut-elle comprendre, quel que soit son regard, elle est supposée protéger le faible, l'empêcher d'être la victime du méchant.

Moi je prétends une chose je prétends que si on saccage la vie d'un homme pendant douze mois, si on lui retire les siens, la liberté, l'air, la vie parce que cinq ans plus tôt, un autre homme qu'il connaît à peine n'a pas eu des spéculations aussi heureuses que d'habitude, si on fait comprendre à cet homme que ces douze mois (il a 38 ans) vont pallier un manque à gagner de quinze mil lions de francs, je crois que cet homme ne le supportera pas.

La justice, cette statue, aura honte devant lui, comme j'ai honte moi-même de m'exprimer si mal, de ne pas être plus claire, ni plus précise, ni plus froide. Mais ce que j'ai vu hier était un déni de justice et c'est insupportable, et s'il sort un fauve de prison dans un an je dois avouer que ce n'est pas vraiment là le sujet de mon indignation, ce qui m'inquiète, ce qui me fait écrire cet article c'est que je crains que de cette prison si on l'y met, il ne ressorte plus jamais personne.

F.S.

Libération – Mercredi 30 avril et Jeudi 1er mai 1986

1986. Françoise Sagan plaide ma cause auprès de Mitterrand, qui viendra à mon secours. C'est inouï.

les grands magasins restaient plongés toute la journée dans la pénombre avec de temps en temps une caisse ou deux qui allumaient leur néon sur des articles improbables. L'Union soviétique sombrait dans la faillite. Pas facile d'y claquer une fortune en roubles mais, question dépenses, Sagan avait de la ressource.

Françoise, Peggy et moi sommes arrivés à Moscou en pleine effervescence de la perestroïka – « la réforme ». Nous sommes descendus au Metropol, le plus chic. La presse internationale battait le pavé devant le Kremlin, Ronald Reagan était là pour sonder ce que Gorbatchev avait réellement au fond de la tête. Mais les journalistes n'avaient qu'un nom aux lèvres, Andreï Sakharov, vieil ennemi du communisme, physicien de la bombe H soviétique qui s'était retourné contre le régime au nom des droits de l'homme et de la liberté de conscience. Gorbatchev venait de briser ses chaînes : Sakharov, le Dissident, l'Intraitable, le Symbole, n'était plus confiné à Gorki. Mais lui et sa femme, Elena Bonner, demeuraient introuvables, tous les envoyés spéciaux les cherchaient à travers la Russie. Une électricité chargée d'espoir flottait dans l'air, ce n'était plus l'hiver, pas encore l'été, nous devions être au printemps 1988, je dirais.

Françoise est passée chez son éditeur empocher son magot, nous avons fait des emplettes au marché noir. Sa priorité était de se rendre en Géorgie, visiter son ami Sergueï Paradjanov, un cinéaste très mal vu du régime. Nous avons pris trois places dans un train pour

Avec Andreï Sakharov, sa femme Elena et Françoise à Tbilissi, dans les années 1980.
Une photo culte, jamais publiée. Accompagnant Françoise en URSS pour un séjour littéraire,
nous rencontrons par hasard le prix Nobel de la paix,
mis au secret par le Kremlin en Géorgie.

Tbilissi, un fabuleux voyage de deux jours, digne de Michel Strogoff, se réjouissait-elle. En fait de périple exaltant, nous nous sommes retrouvés enfermés dans des voitures-lits en zinc, surchauffées, avec des samovars ambulants qui crachaient une vapeur à couper au couteau. Et pas de Michel Strogoff. Dans certaines gares, le train s'arrêtait une heure, deux heures, inexplicablement, sans soulever la moindre protestation chez les passagers amorphes. Françoise tuait le temps en tapant le carton avec Peggy. N'aimant pas les cartes, j'ai préféré tuer le mien en flirtant avec notre interprète, qui devait s'appeler Natacha – comme toutes les filles du KGB. Françoise me taquinait.

– Ne lui raconte pas n'importe quoi, fais attention.

– Mais non ! Je suis prêt à devenir communiste pour des yeux et des seins pareils.

– Si ça se trouve, cette fille est un homme, objectait Peggy, mauvaise langue.

Toutes les deux ressemblaient aux Demoiselles de Rochefort, deux sœurs, l'une aussi blonde que l'autre était brune, trente ans plus tard, paumées dans une contrée lointaine qui ne les effrayait pas.

Nous roulions, roulions dans l'attente d'une ville mythique, au bout de la ligne, longue comme un jour sans fin. Nous avons bu tellement de thé que le trajet pouvait s'apparenter à une cure diurétique. Françoise comptait bien écrire mais, bercée par le roulis, le voyage s'est confondu en la plus longue partie de cartes de toute sa vie, tandis que Peggy, imperturbable sous son chapeau, avec son petit fume-cigarette, lâchait régulièrement :

– Gin!

Elles ont bien dû griller cent mille cigarettes, de Moscou à Tbilissi. Je me demande comment Françoise a fait pour sa coke. Quoique, elle était tout à fait capable d'avoir bourré sa valisette Hermès d'un stock pour trois semaines.

C'était long, bouillant, bruyant, entre des paysages de plus en plus montagneux par-delà les vitres. Et pourtant, j'en garde un souvenir fort, traductrice comprise – car ce n'était pas un homme. Aussi parce que Françoise, Peggy et moi avions l'impression de voyager en étudiants. Rien n'égalait le dépaysement qu'offrait la Russie communiste au seuil de son effondrement, sans quitter le continent européen, vous aviez la sensation de changer d'espace-temps. La moindre image, sur un quai, dans un couloir, était une scène, la photographie d'un monde que la guerre froide nous avait rendu insaisissable. Mon âme de reporter en était comblée.

À Tbilissi, ces dames sont montées dans leur chambre se refaire une beauté. Je suis allé faire un tour en ville avec Natacha-KGB sur les talons, découvrir, entendre, respirer les vieilles demeures, la rumeur, cette atmosphère propre à Tbilissi, entre Orient et Occident. Le Caucase est l'un des berceaux de l'âme slave, et la Géorgie, c'est le sud de la Russie, plus proche d'Istanbul et même de Téhéran que de Moscou, les premières marches des Arabies. En pleine rue, des femmes portaient ces blouses à grosses fleurs brodées.

De retour à l'hôtel, vieil établissement des années trente, à travers la porte-tambour, une silhouette a accroché mon attention. Au salon, un homme au grand front se tenait sagement assis. Mon sang n'a fait qu'un tour. Se pouvait-il qu'il soit là, celui que tous les journalistes rêvaient d'approcher, le dissident aussi célèbre que Soljenitsyne quinze ans plus tôt, mais sans la barbe, le prix Nobel de la paix que Gorbatchev venait de libérer à moitié ? Andreï Sakharov se tenait dans le hall de notre hôtel, une sacoche hors d'âge à ses pieds. En sortant de la porte-tambour, je me suis rué sur lui. Natacha aussi l'avait reconnu. Je parle anglais moins bien qu'une vache espagnole, j'ai engagé la conversation, sans en croire mes yeux.

– Monsieur Sakharov, Andreï Sakharov ?

Il a bondi en arrière, dans un violent mouvement de recul. C'était bien lui, bon Dieu. Ma guide se trouvait contrainte de traduire ma conversation avec l'homme à qui aucun étranger ne pouvait parler, dans ce hall où plusieurs de ses collègues du KGB devaient être en train de nous surveiller tout en regardant ailleurs. J'étais alors conseiller à l'hebdomadaire *VSD*.

– Monsieur Sakharov, bonjour, Marc Francelet… Je suis journaliste, j'arrive de Paris, je voudrais vous interviewer, même brièvement…

Natacha traduisait mes paroles, au fur et à mesure, de plus en plus mal à l'aise. Sakharov a levé la main.

– Je ne peux pas, je suis désolé, j'ai promis à Mikhaïl Gorbatchev de ne faire aucune déclaration. Nous avons un accord, non, non, je ne peux pas, désolé.

Il avait l'air navré, désarmé, un peu apeuré. J'ai battu en retraite sans insister.

– Je comprends, aucun problème, pardonnez-moi. Je viens d'arriver à Tbilissi, avec Françoise Sagan, la romancière française.

À ce beau nom de Sagan, ses yeux se sont écarquillés. Sakharov m'a répondu en français, détachant bien distinctement chaque syllabe.

– FRAN-ÇOISE-SA-GAN-BON-JOUR-TRIS-TESSE !

– Oui, Françoise Sagan. Ne bougez pas, je vais monter la chercher, je suis sûr qu'elle sera ravie de vous connaître. Nous revenons !

Sakharov était comme Che Guevara ou Kennedy ou Mandela, j'en avais une boule dans la gorge. Cet homme frêle incarnait presque à lui seul toute la lutte contre le totalitarisme.

Quand je lui ai annoncé la présence, en bas, du dissident, Françoise a sauté dans ses escarpins qui lui faisaient toujours de grands pieds, pour me suivre. Déboulant dans le hall, elle s'est jetée dans les bras d'Elena Bonner, l'épouse de Sakharov, qu'elle avait rencontrée à Paris lorsque Elena pouvait encore voyager sans son mari. Puis Françoise a salué Andreï, heureux comme un gamin. Sagan, pour lui, représentait quelque chose comme la tour Eiffel et la statue de la Liberté faites femme.

Nous avons passé l'après-midi à discuter. Elena était francophone. Les Sakharov venaient au sud chercher un soleil, une clarté, une douceur dont ils rêvaient depuis presque dix ans. Elena avait un bon regard brun qui exprimait la gaieté et la vitalité d'une très longue endurance. Je ne pouvais m'empêcher de songer à toutes les rédactions qui cherchaient à joindre ce couple, à parler avec Sakharov et il se tenait devant moi, une tasse de thé à la main, inconscient du retentissement mondial qu'il suscitait, discutaillant avec Françoise de la sincérité, feinte ou authentique, de Mikhaïl Gorbatchev, le maître de la glasnost. Françoise défendait mordicus « Gorbi ». Mais Sakharov, déjà, le considérait presque en homme fini, trop indécis, trop mitigé, Gorbatchev serait lui-même balayé par la brèche qu'il venait d'ouvrir dans le monolithe URSS.

Entre nous, Natacha, la traductrice, était blanche comme de la neige.

Nous nous sommes séparés en nous embrassant.

Restait à visiter Paradjanov, au sujet duquel Françoise m'avait bassiné pendant une bonne partie du trajet. Un cinéaste, un plasticien qu'elle plaçait quasiment aussi haut que Proust et dont je n'avais jamais vu un film – ce qui est toujours le cas, je suis incorrigible. Lui aussi vivait assigné à résidence ou surveillé après avoir connu des années de prison pour un double crime :

antisoviétisme et homosexualité, ce qui faisait beaucoup dans cet étouffoir. Il était natif de Tbilissi, d'origine arménienne.

J'ai vu surgir un gros type, fort, avec la tête d'un vieux marin ou d'un mage, un collier de barbe blanche, d'épais sourcils, des mains de bûcheron, pas du tout le cliché d'un efféminé. J'ai cru qu'il allait broyer Françoise Sagan quand elle a disparu entre ses bras velus. Elle l'admirait, l'idolâtrait, parlait des films *Les Chevaux de feu* ou *La Légende de la forteresse de Souram* comme d'absolus chefs-d'œuvre. Sergueï Paradjanov était rieur et délicat. Son œuvre, son cadre de vie recelaient troubadours, enluminures et visions poétiques. Je portais un pull rose en cachemire – le rose était à la mode. Paradjanov louchait sur mon chandail, émerveillé. N'étant pas moi-même de taille slim, je l'ai enlevé pour le lui offrir. Il l'a enfilé immédiatement, enthousiaste. En deux minutes, nous étions amis.

Dans le sentiment que Françoise lui portait ainsi qu'aux Sakharov entrait, je crois, une part de culpabilité. Elle, si éprise de son indépendance, de sa liberté, constatait qu'à l'Est, des artistes payaient cher cette exigence, parfois au prix de leur vie. Lors des premières années de leur relégation à Gorki, le pouvoir avait voulu écraser les Sakharov. Le matin, ils brisaient la glace dans l'évier de leur minuscule appartement. Peu à peu, le soutien international les avait protégés, le prix Nobel de la paix pour Sakharov, en 1975, les avait rendus intouchables. À la fin des années quatre-vingt, on ne disait pas encore iconiques. Elena Bonner avait perdu son père, fusillé dans les purges staliniennes, jeune, elle avait subi l'antisémitisme, puis la relégation à Gorki avec son mari, ville interdite aux étrangers. Quant à Andreï, ses grèves de la faim à répétition avaient affaibli sa constitution déjà fragile. Françoise ne pouvait pas s'empêcher de penser que si elle était née de l'autre côté du rideau de fer, elle aurait vécu leur enfer pour le seul crime d'être elle-même et en serait probablement morte.

Paradjanov avait un charisme fou et un sacré culot. Il tapait Sagan, sans vergogne, elle lui envoyait régulièrement de l'argent. Françoise me confia que Sergueï lui avait dit un jour une phrase « épatante ».

– Chère petite Françoise, tu sais, je ne t'en voudrai pas de m'avoir prêté beaucoup d'argent que je ne te rendrai jamais.

Elle adorait.

Nous avons quitté Paradjanov et ses féeries tandis qu'elle laissait sur la table, entre les gros cornichons, les godets, les quartiers de citron qu'on mord à pleines dents entre deux gorgées de vodka, une grosse liasse de roubles.

Malgré l'interdiction, à l'hôtel, j'avais pris une photo, une seule, de Françoise et Sakharov. À Paris, je l'ai montrée à des amis, des journalistes, à la rédaction de *VSD*, mais je n'ai pas publié cette toute première photo d'Andreï Sakharov enfin libre, dans la douceur de la Géorgie.

À peine rentrées, Françoise et Peggy ont lancé des invitations à la bande, Chazot, de Botton, Marie-Hélène de Rothschild, Bernard Frank… pour un souper russe, à la maison. Nous avions rapporté la plus grosse des boîtes de caviar du marché soviétique, dite la « deux kilos » – en fait un kilo huit, même les bolcheviks ne peuvent pas s'empêcher de gruger un peu la clientèle.

Une demi-heure avant le rendez-vous fixé, Françoise m'appelle, contrariée. Elle venait d'ouvrir la boîte, au contenu bizarre… En plantant le doigt dans les petits grains noirs, elle avait porté à ses lèvres une boue infecte, noircie au cirage : du caviar pressé.

Salauds de communistes.

– Tant pis, Marc, Pépita a fait des pommes de terre, il y a toujours les patates à servir avec la crème fraîche.

– T'inquiète. J'arrive…

Je suis passé à La Maison du caviar, j'en ai pris pour deux kilos, sans mégoter. Du russe, extra, gros grain, Beluga. J'ai cru que ma carte allait plafonner. Putain, quand même, quand je pense que la baronne de Rothschild est pétée de thunes et que c'est moi qui régale.

Si suractif, multipliant les affaires jusqu'à des coups douteux, condamnables selon la loi, c'était aussi pour maintenir cette vie folle.

La toute-puissance

Le privilège de la star, décuplé chez une star mondiale, est aussi son talon d'Achille. Je n'ai jamais vu personne s'opposer frontalement à Johnny Hallyday ou Jean-Paul Belmondo. Partager si souvent leur quotidien m'a permis de découvrir ce traitement d'exception, ce rêve éveillé sur un tapis rouge permanent. Quels que soient l'heure ou l'endroit, tous ceux qui gravitent autour d'une star se mettent en quatre pour satisfaire ses moindres désirs, anticiper sa volonté, sans la contrarier en rien. Il faut le vivre pour le croire. Le mieux, le mieux du mieux, est donc son ordinaire, trois cent soixante-cinq jours par an. Sur les tournages, dans les hôtels, les restaurants, aux festivals, sur la route des tournées comme dans la vie sociale, jusque dans l'intimité, l'entourage prend des gants ou au moins des biais pour ne jamais lui déplaire. Elle est l'axe autour duquel tournent en orbite les bénéfices, la reconnaissance et la gloire. Indiscutablement, j'ai aimé ce climat. Vous êtes avec les rois. On ne peut donc pas leur reprocher, au bout d'un moment, d'y croire et de ne plus s'occuper que d'eux, des soleils qui ne réchaufferaient personne. La rançon de la gloire fait que, régulièrement, le nombril dévore la tête et le cœur.

Hallyday et Belmondo, pourtant si différents, avaient des points communs dans ce contexte. Entretenir une cour qu'ils dominent en y faisant naître des rivalités, mais aussi en excluant régulièrement untel ou tel autre, parce qu'ils les ont trop vus, brusquement. Je n'aimais pas ces revirements. Mais les rois règnent autant par leurs faveurs que par leurs défaveurs. Belmondo considérait même, en amour, qu'il devait changer au bout de sept ans. Par-delà cette limite, son couple ne tournait plus assez rond à sa guise. Ce jeu de hauts et bas me fut épargné grâce à ma fortune personnelle et par mon caractère, assez entier. Et enfin, surtout, parce que dans nos amitiés sincères, je connaissais leur statut. Si dans le sillage de Johnny et Belmondo, j'ai fait cent rencontres qui m'ont ouvert des opportunités, j'ai toujours veillé à arranger leurs affaires, à tous niveaux, au moins autant qu'ils favorisaient les miennes. C'est inouï quand même, lors d'un dîner avec des partenaires économiques austères, à quel point y venir avec Johnny ou Jean-Paul les incite à signer des contrats sans contester mes tarifs. Johnny et Jean-Paul ne m'ont jamais refusé leurs précieuses apparitions. Je me souviens même d'un de mes associés qui, après une soirée où Johnny nous avait honorés de sa présence, m'avait rappelé le lendemain, trouvant vraiment divertissante mon idée d'avoir convié un sosie époustouflant.

– C'était le vrai, lui ai-je répondu.

– Non?

– Si.

– Non.

– Ah, merde! Vous pouvez être au café Lafon, demain, vers 15 h 30?

– Euh oui, je pense.

Le lendemain Johnny est arrivé à moto devant la terrasse. Il s'est garé, l'air de mauvais poil. Il est venu trouver mon associé direct. Otant ses gants, il a fait, la gueule en biais :

– Dis, c'est toi qui racontes partout que je suis mon sosie?

C'était bien.

Toutefois, même les princes essuient quelques désagréments. Pour Jean-Paul, d'origine sicilienne, on le sait, la famille est sacrée, ses parents plus que tout. Jean-Paul a toujours considéré que son père avait été victime d'une injustice. Paul Belmondo fut un sculpteur aujourd'hui un peu oublié. J'ai vu Jean-Paul se fâcher à mort avec César le jour où celui-ci osa dire devant une caméra que Paul Belmondo était un « artiste académique », avec une pointe de condescendance.

Quand la Mairie de Paris décida, sans qu'on sache vraiment pourquoi, d'ôter les statues de Paul Belmondo du jardin des Tuileries, Jean-Paul en fut à la fois enragé et désespéré. Le voir dans cet état me minait. J'aime les bustes, les corps, les enfants, l'œuvre de Paul Belmondo. Alors j'ai appelé le cabinet du ministre de la Culture, Philippe Douste-Blazy, qui m'a reçu. Nous avons discuté. Objectivement, Paul Belmondo est un artiste à la fois fin et accessible au grand public. Plus classique qu'académique. Douste-Blazy en est convenu et a fait le nécessaire pour trouver où replacer les statues. Jean-Paul lui en fut infiniment reconnaissant, comme on dit.

Un geste légitime et amical, il va sans dire, mais peu de choses sont gratuites en ce bas monde, encore moins chez un politique. Quelques mois plus tard, Jean-Paul reçut une invitation de « Douste » pour le festival de Lourdes dont il était à l'époque député-maire. Un festival de cinéma dans la ville de Bernadette Soubirous.

Jean-Paul a fait la grimace, ne s'y voyant évidemment pas.

– Je ne vais pas au festival de Cannes, ce n'est pas pour aller me montrer à Lourdes !

Mais Douste avait choisi son heure pour éprouver sa reconnaissance. Il eût été trop ingrat de répondre non, à mon humble avis. Puisque l'ascenseur était à renvoyer, Jean-Paul et moi sommes montés dedans, direction Lourdes où son arrivée provoqua une forêt de caméras jamais vue de mémoire de Lourdais.

Nous y avons passé une chaleureuse journée troisième âge, où les micros se confondaient aux béquilles. Jean-Paul m'a discrètement entraîné chez les marchands de piété. Comme beaucoup de festivaliers-pèlerins, nous avons fait le plein de flacons d'eau bénite en forme de

1995. Retour avec Jean-Paul Belmondo sur les lieux de la dernière scène d'*À bout de souffle*, passage d'Enfer, dans le XIVe arrondissement.

1989, à Moscou. Haie d'honneur de l'Armée rouge pour Jean-Paul, Claude Lelouch, sa femme et moi-même.

Vierge Marie. Le Guignolo, le Morfalou, Flic ou Voyou, est assez cul-béni. Pour tout dire, nous sommes même allés à la Grotte.

– Tu vois, Marc, on a bien fait de venir, finalement.

C'est également avec Jean-Paul que je suis retourné en Russie à l'occasion d'une rétrospective que lui consacraient les grandes salles de cinéma de Moscou. Les Russes, comme les Japonais ou les Mexicains, adorent Jean-Paul Belmondo, lui-même se demande bien pourquoi.

À peine descendus du jet, nous avons été traités comme un chef d'État et sa suite. Chambres gigantesques à l'Hotel National, berlines grandes comme des corbillards, chauffeurs, traducteurs, officiels empressés et foule en délire, tous fous de joie de lui serrer la main. L'accueil fut digne d'une des dernières superproductions de l'Unions, au bord de l'implosion. Nous avons fait un saut à Saint-Pétersbourg, l'Ermitage y fut ouvert pour nous, nous étions une demi-douzaine à parcourir l'ancien palais d'Hiver des tsars, vide, nos silhouettes se reflétaient sur les marbres et les parquets briqués, guidées d'un chef-d'œuvre à l'autre.

Le plus important de ce voyage, pour moi, eut lieu au retour, dans le jet. J'avais eu à cœur de mettre de l'ambiance, partenaire habituel de l'humour de Jean-Paul, qui est d'un naturel blagueur. André Guelfi nous accompagnait, intermédiaire de mille et une affaires pas claires, également ami de Jean-Paul qui peut aimer les personnalités transgressives. André Guelfi était un personnage haut en couleur, puissant, immensément riche. Son surnom de Dédé la Sardine l'insupportait pour sentir trop le poisson. Sa fortune avait pourtant commencé au Maroc où il inventa un procédé révolutionnaire de congélation des tonnes de sardines pêchées sur les côtes de Mauritanie. Cinquante ans plus tard, Dédé possédait une dizaine d'immeubles et une entreprise aussi prestigieuse que le Coq sportif, mais l'odeur de sardine lui restait. Sa propriété tropézienne, où il invitait largement, passait pour la plus joyeuse de la côte. Guelfi était connu pour défier quiconque d'aller plus vite que lui du Bourget à Nice, en jet, bien entendu – pas à vélo. Avant d'enchaîner en hélico jusqu'à Saint-Trop, le tout en à peine plus de deux heures, si je me souviens bien.

La hantise des stars, comme les rois, est de s'emmerder avec des sbires et des officiels, elles prisent ainsi quelques fortes natures pour égayer leur cage dorée. François Mitterrand était pareil.

Nous avons mené joyeux train à Moscou.

Un homme nous avait rejoints au cours de ce séjour qui, lui, contrairement à Guelfi, m'était inconnu. Assez élégant mais un tantinet sinistre. Durant le trajet du retour, il s'est approché de moi.

– Vous êtes épatant, vous, vraiment! Je tenais à vous le dire avant que nous atterrissions. D'ailleurs, nous devrions travailler ensemble.

Nous avons échangé nos cartes. Il s'appelait Jean-François Bourdaloue et dirigeait une filiale de la Générale des eaux, la CID (Compagnie internationale de développement), entreprise française qui avait étendu ses activités bien au-delà de la distribution d'eau pour s'occuper de tout ce qui concernait les bâtiments et les travaux publics, les fameux BTP. Le groupe était devenu colossal. Et Bourdaloue, qui passait pour un homme aussi impénétrable que secret, s'était bien amusé avec nous chez les Soviets.

N'étant demandeur de rien, tranquille au-dessus des nuages à savourer une vodka avec un fond de caviar, j'ai souri, intrigué.

Monsieur Bourdaloue a souhaité me revoir à Paris, avec toujours la même idée fixe. Il m'offrait vraiment un poste conséquent.

– Je vous le répète, venez travailler avec moi, la Générale est une grande et belle entreprise, un fleuron de la France. Vous pourrez promouvoir la maison, accroître nos réseaux, faire en sorte que nous soyons mieux compris, mieux aimés du public et de certains partenaires effectifs ou potentiels. Nous pouvons accomplir du beau travail. J'ai besoin d'un homme tel que vous, un touche-à-tout bourré de talent.

Je n'en doutais pas. Quand j'ai visité les bureaux qu'il me réservait, j'ai compris que j'allais changer de monde. Ce n'était pas une annexe, un trois-pièces fonctionnel. J'ai eu du mal à masquer ma stupéfaction dans cet étage des beaux quartiers, refait à neuf, boiseries de palissandre, high-tech, d'une élégance dernier cri. Sans trop savoir comment j'allais agir, je me suis installé dans ce décor cinq étoiles. Loin de l'organigramme de la Générale des eaux, je piloterais un satellite, directeur de la communication officieux, avec l'oreille du grand patron.

Les voyages ne forment pas seulement la jeunesse, ils peuvent aussi couronner la maturité.

J'ai prévenu ma femme que nous allions pouvoir encore améliorer notre standing, la société ayant sa propre flotte aérienne, à disposition pour mes déplacements. Le pas léger, j'ai atteint un des sommets du monde capitalistique en saluant aimablement toutes les équipes que me présentait le boss, ravi.

André Guelfi, lui, est retourné dans ses foyers, en Suisse – forcément. Et le boulot pour Bourdaloue a commencé. Je me suis adapté rapidement.

À Genève, la villa de Guelfi se trouvait être mitoyenne de celle de Juan Antonio Samaranch, indétrônable président du Comité international olympique. Lui aussi appartenait à cette caste mondiale qui a rang de quasi-chef d'État. En voisin, Guelfi et Samaranch discutaient de tout et rien, plutôt de tout que de rien, le week-end. Un beau matin, Samaranch a évoqué l'Ouzbékistan, pays assez désertique d'Asie centrale, république indépendante tenue d'une main de fer par un dictateur issu du communisme stalinien. Un président digne d'un film noir, voire gore : Islam Karimov.

Monsieur Karimov caressait deux rêves. Le premier était d'héberger les Jeux olympiques, le second de forer d'énormes réserves pétrolifères qui venaient d'être décelées dans son sous-sol. Ses projets butaient malheureusement sur plusieurs obstacles. Primo : l'Ouzbékistan ne possédait pas les moyens technologiques de forer en nappes profondes. Deuxio : la tenue des Jeux olympiques nécessitait de doter le pays d'infrastructures. Tertio : le régime devrait améliorer nettement sa réputation internationale, on ne pouvait guère trouver pire en termes de libertés et de droits de l'homme, à part la Corée du Nord peut-être, mais il ne serait pas venu à Kim Jong-un l'idée saugrenue d'abriter les Jeux mondiaux.

André Guelfi s'est immédiatement mis sur le coup – c'était son métier – et m'a téléphoné – puisque c'était également le mien, désormais. Si la Générale ne s'occupait pas a priori de pétrole, domaine d'Elf où officiait Dédé la Sardine sous la houlette de Loïk Le Floch-Prigent, elle pouvait se mettre sur les rangs en prévision d'énormes marchés ouzbeks dans le BTP. Leurs puits financeraient nos chantiers. André Guelfi m'a donc proposé d'unir nos efforts. C'est ainsi que l'Ouzbékistan est entré dans ma (nouvelle) existence.

L'Ouzbékistan souffrait d'une image si atroce qu'aujourd'hui encore, alors que la fille Karimov y tient les rênes

Irak, fin des années 1990.
De gauche à droite : le général Jeannou Lacaze, ancien chef d'état-major des armées, Loïk Le Floch-Prigent, ex-patron d'Elf, et mon ami l'industriel Michel Coencas, à l'époque où nous exploitons des champs de pétrole dans la région de Mossoul.

d'un pouvoir que j'ai bien connu, j'hésite à décrire les mœurs de ses dirigeants par crainte de me retrouver face à un tueur, un de ces soirs prochains, en promenant mon chien. En gros, disons que des types pouvaient s'y faire flinguer pour avoir éternué devant le président.

J'ai rameuté des amis journalistes qui sont partis peu après pour un voyage d'agrément à la découverte du pays dans le Falcon 900 d'André Guelfi. Des papiers ont paru sur « cette terre envoûtante des confins », entre l'URSS et l'Iran, « steppes battues par les vents immémoriaux », etc. La presse, quoi. Le début d'un lobbying efficace, à hauteur des espérances de deux énormes entreprises françaises.

Avant les lauriers olympiques, les mirobolants chantiers de routes, de stades et de piscines (à l'époque, l'aéroport de Tachkent ressemblait à une grosse pizzeria), l'essentiel se trouvait sous la terre de ce pays sauvage et splendide. L'or noir. Le marché de la décennie nous attendait à l'est, à l'heure où le grand ours soviétique titubait, les ex-satellites se tournant vers l'Europe. Hélas, du côté du Quai d'Orsay, un ministre chenu, grand avocat, issu de la gauche et soucieux d'humanisme, avait black-listé cette dictature avec interdiction aux entreprises de salir les mains de la France dans ce régime infâme. Position partagée par toute l'Europe et même aux USA. Forer s'y avérait interdit. L'Ouzbékistan, avec ou sans hydrocarbures, oubliez, le diktat de Roland Dumas était sans appel. Il fallait donc viser plus haut, c'est-à-dire le roi en son château : François Mitterrand lui-même. Je ne l'avais jamais rencontré, Guelfi non plus. Dans ces cas-là, le boulot pour lequel vous êtes payé un pont d'or s'avère à la fois difficile et pas sorcier : afin de contourner le ministre Roland Dumas, vous devez trouver l'oiseau rare assez influent pour rallier le président à vos intérêts. Soudain, un nom est tombé au milieu de la table, notre amitié étant connue dans Paris : Françoise Sagan, l'écrivaine, fidèle de Mitterrand, tous les deux étaient liés depuis des lustres par une admiration teintée de tendresse réciproque. Françoise, mon amie. Il existait d'autres intermédiaires possibles, certes, de Marguerite Duras à Patrice Pelat ou Pascal Sevran, mais moi je ne connaissais que Françoise.

Alors, va pour Françoise.

André Guelfi et moi lui avons déballé notre affaire, un soir, rue de l'Université, pendant que Banco mordillait le bout de mes pompes à 500 sacs. J'avoue n'avoir pas trop insisté sur le caractère sanglant d'Islam Karimov, les affaires sont les affaires : si tu ne veux pas te mouiller, deviens pépiniériste. J'ai préféré ne même pas lui montrer un portrait, sur presque toutes les photos Karimov a la tête de l'Ombre Jaune, le héros malfaisant des livres de Bob Morane. On dirait un chien prêt à mordre avec des yeux fous, légèrement bridés. Guelfi a fait valoir des arguments plus positifs, si la France ne se décidait pas, un autre gouvernement, moins scrupuleux, allait nous faucher ce marché. Enfin, j'ai mis en avant qu'en ce genre de négociations délicates, quels que soient les résultats finaux, les intermédiaires sont largement rémunérés, il en est ainsi pour tous les gros marchés internationaux, dans tous les pays du globe.

– Ah oui, ah bon ?... a fait Françoise. L'Ouzbékistan...

Cet exotisme l'enchantait. Guelfi m'a approuvé du menton, persuasif.

– Il y a des kopecks à prendre, a-t-elle ajouté, brusquement passionnée. Et combien, à vue de nez, Minou ?

Dans la seconde qui a suivi notre réponse, elle a accepté. Guelfi est monté dans les tours en parlant de commission sur 500 millions, « au bas mot ». Françoise était tellement prise à la gorge fiscalement que sa liberté passait avant presque toute autre considération. Quoique, je ne suis pas certain qu'elle y ait vraiment cru sur le moment. Sans doute a-t-elle estimé qu'avec mon métier d'ascenseur et de retour d'ascenseur et les services que je lui avais rendus, elle se devait de m'offrir un coup de pouce. Si j'étais son Clint Eastwood, elle pouvait bien devenir ma Mata Hari.

– Bon, bon, bon... Je vais écrire une petite lettre à François.

Sitôt dit, sitôt fait, elle s'y est collée la nuit même.

Sa lettre n'est franchement pas un sommet d'intervention occulte[17]. Comme pression, on a vu mieux,

17. La lettre en question est reproduite dans le cahier photos de cet ouvrage.

Françoise SAGAN
170, rue de l'Université
75007 PARIS

Monsieur le Président de la République
Monsieur François MITTERRAND

Palais de l'Elysée

PARIS

PARIS, le 7 Septembre 1993

Monsieur le Président,

Cher François MITTERRAND,

J'ai attendu en vain tout l'été, le nez levé vers les nuages, l'hélicoptère qui devait vous amener visiter mon beau logis de Normandie... Hélas ...

Mais ce sont des reproches que je tiens à vous faire de vive-voix. Si je vous écris aujourd'hui, c'est que j'ai trouvé chez moi en rentrant, toute une clique d'hommes d'affaires en larmes, parmi lesquels mon ami Marc FRANCELET que vous avez rencontré ici la dernière fois et que vous avez d'ailleurs totalement séduit. Lui s'arrache les cheveux aussi car le nommé KARIMOV ténébreux et jaloux a juré aux gens du C.C.F. de l'Aérospatiale, etc... que tous les contrats prévus avec eux, seraient annulés de facto si vous le survoliez pour aller voir le Tsar du KAZAKHSTAN, sans qu'il ait même une date quelconque pour une éventuelle rencontre. "Moi qui ai tout offert à la FRANCE" di-il plaintivement. Et il me paraît en effet qu'après ces deux ans de manoeuvres il serait dommage que ce soit Helmut KOHL ou les américains, tout prêts à s'y précipiter, qui recueillent les fruits industriels de tous ces efforts.

Voici le message fait. Si vous ne lui donnez pas avant le 16 Septembre une promesse de rendez-vous "l'espoir d'une visite, reviendrez-vous au rendez-vous", comme chantait Jean SABLON, les larmes couleront de plus belle sur mes tapis.

.../...

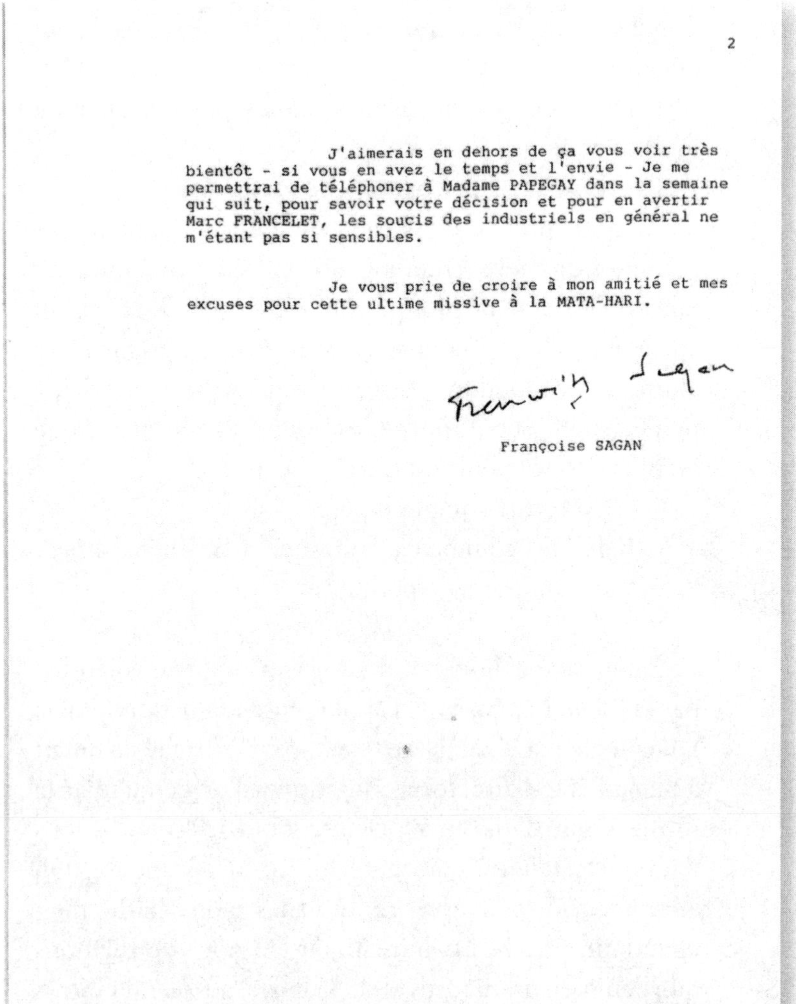

2

J'aimerais en dehors de ça vous voir très bientôt - si vous en avez le temps et l'envie - Je me permettrai de téléphoner à Madame PAPEGAY dans la semaine qui suit, pour savoir votre décision et pour en avertir Marc FRANCELET, les soucis des industriels en général ne m'étant pas si sensibles.

Je vous prie de croire à mon amitié et mes excuses pour cette ultime missive à la MATA-HARI.

Françoise Sagan

Françoise SAGAN

Exceptionnelle démarche de Françoise à mon égard :
cette lettre à François Mitterrand.

franchement, mais c'était Sagan, dont les mots valaient effectivement de l'or.

– Dis donc, on ne m'aura jamais payé si cher un feuillet et demi !

J'avais peur de la froisser, elle était ravie.

À ceci près qu'elle n'avait guère apprécié les manières du vieux Guelfi. Celui-ci s'était précipité sur elle en l'étreignant presque, au prétexte qu'il lui aurait appris à conduire… Françoise avait pris sa plus jolie tête ahurie pour répondre « Ah, oui, oui, oui ! ». En vérité, à peine Guelfi eut-il tourné les talons qu'elle m'a avoué ne plus s'en souvenir du tout.

– C'est bizarre quand même.

– Bah il est comme ça, fantasque, Dédé la Sardine.

– C'est amusant, ce petit nom.

Sa missive a dû partir dans les jours suivants, postée par la fidèle Pépita, et je n'ai plus entendu parler de rien. Du côté de la Générale des eaux, cette intrigue chauffait à blanc l'étage directorial, autant par l'enjeu que par la forme, digne d'un roman. D'autant que les commissions d'usage restaient à la charge d'Elf-la-pétroleuse. On appréciait mon inventivité. Je valais mon salaire, mon chauffeur, mes beaux bureaux et la flopée de relations que j'emmenais au festival de Cannes, à Roland Garros ou dans les tribunes officielles de matches où on vient autant admirer des champions que pour être vu soi-même. Et je vous jure que cela fait du monde – et des frais.

Françoise a écrit plusieurs fois au président, d'une plume alerte et charmante. Nous commencions à ne plus y croire. Puis, à l'hiver 1992, *badaboum*, comme dit Jean-Paul, Elf a obtenu l'autorisation de forer dans le nord du pays. Françoise et moi avons sablé le champagne. Évidemment, la suite des événements n'a pas filé droit avec André Guelfi, qui n'a donné aucune nouvelle pendant quatre semaines. Françoise, très motivée, n'a pas hésité à le relancer par une lettre moins littéraire que celle adressée au président.

« J'ai été très fière que le président me prenne au sérieux, et du coup ton projet… Ne crois-tu pas que nous devrions concrétiser au plus vite les suites de cette réussite ? Je te vois encore me disant : je peux te promettre que si ce contrat se signe avec l'Ouzbékistan, ni toi ni Marc n'aurez plus jamais de souci d'argent… »

À bon entendeur salut. Françoise savait être claire en affaires. En guise de réponse, Guelfi a fait valoir des imprévus de dernière minute. Pour valider les contrats, Karimov exigeait maintenant d'être reçu par le président de la République française.

– Il pousse un peu mémé, monsieur Katsatchok, a commenté Françoise, dépitée.

Nous sommes restés dans l'expectative.

Le 26 juillet 1993, par un temps radieux, les Belmondo font la fête pour le baptême de Victor, le petit-fils de Jean-Paul, aux Trois Marches, excellent restaurant à deux pas du château de Versailles. J'en suis, bien sûr, quand mon chauffeur fend la petite foule des cent invités. Ma voiture, une DS, était équipée d'un téléphone, une rareté au siècle dernier. Hors d'haleine, il vient me transmettre un message urgent :

– Madame Sagan vous fait dire que vous déjeunez dans une heure chez elle avec le président Mitterrand.

Nom de Dieu de bordel de merde. Je dois lever le camp illico, après être allé m'excuser auprès de Jean-Paul. Inutile de trouver un prétexte, la vérité se suffit à elle-même.

– Jean-Paul, pardon, le président tient absolument à ce que je déjeune avec lui.

– Quel président ?

– Bah, le président, enfin, François Mitterrand.

Belmondo se demande si je lui raconte des craques, à voir mon état fébrile, il acquiesce.

Et il me regarde partir, intrigué, admiratif, ce qui n'est pas pour me déplaire. Jean-Paul aimait en faire des caisses sur moi, il me présentait à ses amis comme un Crésus – Jean-Paul a toujours été plus riche que moi – et ajoutait, un ton plus bas : « Marc est un trafiquant d'armes, tu sais… » – ce qui n'était pas vrai non plus, mais c'était sa façon, qui le faisait bien marrer, d'intriguer nos interlocuteurs sur notre complicité.

Je saute dans ma DS.

– Fonce, Michel, rue de l'Université !

Le déjeuner inoubliable

Sur le trottoir, rue de l'Université, deux malabars avec des oreillettes font les cent pas. Mitterrand est déjà dans la place. J'avoue avoir des papillons dans le ventre en franchissant le hall. La porte s'ouvre, Pépita a l'air toute raide, elle porte un tablier que je ne lui ai jamais vu. Je file. Le président est assis dans le canapé du salon, seul, face à Françoise. Un choc, immédiat. Rarement je rencontrerai un homme si impressionnant. Petit, trapu, à la fois aimable et distant, d'une distance qui peut devenir glaciale, à la vitesse où on referme un store métallique. Mais François déjeune chez Françoise, heureux d'y être, détendu, badin. Je n'imagine pas un instant que Françoise ait pu me faire venir sans son accord.

– Monsieur le président…

– Ah, monsieur Francelet !

Par la porte ouverte de la salle à manger, je remarque la table, mise pour deux couverts. Mitterrand ne me retiendra pas, finalement, pour rester en tête à tête avec

Françoise après l'apéritif. Nous échangeons quelques mots et, à ma grande surprise, Françoise nous fait signe que le repas est servi, avant de s'éclipser.

– C'est une affaire d'hommes, je vous laisse.

Me voilà seul à seul face à Mitterrand. Son œil noir possédait la faculté de vous mettre à nu, en trois secondes et sans commentaire. Mais il me sourit. En 1993, il entame son long calvaire dans la maladie, sa peau est déjà parcheminée, son sourire tourne parfois en un rictus de souffrance qui le défigure. Il ne m'en est que plus émouvant. Je vais déjeuner avec l'Histoire. Malgré cette faiblesse qui commence à tirer ses traits, une fois la porte refermée derrière Françoise, la sensation m'a traversé de me trouver dans une cage avec un fauve dont je n'ai aucune idée de ce qu'il me veut. Et je n'en mène pas large. Moi, le gamin du XVe, le repris de justice, l'aventurier, je m'installe en tête à tête avec le président de la République, un des rares bonshommes de la Ve que j'ai toujours estimé. En le fixant, je comprends ses admirateurs, ses amis indéfectibles, ses compagnons de route fidèles qui n'ont jamais lâché « François », tant il émane de lui une épaisseur, une densité qui forcent le respect. Une onde tout à fait différente de l'aura des acteurs ou des chanteurs. Mitterrand incarnait la puissance, la maîtrise hissées au niveau d'un charme naturel. Manifestement, à sa manière de conduire la conversation, je m'aperçois qu'avant ce déjeuner il a lu une fiche sur moi, préparée par ses services. Quand nous avons quitté le salon pour passer à table, en nous levant, de sa petite main, il m'a tapoté la cuisse.

– Alors monsieur Francelet, vos turpitudes, c'est fini ?

Avec un sourire en coin, pour me rassurer. Un sourire amusé, sans baisser la garde dans la familiarité. Nous déplions nos serviettes devant une blanquette – accompagnée d'un château-latour –, qu'il attaque d'un bon coup de fourchette. Et il va vite à l'essentiel, maintenant, en peu de mots, d'un trait.

– Dans votre affaire de prospection et forage, dites-moi, Françoise n'aurait plus de souci à se faire jusqu'à la fin de ses jours, n'est-ce pas ?

Ses yeux se plantent dans les miens, je les sens me percer de part en part. Je le rassure. Elf est prêt à verser les commissions prévues, 50 % pour André Guelfi, Françoise et moi sommes associés pour toucher l'autre moitié, à parts égales. Propre et sans bavure. Elle sera renflouée.

– Bien.

Le président me laisse lui vendre les promesses de l'Ouzbékistan, sans m'interrompre. Si son attention reste soutenue, elle n'a plus la même intensité. J'ai compris. Mitterrand était d'abord et avant tout ici pour Elle. Il se savait malade, peut-être condamné, il lui importait, puisque c'était en son pouvoir, de mettre son amie à l'abri. Il connaissait les déboires fiscaux de Sagan. Mitterrand savait tout. Par mon intermédiaire et notre association avec André Guelfi, il avait la possibilité de sortir Françoise de l'ornière, et ma parole, que je venais de lui donner, m'engageait. Maintenant, le reste semble subalterne, il n'est plus pressé, il se promène, me laissant dérouler mon exposé, hochant du chef entre deux bouchées et appréciant le vin. Je l'intéresse. Il me sonde, en sachant les grands épisodes de ma vie. J'en suis stupéfait. Mitterrand n'aimait rien tant que bluffer son interlocuteur. Il se souvenait d'avoir visité Samarcande, ville antique à la limite de la frontière entre l'Ouzbékistan et l'Iran, mais, à deux ou trois détails – je connais aussi Samarcande –, je comprends qu'il utilise ses fiches plus que sa mémoire. Mitterrand veillait à laisser partout la trace d'un homme immensément cultivé, ce qu'il était mais peut-être pas toujours autant qu'il voulait le laisser croire. Je reste médusé qu'il se soit penché sur ma biographie, sur les itinéraires de cette affaire, de cette région du globe, en vue de notre déjeuner, lui, un homme si occupé. Les aiguilles de nos montres ont commencé à tourner hors du temps.

Peu à peu je le vois se détendre. Réunir des souvenirs, laisser filer son esprit, des images anciennes se succèdent dans son regard. Mes visites en Israël excitent sa curiosité, le Golan, le Sinaï font naître un sourire sur ses lèvres sèches. Il sait que j'ai côtoyé les services secrets israéliens à leur plus grande époque, lui qui n'avait aucune estime pour le renseignement français. L'ombre le passionnait.

– Vous auriez pu être un agent du Mossad, Francelet… Vous auriez même pu être le « Chacal ».

Du nom donné par Frederick Forsyth au héros de son célèbre roman, mercenaire chargé d'assassiner de Gaulle. Surnom qui deviendra aussi un film.

– Je n'ai jamais voulu tuer personne, monsieur le président, pas plus un président qu'un lapin.

Mon odeur de soufre et de sable lui plaît.

Un blanc tombe. Mitterrand claque la langue contre son palais, me fixant de ses yeux noirs.

– Vous avez retrouvé l'assassin de Pierre Goldman.

Tout à trac, sans transition, Goldman. À son ton plus grave, le même utilisé quand il s'est renseigné sur l'avenir de Françoise, je comprends que l'affaire Goldman constitue le second motif de notre déjeuner. Peut-être faut-il rappeler aux oublieux ou aux jeunes générations ce que fut cet homme, par ailleurs demi-frère du chanteur Jean-Jacques Goldman.

Pierre Goldman était un rebelle, longtemps communiste, antifasciste, insoumis… Jeune homme au milieu des années soixante, il quitta la France pour rallier les guérillas sud-américaines, de Cuba au Venezuela. Ses aventures se soldèrent par une succession de rendez-vous ratés. De retour à Paris, il avait basculé dans le banditisme, braqueur par idéologie révolutionnaire. En 1969, il fut arrêté pour le meurtre de deux pharmaciennes du boulevard Richard-Lenoir. Il avait surtout eu le tort de se trouver dans le même quartier, mauvais endroit, mauvais moment. Poursuivi également pour trois hold-up qu'il reconnaissait, il fut condamné à la perpétuité. Cette sentence l'anéantit. En prison, il hurla son innocence dans un livre, à la fois autobiographie et plaidoyer, *Souvenirs obscurs d'un juif polonais né en France*[18]. Un récit magnifique. Si, malgré les recommandations de Françoise, je n'ai jamais lu Proust, ce livre-là, je l'avais dévoré.

– J'ai d'abord connu Pierre Goldman par son livre, monsieur le président.

– Tout le monde a lu ce livre, Francelet, répond Mitterrand, songeur.

La cause de Goldman était devenue le combat de toute l'intelligentsia, des milliers de lettres de soutien encombraient sa cellule. La mobilisation suscitée par la parution de son livre entraîna la révision du procès, à la suite de quoi Goldman fut acquitté. C'était une icône. *Libération* lui proposa des piges, Goldman y fut apprécié par toute la rédaction, pour sa compagnie, son esprit, son érudition, sa flamme. Il devint l'ami de Serge July.

Je fixe à mon tour Mitterrand. Pourquoi Goldman l'intéresse-t-il autant? À l'époque où il était secrétaire général du Parti socialiste, avait-il passé des soirées enfumées à refaire le monde avec cet intellectuel combattant, également ami de Régis Debray? Le président ne me le dit pas. Les hommes d'action, les êtres « tourmentés », selon son expression, l'intriguaient, surtout ceux capables d'écrire un beau livre. Et la mort aiguisait son esprit, c'est bien connu.

18. Le Seuil, 1975.

Le 3 septembre 1979, Pierre Goldman fut abattu non loin de chez lui, sur une place du XIIIe arrondissement de Paris. Un meurtre revendiqué par un soi-disant groupuscule d'extrême droite, Honneur de la police, l'ayant « exécuté pour ses crimes ». L'émotion fut immense. Une foule innombrable suivit son enterrement au Père-Lachaise, derrière Jean-Paul Sartre et Simone de Beauvoir, Simone Signoret...

– Vous y étiez, monsieur le président ?

Les yeux mi-clos, François Mitterrand ne répond pas, perdu dans un passé contestataire où il était lui-même la bête noire des activistes de droite.

– Et ensuite, Francelet ?

Pour la première fois, à une légère vibration, je sens de l'émotion sous son masque. Ensuite... L'affaire avait croisé ma vie inopinément. Quelques années plus tôt, j'avais rencontré Gilbert Zemour et je frayais avec le grand banditisme, en spectateur. Moi aussi, comme Mitterrand, les hommes d'action me fascinent, même s'ils empruntent des chemins sombres. Un jour de 1981, je marchais rue d'Artois en compagnie d'un parrain lyonnais surnommé Nath pour aller déjeuner au Fouquet's. Un pro, aussi respecté que redouté, j'avais plaisir à aller déjeuner avec lui de temps en temps. Brusquement, tâtant son calibre à travers son veston, Nath me chassa.

– Tire-toi. On se retrouve au restaurant.

Je me suis barré. Avec Nath, il fallait savoir réagir au quart de tour, sans s'attarder en éclaircissements. Un type qu'il avait vu venir l'a abordé sur le trottoir tandis que je m'éloignais.

Trente minutes plus tard, tranquille, Nath m'a rejoint à notre table.

– Ce gars, tout à l'heure, il s'appelle Jean-Pierre Maïone. Un tueur et une vraie pourriture. C'est lui qui a descendu Goldman.

J'ai été soufflé. Les assassins de Pierre Goldman couraient toujours. Le groupe Honneur de la police, disait-on, était un leurre pour brouiller les pistes dont aucune n'avait abouti. Nath venait de me lâcher une bombe, sortie de la tombe d'un milieu où d'ordinaire on ne parle pas. Et Nath ne racontait jamais de cracks. Si Jean-Pierre Maïone n'avait jamais été inquiété, c'est que cet ancien de l'OAS, pro Algérie française, était proche des services secrets français, du SAC[19], et qu'il tuyautait aujourd'hui les flics. Sa révélation m'a brûlé les doigts, je me suis intéressé à ce Maïone, petite frappe peu fiable et honnie. Il se trouvait effectivement être l'indicateur du commissaire Lucien-Aimé Blanc, j'ai même photographié la rencontre entre le grand flic et son indic. Fidèle à ma passion journalistique, je suis allé frapper à la porte de *Libération.* Le tout est sorti dans le journal.

19. Pour rappel, le SAC, Service d'action civique, est une police parallèle créée sous le gaullisme, chargée des basses œuvres de la République et impliquée dans de nombreuses opérations aussi obscures que sanglantes. Toutes ces organisations mêlaient le banditisme, l'action violente, à l'idéologie.

Gros scandale. L'assassin de Pierre Goldman était-il couvert par la police[20] ?

– Vous n'avez peur de rien, Francelet.

– Si, président, j'ai peur de quelques commissaires célèbres qui m'ont dans le collimateur.

– Je suis au courant.

Mitterrand ne discutait pas, il n'épiloguait pas. De ses impénétrables pensées ne filtrait que ce dont il souhaitait vous informer, sans s'épancher. Mon témoignage sur un drame qui le tenaillait rejoignait les archives de sa mémoire vivante. Il était venu chercher ma version, aiguillé par mon dossier aux RG, soulignant probablement que Marc Francelet en savait beaucoup sur l'identité du meurtrier de Pierre Goldman. Mitterrand n'appréciait pourtant guère les services secrets, arcanes nébuleux de la Ve République, parce qu'il ne les contrôlait pas. Il les jugeait médiocres et néfastes. En homme de gauche devenu chef d'État, il redoutait les groupuscules des bas-fonds de la République. Toute sa vie, particulièrement durant son premier mandat, il a redouté un attentat. Un soupçon de paranoïa l'habitait.

20. Après avoir nié bien entendu ces allégations, le commissaire Lucien-Aimé Blanc, dans un livre de mémoires avec Jean-Michel Caradec'h (*Le Commissaire et l'Indic*, Plon, 2006), a admis que Jean-Pierre Maïone, son indicateur, était l'assassin de Pierre Goldman. Maïone n'a jamais été inquiété pour l'affaire Goldman. Il a été assassiné une semaine après sa sortie de prison où il purgeait une peine pour trafic d'armes, en juin 1982. Aujourd'hui, la vérité n'est toujours pas faite sur le meurtre de Pierre Goldman.

Il se voyait finir d'une balle dans la peau, venue d'on ne sait où, comme Kennedy ou Goldman.

Il a hoché la tête, soudain crispé.

J'enchaîne alors :

– Goldman luttait à l'époque au côté de l'ETA militaire (organisation basque indépendantiste et violente). En face, il y avait ceux des GAL[21]. Pierre Goldman était un peu mythomane, vous savez. Pour lutter contre les GAL, il a prétendu obtenir l'aide d'Action directe. Les mecs des GAL ont pris peur et l'ont fait descendre, voilà. Mais Goldman n'avait aucune connexion avec Action directe, il l'a dit pour se faire mousser et il en est mort.

Mitterrand s'était fait sa conviction, plus remonté que jamais à l'égard des forces obscures qui pouvaient encore déstabiliser un État dont il était désormais le chef.

Notre déjeuner tirait sur sa fin.

Françoise, impatiente, finit par passer une tête dans la porte.

– Je croyais qu'un président travaillait…

Tous les trois avons ri. Notre invité n'avait pas regardé sa montre une seule fois.

François Mitterrand s'est levé. Je l'ai vu passer à son cou une écharpe légère, d'été, avoir un mot pour

21. Les GAL, Groupes antiterroristes de libération, constitués de policiers espagnols qui éliminaient physiquement les indépendantistes de l'ETA, notamment ceux réfugiés en France. C'étaient des escadrons de la mort. Cette guerre a empoisonné les relations franco-espagnoles pendant une bonne partie des années quatre-vingt.

Françoise, un autre pour la blanquette de Pépita avant de s'en aller, simple, pas pressé. J'ai pressenti avec une inexplicable certitude qu'il marchait vers sa mort, pas à pas.

– Alors, m'a questionné Françoise, vous vous êtes bien entendus ?... J'en étais sûre !

– Tu viens de me faire un des plus beaux cadeaux de ma vie.

Notre déjeuner avait duré quatre heures. Sur le fond de notre affaire, François Mitterrand ne m'avait rien dit, enfin, rien dont je puisse être certain.

Le lendemain de ce repas, tous les problèmes avec Karimov étaient levés, l'autorisation de forer validée et les contrats quasiment signés. Françoise a touché sa part méritée, qui serait suivie d'autres versements si les forages aboutissaient. 1 million de francs, d'ores et déjà, grosso modo. La moitié par virement sur son compte bancaire, l'autre, en nature, dans des travaux de rénovation. Son manoir normand prenait l'eau. En quelques semaines, la bâtisse a été refaite à neuf, du sol au plafond.

Mais cette juteuse opération fut le début de sa fin. Selon ses habitudes, elle n'a pas déclaré les travaux, le fisc a fini par découvrir la trace de cette manne. L'enfer a recommencé. André Guelfi, avec lequel nous étions fâchés, s'est retrouvé devant un juge d'instruction pour d'autres dossiers. Dédé la Sardine, agacé de ne pas être pris au sérieux comme intermédiaire de gros marchés internationaux, a évoqué les forages d'Ouzbékistan et le rôle de Françoise Sagan auprès du président en personne. L'affaire a fini par sortir dans la presse, jusqu'aux travaux effectués dans son manoir d'Équemauville. Les journaux en ont fait des titres. Bien des amis de Françoise, ses lecteurs, l'opinion publique, se sont demandé ce que l'auteure de *Bonjour tristesse* était allée faire dans cette galère. D'autant, au final, qu'il n'y avait pas de pétrole chez Karimov ou du moins pas autant que ne l'avaient annoncé les experts, pas de quoi lancer d'onéreux forages. Elf a plié ses bureaux d'études et les marchés ouzbeks se sont également évanouis pour la Générale des eaux. Les Jeux olympiques n'ont jamais eu lieu là-bas et Juan Antonio Samaranch, comme Dédé la Sardine, finira dans la tourmente de la corruption.

Lors de l'un de ses derniers déjeuners avec François Mitterrand, Françoise, confuse, s'est excusée d'une petite voix navrée.

– Je ne suis plus très sûre qu'on trouve du pétrole en Ouzbékistan…

Le président a éclaté de rire.

– Chère Françoise, vous ne croyez tout de même pas que je comptais sur vous pour approvisionner la France en carburant !

Pour ma part, j'ai revu le président une seule fois à l'Élysée, lors d'une remise de décoration, je crois. Il se trouvait cerné par des journalistes et des micros. Il ne pouvait pas m'avoir oublié, ni moi ni notre long déjeuner. Loin de me permettre un signe de complicité mais voyant un preneur de son embarrassé avec sa perche, je l'ai levée pour la placer dans l'axe du président. Les yeux de François Mitterrand ont croisé les miens, j'ai souri benoîtement, et là, j'ai connu leur dureté, cette œillade noire qui vous vitrifiait.

– De quoi vous mêlez-vous, vous ?!

Ses mots claquants m'ont brûlé comme la lanière d'un fouet. J'ai lâché la perche et me suis écarté de trois pas. Mitterrand n'a plus eu un regard pour moi, avant de s'éloigner. C'était terminé. Je l'avais connu quatre heures lors d'un déjeuner chez Françoise, il venait de me remettre à ma place.

Pour Françoise, je m'en suis voulu et je m'en voudrai jusqu'à mon dernier jour. Entre Elf et la Générale, nous aurions facilement pu provisionner une somme pour régler les impôts de sa commission. Pour être discrète, cette commission n'en était pas pour autant illégale. Mais j'ai laissé Françoise maîtresse de sa vie, sans vouloir m'immiscer dans sa comptabilité. J'ai eu tort. Sa guerre avec le fisc n'a fait qu'empirer après cette péripétie, la presse, la justice se sont déchaînées. Ce scandale a beaucoup fragilisé sa santé, son équilibre, sa création. La mort de sa compagne Peggy Roche l'a vidée de ses dernières forces.

Elle avait trop d'orgueil, de sagesse aussi, pour demander son aide à « François ». Maintenant que l'affaire s'étalait dans la presse, la marge de manœuvre du président était réduite, lui-même touchait au bout de sa vie. Peu avant qu'il ne quitte l'Élysée, je me souviens d'avoir vu Michel Charasse dans un château auvergnat, chez un des avocats de Johnny. Ce gros bonhomme en bretelles et nœud papillon était ministre du Budget, ayant donc la haute main sur les impôts. Je suis allé lui demander un geste en faveur de Françoise. Charasse m'a mal reçu, avec hargne. Au contraire de moi et en ami de François Mitterrand, lui veillait à ne pas compromettre le président par des amitiés personnelles indignes d'un chef d'État de son envergure. Il avait toujours été farouchement hostile à « déplacer » post-mortem la dette de l'écrivaine. À l'entendre, il en faisait un principe. Si madame Sagan ne prenait pas la peine de payer ses impôts tout en profitant de grasses commissions, à elle d'en assumer les conséquences. Son propre ministre bloquait le président. J'ai trouvé Charasse féroce et méprisable, lui, bien connu pour déclencher des contrôles fiscaux à l'encontre de tel ou tel journaliste dont les articles lui déplaisaient.

Pour Françoise, hélas, c'était sans issue.

Je l'ai peu à peu perdue de vue lorsqu'elle a trouvé refuge chez une amie, Ingrid Mechoulam, une millionnaire résidant avenue Foch qui l'a isolée de ses cercles habituels. Par mon intermédiaire, Françoise a donné sa dernière interview télévisée à mon ami Guillaume Durand, avant de s'effacer tout à fait. De plus en plus isolée, la cocaïne est devenue sa dernière compagne, avant des maladies pénibles et une fin solitaire, en 2004, à Honfleur.

Minou n'a pas eu le courage d'aller à son enterrement.

Avec Françoise, chez elle, en 1996. Plus qu'une amie,
une complice de tous les instants.

Saddam Hussein et tous mes amis (I)

Au début des années quatre-vingt-dix, j'ai bien failli me casser les deux jambes en tombant dans un trou, un trou à la con, de deux mètres sur deux, en Irak, dans la région de Mossoul. Un coin désertique avant les montagnes kurdes, sans rien d'attirant si ce n'est que ce trou était… un puits de pétrole. Mon puits, à Inzallah. Enfin, notre puits, puisque nous sommes quatre associés sur ce coup-là, Loïk Le Floch-Prigent, le général Jeannou Lacaze, Michel Coencas et votre serviteur.

L'affaire m'est venue par Le Floch-Prigent, patron d'Elf, lui-même contacté par le général Lacaze, ancien chef d'état-major des armées françaises. Le général aimait l'Irak et même Saddam. Figure militaire respectée, Lacaze s'était opposé à la coalition sous la bannière américaine pour le déloger du Koweït envahi. Administrateur de plusieurs sociétés, il menait régulièrement des délégations d'entrepreneurs à Bagdad afin de maintenir des liens d'amitié entre nos deux pays. Plus fort, via le conseil commercial et industriel franco-irakien, il vendait des armes à l'Irak, considérant que ce régime, sans doute infréquentable, était un élément de stabilité du Proche-Orient. Le dictateur l'invitait même à Bagdad à chacun de ses anniversaires. Saddam Hussein, sachant récompenser ses amis, qui fondaient comme neige au soleil, fut si reconnaissant qu'il offrit à Jeannou Lacaze… un puits de pétrole. Pas trois caillasses sur une concession stérile, mais un véritable gisement, déjà sondé par les Irakiens. Les grosses études sismiques, extrêmement onéreuses, pour évaluer la qualité des sous-sols, avaient déjà été lancées, mais pas terminées.

Je n'avais aucune sympathie pour Saddam Hussein et on peut trouver un peu scabreux qu'un ancien chef des armées françaises se voie offrir un puits de pétrole d'un dictateur qui fait chier la planète entière. Personnellement, la chose ne m'a pas plus surpris que cela. Jeannou Lacaze avait été numéro 2 du SDECE, ancienne appellation des services secrets français, avant d'être nommé chef d'état-major par Valéry Giscard d'Estaing, poste qu'il conserva jusqu'en 1985. C'est sous son commandement que le 2e REP (2e régiment étranger de parachutistes) avait sauté sur Kolwezi, pour ceux qui s'en souviennent. Ensuite, il avait fondé un petit parti politique pour être élu député à la droite de la droite. Après l'Ouzbékistan, je m'y connaissais un peu mieux en or noir. Et Le Floch-Prigent, lui, était de gauche. Enfin, surtout, Le Floch avait été formel.

– C'est du lourd, Marc, cette affaire est colossale.

Colossale et délicate, à mener en toute discrétion, risquée aussi vu la situation diplomatique, mais j'appréciais Le Floch. S'il était partant, c'est que le projet s'annonçait viable. Et l'aventure plus folle encore que nos missions en Ouzbékistan, d'autant que cette fois nous serions à notre compte.

Et puis, un puits de pétrole, franchement, ça ne se refuse pas.

À peine raccroché, je me suis passionné pour ce gisement.

Des études coûteuses restaient à faire, toute une infrastructure à créer. Ni Le Floch, ni le général, ni moi ne possédions les fonds nécessaires, d'où l'arrivée d'un quatrième homme, l'industriel Michel Coencas, à mon initiative. Parmi mon agenda assez fourni en grosses fortunes, il s'avéra l'homme de la situation en injectant immédiatement les premiers investissements.

Au fond, nous étions un quatuor d'union nationale. Ainsi naquirent les Frenchies mousquetaires de la Tanker Oil.

Sous mes pieds, à Inzallah, dormaient des millions de barils, à deux ou trois cents mètres de profondeur. 350 millions de barils, selon les expertises. Le contrat avec les Irakiens était carré, cadré, nous étions tenus à un délai au-delà duquel, sans exploitation, la concession nous serait retirée. Dans la répartition de la production, l'Irak se réservait cinquante millions de barils, ce seuil une fois atteint, nos accords passeraient à 60/40, 60 % pour l'État irakien, 40 % pour la Tanker Oil, à partager en quatre. Accords très favorables dont les pourcentages rendraient chacun d'entre nous immensément riches – et je pèse mes mots.

À nous donc de nous remonter les manches. Le Floch connaissait les bons ingénieurs, les meilleures équipes, Jeannou Lacaze avait le puits et l'oreille du pouvoir, Michel Coencas les millions d'investissement nécessaires, à moi revenait le tour de main pour monter la mayonnaise et l'essence dans les derricks.

Plusieurs mois se passent en va-et-vient avec l'Irak, via Amman la Blanche, capitale jordanienne. Tout est à faire, creuser, forer, amener l'eau – car le pétrole jaillit grâce à la pression de tonnes d'eau –, extraire, transporter et enfin vendre, sous le label Tanker Oil, le nom de notre société pétrolière.

Loïk Le Floch-Prigent était un décideur, un meneur, un grand patron, à la tête des réseaux d'Elf Aquitaine. Les milieux politiques et financiers le surnommaient Pink-Floche.

À Paris, Le Floch distribuait les millions aux amis et aux proches de la Mitterrandie. Qui des financements de campagnes électorales, qui des arrangements fonciers, qui des emplois fictifs, etc., la routine. J'aime beaucoup Le Floch, que la juge Éva Joly a jeté en taule quand tous ses réseaux sont passés à la moulinette de la justice. C'est un type bien, qui a fait le beau temps d'une foule de gens en finançant des dizaines d'initiatives, filé beaucoup de blé à bon escient sans être arrogant ni m'as-tu-vu. Ses deux passions étaient la pêche à la crevette et le bordeaux saint-émilion. Une ou deux semaines par an, il se plaisait dans sa maison de Bretagne, où dans les flux entre marées hautes et marées basses, il traquait les bancs de crevettes. Nous nous sommes beaucoup fréquentés à cette période, lors de haltes au bord de la mer Morte où il soignait un psoriasis. Les hommes de pouvoir ont presque tous des maladies secrètes, ce qui échappe à la justice des hommes, ils le paient par leur corps. Et en Jordanie, à Pétra, les thalassothérapies de la mer Morte sont les plus belles et les plus efficaces du monde, au Mövenpick Hotel notamment, avec ses baignoires taillées dans la roche devant un horizon biblique – une adresse à la fois luxueuse et accessible. Dans l'eau saline, Loïc et moi bavardions.

Sur les bords de la mer Morte, dans nos baignoires anti-psoriasis-herpès-urticaire, nous avons de quoi être contents. Cerise sur le gâteau, à Inzallah gît le meilleur pétrole du monde, le fameux Basra Light, si pur, si fluide qu'à la limite, tu peux le mettre dans ton briquet tel quel, sans le raffiner. Le brut Basra Light, de la région de Basra, autour de Mossoul, est la Rolls-Royce des hydrocarbures.

Hélas, « llasf » comme disent les Arabes, l'horizon n'est pas seulement couleur or noir et vert dollar mais

À bord d'un F-16 israélien, avant un survol du Liban.

encore fumant de la première guerre du Golfe, cette Tempête du désert qui a chassé les envahisseurs irakiens de l'émirat du Koweït. Si le pouvoir irakien fait la part belle aux investisseurs étrangers, parce que les frappes alliées l'ont affaibli et mis au ban des nations, à Bagdad, l'ambiance est pesante, à la fois torride et glacée sous cette chape de plomb propre aux contrées despotiques. Bagdad s'honorait d'un seul palace international, le Rachid, où se retrouvaient encore des dizaines de journalistes pour couvrir l'après-guerre du Koweït dans une période tendue.

Chaque client qui descendait au Rachid saisissait immédiatement l'ambiance, le hall étant pavé d'une mosaïque figurant la tête de George Bush. Quand tu entres, tu marches sur la tronche du président américain, ce Satan, quand tu sors, tu lui remarches sur la gueule, à ce chien. Ce qui était bien dans les manières de Saddam Hussein.

Je n'ai jamais vu Saddam Hussein, ni de près ni de loin. J'aurais aimé le rencontrer, au moins pour un scoop journalistique. À la fois paranoïaque et réellement menacé (la CIA avait étudié à fond plusieurs plans afin de le supprimer avant de devoir renoncer au vu de la sécurité qui l'entourait), à partir du milieu des années quatre-vingt-dix, il fut de plus en plus invisible, changeant constamment de résidence pour coucher dans tel ou tel de ses palais, tous dotés de bunkers.

La plaque tournante de la région demeure Amman, à 1 000 kilomètres de Bagdad, en ligne droite ininterrompue. J'ai plaisir à y passer, rencontrer des intermédiaires intéressants, pour la plupart égyptiens. Les Irakiens ne s'étaient pas contentés d'envahir le Koweït, bien sûr. À Koweït City ou dans les villes balnéaires, ils ont allègrement pillé les villas des plus riches familles, et Allah sait qu'il y en avait une ribambelle, richissimes. Amman regorgeait de prises de guerre à refourguer, haute joaillerie, orfèvrerie, pour une bouchée de pain, des toiles de maître aussi, les Koweïtiens ayant des moyens bien supérieurs aux plus grands musées mondiaux. J'ai vu passer quelques tableaux magnifiques, sans m'aventurer plus loin, pour le plaisir des yeux, disons. Depuis l'affaire Pétridès, je me suis juré de ne plus mettre un doigt dans un cadre... Et ma vie a évolué, je suis prospecteur et exploitant pétrolier, désormais.

Le ministère du Pétrole avait placé notre société, la Tanker Oil, parmi les entreprises autorisées. Au moment de la guerre du Koweït, j'étais déjà souvent à Bagdad, où j'avais même assuré pour Europe 1 quelques correspondances spéciales. Mon point de vue n'était pas vraiment va-t'en-guerre, et il le fut de moins en moins par la suite. Bien sûr, j'avais des intérêts industriels en Irak mais je constatais aussi, chaque jour, combien l'interventionnisme américain ulcérait les rues arabes. L'agressivité US sentait l'impérialisme. À Amman, à Mossoul, à Bagdad et pas plus loin qu'à Marrakech, il suffisait d'écouter les Arabes pour comprendre que si les Yankees s'engageaient en Irak contre Saddam, ça tournerait en une sorte de nouveau Vietnam. Chez les journalistes étrangers, j'étais parmi les plus dubitatifs à l'égard de la surenchère américaine.

Il se trouve qu'un homme, francophone, remarqua mes interventions ou entendit parler de mes opinions. Tarek Aziz, le fameux ministre irakien des Affaires étrangères, vitrine internationale du pouvoir irakien – il était d'ailleurs le seul, toujours à la manœuvre à Bagdad. Tarek Aziz venait souvent au Rachid, ruche de la capitale. Lorsque nous avons été présentés, il s'est déclaré enchanté de me connaître au point de m'inviter à prendre un thé avec lui. Ainsi ai-je obtenu ma première entrevue avec lui. Il s'est réjoui de nos investissements dans son pays.

– Les hommes de bonne volonté sont si rares de nos jours, dans cette région plus encore que n'importe où ailleurs.

Tarek Aziz n'avait rien à voir avec le pouvoir bassiste, ce qui faisait sa force et sa faiblesse. Saddam ne pouvait pas le toucher mais Tarek Aziz n'était pas de ses familiers. Tout semblait opposer ces deux hommes apparemment si unis. Tarek Aziz était francophone – mais je l'avais toujours vu avec un traducteur, mon aide la plus précieuse – et francophile. Ancien journaliste, il était de confession catholique, fin et érudit. Et puis, à Neuilly, à Tel Aviv, Tachkent, Bagdad comme au Salvador, il y a le feeling, ce je-ne-sais-quoi dans le regard qui fait que deux hommes s'entendent, se plaisent ou ne se plaisent pas. Un courant de sympathie s'est immédiatement instauré entre nous. Sans devenir à proprement parler des amis, nous nous sommes vus régulièrement au ministère du Pétrole. Il me parlait, tout ce qu'il disait m'était précieux. Tarek Aziz était fondamentalement hostile à la guerre. Nuit et jour, inlassablement, il cherchait à refroidir cette huile de Bagdad à Washington et dans quasiment toutes les chancelleries du monde.

À Washington, les faucons de l'administration Bush poussaient à la guerre, le ciel s'assombrissait, ce qui n'arrangeait pas nos affaires. Toutefois, à chacune de nos rencontres, le ministre des Affaires étrangères d'Irak, au cœur des négociations, restait confiant :

– Croyez-moi, mon cher, il n'y aura pas de guerre.

Personne ne voulait de cette guerre en Irak, même pas Saddam Hussein, qui après sa débâcle au Koweït savait qu'il n'y survivrait probablement pas. Tarek Aziz le laissait entendre, sous la fierté du dirigeant irakien, les rodomontades de principe, l'Irak collaborait avec les conservateurs de l'ONU. Lorsque le ministre reçut l'envoyé américain pour répondre point par point aux accusations et aux menaces américaines qui tournaient à l'ultimatum, il répondit à toutes les injonctions par des résolutions pacifiques. Son pays ne possédait pas d'armes de destruction massive.

Jamais Tarek Aziz n'aurait pu imaginer que ce même émissaire, une fois à Washington, dirait tout l'inverse au président Bush. Il arrivait aussi, après une réunion, que le ministre des Affaires étrangères d'Irak revienne à la table avec des exigences différentes de la veille. Dans la nuit, il avait été recadré par Saddam Hussein. Mais il restait serein, souriant derrière ses épaisses lunettes. Et d'une grande courtoisie.

La guerre en Irak qui allait abattre Saddam fut un réel complot de l'administration Bush. On sait bien aujourd'hui qu'il n'y avait pas d'armements en Irak – c'était du vent. Une guerre sur du vent, Tarek Aziz n'y croyait pas – alors moi non plus, qui continuais à veiller sur notre puits comme sur la septième merveille du monde.

Et un soir, au ministère du Pétrole, Tarek m'a fait cadeau d'une allocation de 2 millions de barils ; 2 millions de barils, franchement, j'ai marqué le coup. 2 millions de barils ne se refusent pas, selon mon principe, et c'eût été malpoli, d'autant que le ministre ajouta que cette « allocation » constituait un remerciement pour investir dans son pays mal-aimé et un encouragement dans l'exploitation pétrolifère pour le travail engagé par Tanker Oil. Quatre heures plus tard, je recevais tous les actes officiels de cette allocation de 2 millions de barils que je pouvais vendre à la Bourse de New York en passant par les fourches caudines des Américains. L'Irak se trouvait sous embargo, ce qui générait un casse-tête infini, des tombereaux de paperasse.

Le jour où devait s'effectuer le transfert de mes 2 millions de barils sur un tanker du port de Bassora, la « Venise d'Orient », je n'ai pas pu m'empêcher d'aller assister au spectacle grandiose qui faisait de moi un nabab (le baril est une unité de mesure équivalant à 158 litres). Mais je n'ai rien vu à Bassora, pas un cargo, rien que de gigantesques bassins, écrasés de soleil. Bassora est un port sans quai, sans mégastructure, sur l'estuaire de l'Euphrate et du Tigre, à plus de 50 kilomètres du Golfe persique. Tout s'opère par oléoducs sur et sous terre, avant de plonger dans le Golfe. Mouillant au large, les géants se remplissent jusqu'à la gueule avant de repartir. À peine le tanker a-t-il levé l'ancre que les enchères commencent. J'avais un bureau à Amann, des traders qui suivaient pour moi d'heure en heure la Bourse, le cours, les acheteurs. Le tanker navigue vers l'Europe, le tanker navigue vers l'Afrique ou le Japon, changeant sans cesse de cap au plus offrant jusqu'à ce que le deal se conclue au meilleur prix.

J'approchais de la cinquantaine et j'adorais ma vie.

Avec quelques anicroches, forcément.

Au même moment, mes liens avec le Mossad, datant des guerres en Israël, me permettaient d'autres bonnes affaires. Les services secrets m'ont prévenu qu'ils mettaient sur le marché international une de leurs dernières inventions, hyper pointue, un système d'écoutes téléphoniques performant et imparable. Produit très apprécié des régimes autoritaires. Je me suis rendu vite fait au Liberia rencontrer le président, Charles Taylor, très intéressé. Conclure la transaction, le montant de ma commission, n'a pris que trois, quatre jours avant de revenir dare-dare en Irak. À Amman, j'ai loué une bonne cylindrée avec chauffeur pour redescendre sur Bagdad, savourant l'absence totale de limitation de vitesse bien que je me sente de plus en plus patraque, en nage malgré la clim. Lorsque je suis arrivé, par 45 ou 50 degrés, inexplicablement, je grelottais.

Le Floch-Prigent s'est inquiété de mon état.

– Qu'est-ce qui t'arrive, tu claques des dents !

Les médecins n'y comprenaient rien. Personne ne savait que j'avais fait un crochet par le Liberia pour une négociation secrète entre une société israélienne et Charles Taylor. Moi-même je n'ai d'ailleurs pas fait le lien. J'agonisais. Un avion sanitaire a fini par me rapatrier à Paris.

Ma femme, se précipitant à l'hôpital, a rencardé les médecins.

– Mon mari vient de passer trois jours au Liberia.

Les médecins se sont rués à mon chevet.

– Ah oui, c'est vrai, mais j'avais oublié !

Il n'y a pas de paludisme en Irak, climat trop sec, personne n'y songeait, tandis que ces satanés moustiques pullulent en Afrique. J'ai été bien traité, in extremis, ma femme chérie m'a sauvé. À peine sur pied, revenu des ténèbres frigorifiques du palu, je suis reparti pour Bagdad, fissa.

Où j'ai rencontré un deuxième obstacle.

Je ne sais plus comment il a déboulé, s'il s'est annoncé ou si la réception de l'hôtel Rachid m'a prévenu de sa visite à l'improviste. Un monsieur souhaitait me voir. Il était là, en bas. Ce n'était pas n'importe qui. Oudaï Hussein, un des deux fils du président. Des deux, j'ignore lequel est le pire, je ne connaissais ni l'un ni l'autre. Les Irakiens ne prononçaient jamais leur nom. Je suis descendu dans le hall sans m'attendre à rien. Derrière la réception, les employés s'étaient raidis, jetant des regards en biais. J'ai vu une femme élégante s'enfuir dans un couloir latéral. Des gardes armés avaient pris position à l'intérieur et à l'extérieur de l'hôtel. Dans un salon, Oudaï Hussein m'attendait, bien installé, chez lui. Un type quelconque, l'allure d'une petite frappe au bord de la quarantaine, souriant. Poupin presque joufflu, avec une grosse moustache à la papa. Et ce grand regard noir, le regard des Hussein. Étrange. Un air enfantin qui ne disait rien de bon. Inspirant la honte aussi, parce que ce type sans envergure, manifestement immature, tu vas devoir faire avec, plier, compte tenu de l'énorme pouvoir de nuisance qu'il représente, lui, fils aîné du Clan, l'Héritier.

– Alors, vos affaires vont bien ?

– Oui, merci. Nos affaires vont bien.

– Tant mieux pour vous mais c'est beaucoup plus difficile pour nous, les Irakiens, voyez-vous.

Oudaï me toise, m'évalue et préfère ne plus perdre son temps. Hussein junior vient toucher sa commission sur mes barils et la Tanker Oil. À l'entendre, tout le pays lui appartient. Il y circule tel un prince, prenant ce qui lui plaît. Il veut des Mercedes, dernier modèle, à lui fournir, via Amman. Il ne sourit plus.

– C'est comme ça, ici. Dix voitures.

Il écarte les dix doigts de ses deux mains.

– J'aime les voitures.

– Moi aussi.

Sinon, la Tanker Oil n'aura plus les faveurs du régime.

Il ne se justifie pas, c'est inutile. Il ne va pas plus loin, ce serait prématuré. Dans les situations violentes, ma colère l'emporte toujours sur ma peur. Mais je me retiens. Il plane autour de ce type un spectre de mort et de sang. Je sens qu'il doit être pourri jusqu'à l'os. Sous les dictatures, les proches, les familles du tyran sont les pires. Je n'ai pas envie de négocier, mais je ne peux pas non plus lui dire non. J'élude au motif de devoir joindre mes associés. Je sais déjà que je ne joindrai personne.

Oudaï se lève, souple, sensuel. Ce n'est pas un homme avec lequel on a envie de bavarder, on veut qu'il s'en aille. La peur du personnel est encore palpable tandis que les véhicules de son escorte crissent derrière son bolide en quittant l'hôtel.

Nous voilà pas dans la merde, je me dis.

Un correspondant me voit me diriger, pensif, vers l'ascenseur.

– Ça va, Marc ?

– Je viens de me faire racketter par le fils de Saddam, cette salope.

Il grimace et me signale, d'un doigt sur la bouche, de ne pas le dire si fort.

J'en ai appris davantage sur Oudaï Hussein en vingt-quatre heures, malgré l'omerta, que tous les journalistes de l'hôtel. La baraka m'avait quitté. J'étais tombé sur le mauvais numéro. Un cinglé avec lequel je me découvris, inquiet et dégoûté, quelques passions communes. En plus des belles bagnoles, il avait aussi celle des armes, mais lui devait s'en servir. Le goût des montres également, auquel s'ajoutaient chez lui les bijoux masculins ostentatoires. Nos affinités s'arrêtaient là. Probablement alcoolique, amateur de cognac et d'arak. Célibataire, obsédé de sexe, de femmes. Un fils à maman qui vénère sa mère. Depuis l'attentat qui vient de le viser, sans que l'on sache s'il est le fruit de haines internes ou téléguidé par les Américains, il vivrait dans une aile du palais présidentiel, avec son père. Sans doute changent-ils ensemble sans arrêt de résidence.

Je ne peux rien contre ce fléau.

Je vais me rencarder sur les Mercedes, au prix de gros peut-être.

Une gouvernante m'en dit davantage, à voix basse, dans ma chambre. Oudaï n'est pas un homme bon. Elle connaît des femmes qui l'ont servi. Quand on ouvre son lit pour la nuit, s'il reste un pli sur la couverture, Oudaï peut corriger la domestique, une fois allongée sur le dos, jambes en l'air, à coups de canne de roseau sur la plante des pieds nus – la falaka, châtiment arabe, on ne peut plus marcher pendant huit jours. Des choses bien pires encore. L'hérédité sans doute. Des rumeurs se mêlent à la réalité dans les atrocités. Aujourd'hui, les mœurs du Raïs n'auraient rien à voir avec ceux de son héritier dégénéré. De Qoussaï, le fils cadet, discret, rien ne se dit.

Quand Oudaï arrive quelque part, les femmes, les filles se cachent. Si une femme lui plaît, il envoie ses sbires la chercher.

Cinq ou six jours plus tard, j'apprends que notre société ne fait effectivement plus partie des entreprises agréées. Nous avons été rayés de la liste. J'imagine que notre chantier à Inzallah va s'arrêter. Je ne sais pas.

Je n'ai qu'un recours possible.

Je décide d'aller voir Tarek Aziz.

Le ministre m'écoute, imperturbable. À mes explications contrariées, il oppose un sourire navré, puis un ton léger.

– Ne tenez aucun compte de ce qui vient de se produire et rassurez-vous. Ne faites rien. Laissez-moi m'en occuper. Tout va rentrer dans l'ordre et vous n'aurez plus affaire à Oudaï.

Sans ajouter un mot à propos du fils de Saddam Hussein, Tarek Aziz enchaîne sur l'intransigeance américaine. Il évoquait rarement son chef, ne prononçait pas son nom mais, pour ce qui concerne le fils, le ministre a eu l'air sûr de lui, son ton est même devenu méprisant.

Deux jours plus tard, notre société fut réintégrée dans la liste, je n'entendis plus parler de cette petite frappe, du moins dans mes affaires.

Oudaï trouvera la mort en juillet 2003, lors d'un bombardement allié sur Mossoul où périt également son frère Qoussaï. Il possédait plus de cent voitures dont vingt Rolls-Royce et autant de Mercedes. Dans les décombres du palais présidentiel, à Bagdad, on aurait retrouvé parmi ses effets personnels, éparpillées comme des confettis, des dizaines et des dizaines de films pornographiques.

Après cette péripétie survint le troisième et dernier problème – jamais deux sans trois. Car il y eut pire d'une certaine façon pour la Tanker Oil que le fils de Saddam, ce furent les soldats de l'Oncle Sam. Les Américains s'apprêtaient à frapper Bagdad.

La veille de l'offensive, Tarek Aziz n'y croyait toujours pas.

Saddam Hussein et tous mes amis (II)

J'aimais ma vie. Je l'ai toujours aimée. Je crois que les hommes ou les femmes heureux sont probablement moins susceptibles de faire du mal. Certes, je ne faisais pas dans le caritatif, mais j'ai toujours eu la réputation d'être généreux. Je n'avais pas conscience de la misère du monde ou du moins ne me préoccupait-elle pas des masses. J'avais atteint mon but, mon rêve d'être un homme d'action qui sillonne le monde tel qu'il est. Je ne m'en faisais aucune illusion. Si j'ai failli tomber dans un puits de pétrole, si j'étais descendu à Bassora dans l'espoir de voir appareiller mon tanker, c'est que le pétrole, tout le monde en veut, les Irakiens, les Américains, les Européens… J'étais là où l'humanité m'entraînait, passionné par ce que je découvrais. Moi, je ne me regardais pas.

Et je tuyautais des journaux, plein de copains qui débarquaient à Bagdad en ne connaissant même pas le nom de la monnaie locale – le dinar irakien.

De Bagdad, je regagnais quelques semaines Paris où je retrouvais Jean-Paul et sa carrière, Johnny et ses folies, Françoise et ses soucis. Mes aventures les bluffaient. Une alternance radicale. Avec Johnny, quand nous faisions un saut dans le Sud, dans sa villa de Saint-Tropez ou ailleurs après qu'il l'eut vendue, je regardais la France en paradis. Je suivais Johnny, ses coups de tête ou de cafard, ses fous rires comme le jour où il eut la flemme de remonter sur Paris en Ferrari, préférant un vol. Il proposa à un de ses nombreux potes de s'en charger. Évidemment, l'idée de traverser la France au volant d'un tel bijou enchanta le chauffeur, qui démarra sur les chapeaux de roue. Johnny le laisse avaler 100 kilomètres avant de téléphoner aux flics qu'on venait de lui piquer sa voiture. Et de raccrocher, hilare, en me tapant sur le ventre.

– Johnny, quand même !

– Quoi ! Je retirerai ma plainte, je m'excuserai, un malentendu, c'est fendard, non ?

Il riait à s'en étrangler, j'avoue que moi aussi.

Il savait bien, pour son pote comme pour lui, que cela n'irait pas plus loin. Au pire, il m'enverrait arranger le coup.

Jean-Paul aussi pouvait pousser loin la blaguasse. Je me souviens d'un soir où j'ai commis la faute de répondre, malgré l'heure tardive, à mon portable. Tony, notre copain, propriétaire du Stresa où nous avions nos habitudes, avait une voix blanche, sinistre. Jean-Paul venait de tomber sur César, à qui il avait promis de casser la gueule pour ses propos désobligeants à l'égard de son père, également sculpteur. Et Belmondo l'avait fait. César gisait dans son sang, la salle était dévastée, ne sachant quoi faire, le taulier m'appelait au secours. Je me suis rué vers mon garage, en pantoufles. N'importe qui, un client, un passant pouvait photographier l'algarade, j'imaginais déjà les journaux, les photos, un procès, une catastrophe pour Jean-Paul. Quand je suis arrivé sur les lieux, les tables étaient en l'air, les lampes par terre, je crois même me souvenir qu'il y avait des traces de sang sur le pas de la porte. J'imaginais César aux urgences.

– Où est Jean-Paul, nom de Dieu de bordel de merde ?!

Jean-Paul est sorti de derrière une tenture, théâtral en diable, comme dans « Surprise surprise », sans caméra. Goguenard. Moi, moins, nettement moins.

– T'es tout blanc, mon grand.

Dans ces cas-là, la moutarde a beau te monter au nez, le rire général finit par t'emporter. Tu es soulagé d'une énorme angoisse. Ce n'était encore qu'une dinguerie de star. Et un peu plus que cela. Je me souviens parfaitement du regard à la fois espiègle et profond que me lança Jean-Paul, presque ému – ce qui n'était pas fréquent.

– Je voulais savoir si tu étais un véritable ami.

– Bien sûr que je suis un véritable ami, Ducon.

Et je repartais en Irak, les yeux rivés sur les cours du pétrole et dans les colonnes du *Monde diplomatique* qui n'avaient pas du tout le même avis sur la suite des événements que le ministre des Affaires étrangères de Saddam Hussein.

Les forces américaines coalisées commencèrent à taper Bagdad le 20 mars 2003, et continuèrent tous les jours suivants. La France refusa de participer à cette coalition. Jacques Chirac adoptait le point de vue du général Jeannou Lacaze. « Des frappes aériennes chirurgicales », affirmaient les militaires yankees aux *press points* où se trouvaient parqués les journaleux *embedded.* Ils ne connurent de cette guerre que ce que les Américains leur en laissèrent entrevoir. Il y eut de tristes bavures, sur-relayées par les télévisions arabes, sous-traitées par les chaînes occidentales. C'était la guerre. L'hôtel Rachid constituait la zone la plus sûre de Bagdad et sans doute de tout l'Irak. Un bombardement malencontreux sur le Rachid aurait littéralement décapité la presse internationale. Avec le téléphone satellitaire dernier cri que je planquais dans ma chambre – un tel engin était formellement interdit –, je parvenais à joindre mes proches, mes collaborateurs, mes affaires à Paris, mes contacts en Israël. Je tournais en rond dans ma chambre, l'appareil en main, pour capter un faisceau, à l'horizontale, tel un sourcier, et je parvenais à joindre le Café de Flore tandis que les bombardements résonnaient jusque dans mes tripes.

Je ne voyais plus Tarek Aziz.

C'était la guerre.

La nuit, les Scud illuminaient Bagdad en feux d'artifice verdâtres qui ressemblaient à des aurores boréales.

Je les regardais en songeant que notre rêve d'or noir n'y survivrait pas plus que le régime de Saddam. Si je ne regrettais pas ce dernier, j'avais le cœur gros pour Inzallah, notre puits, là-bas, du côté de Mossoul.

Le 9 avril 2003, les Américains entrèrent dans Bagdad sans rencontrer de grande résistance. La statue du dictateur fut renversée.

Des combats isolés se poursuivirent quelques jours dans la ville.

Puis l'Irak sombra dans le chaos où il s'agite toujours. De toutes les villes de la planète, Bagdad est celle qui connut et connaît encore le plus d'attentats à la bombe.

Bien sûr, j'ai remué ciel et terre, après la « victoire » américaine, pour poursuivre notre exploitation. Peine perdue. Les Irakiens possédaient les plans de la nappe pétrolifère dans les dédales du sous-sol, des données aussi précises que précieuses venues de leurs études sismiques qui avaient coûté des millions. Ces plans restèrent introuvables. Plus personne ne savait où ils se trouvaient. Ceux qui les avaient planqués étaient morts, en exode, en prison ou chez Daech, va savoir dans ce merdier. Tout était à refaire et nous n'avions pas les centaines de millions de dollars nécessaires. Mossoul résista longtemps aux assauts américains. Je n'y suis même pas retourné.

Il ne subsistait rien de la Tanker Oil sinon des armoires de paperasses et des comptes à rendre, car la justice française commençait à s'intéresser aux sociétés engagées, sous l'embargo, en faveur du programme Pétrole contre Nourriture. Un pot de confiture, où comme tous les affairistes impliqués en Orient, j'avais trempé mes doigts.

Tarek Aziz fut emprisonné par le nouveau pouvoir irakien. Depuis sa prison, il demanda son exécution plutôt qu'un enfermement inhumain. Il ne fut pas entendu et s'éteignit au fil de dix années douloureuses de maladie, avec une visite mensuelle de sa famille. Le plus étrange chez cet homme fut qu'à aucun moment, durant son procès, sa réclusion, jamais il ne proféra une accusation contre Saddam Hussein, son maître. Tarek Aziz mourut dans cette inexplicable loyauté pour un homme qui était tout son contraire.

Sa fin appartient aux impénétrables mystères du monde arabe.

À Paris, depuis 1995, je voyais de moins en moins Françoise Sagan, qui n'allait pas fort. Quand le contexte s'assombrit, elle me consola.

– Elle est très jolie ton histoire, Minou. Ce n'est pas grave si ça tourne mal, des trous, tu en trouveras d'autres.

Elle avait raison, après tout, qu'est-ce qui est vraiment grave ? La Tanker Oil ou le procès opposant Françoise au fisc qui lui reprochait d'avoir dissimulé presque 1 million d'euros, provenant en bonne partie d'André Guelfi lors de nos affaires d'Ouzbékistan, tout cela était bien moins grave que la mort de Peggy Roche. Françoise ne se remit jamais ni de l'un ni de l'autre.

Je n'avais plus les moyens de la renflouer.

Mais j'ai eu le bonheur de susciter un de nos derniers bonheurs communs, qui fut certes encore financier mais également artistique.

J'avais déjà présenté Johnny à Sagan, dix ans plus tôt, à l'époque où Françoise vivait de brèves amours avec le play-boy Massimo Gargia. Massimo sortait de prison, pour je ne sais plus quel délit, Sagan souhaitait fêter sa libération par une bringue à tout casser. Je ne voulais pas louper cette soirée.

À la même époque, j'attendais Johnny chaque soir après son concert à la sortie des artistes, tandis que la salle hurlait encore. Il sautait dans le coffre de ma voiture afin d'échapper à ses fans et je filais. Un soir, m'arrêtant sur le pont de Bercy pour faire sortir Johnny et l'installer à mes côtés, deux motards de la police surgissent. Ils s'arrêtent brusquement, interloqués par l'apparition. Puis, toutes sirènes hurlantes, ils nous ouvrent le chemin vers notre resto favori, le Stresa, aux Champs-Élysées.

Mais pour une fois, je me rendais à cette fête chez Sagan.

– Je peux venir, tu crois ?

– Non, tu ne peux pas. À demain... Évidemment que tu peux, monte !

L'idole fit sensation en déboulant dans son long manteau de cuir noir, avec son béret de Che Guevara, électrisant les femmes, les hommes, jeunes et vieux, et surtout Gina Lollobrigida qui, en le voyant, se mit à onduler tel un python vertical dans un fourreau scintillant – elle se vantait de coudre ses robes elle-même, « dans ses doubles rideaux », sifflait Peggy Roche. Mais pour une fois, Johnny avait la tête ailleurs que dans un décolleté, charmé par les snobs, les auteurs, l'ambiance. À voix basse, il m'a glissé :

– C'est qui, elle ?

– Et lui, qui c'est ?

– C'est Jean Daniel.

– Il est curé ?

– Non, il dirige *Le Nouvel Observateur.*

– Merde, c'est encore pire.

Ce fut une soirée formidable. De ce soir-là, Jean Daniel ne vit plus Johnny de la même façon, et vice versa.

Une décennie plus tard, nous nous sommes donc retrouvés chez Sawadee, un très bon thaï du XVe arrondissement. Nous étions cinq, Johnny et Laeticia, Françoise, mon épouse et moi. Françoise commençait à s'effondrer, c'était juste après la mort de Peggy Roche. La critique venait d'assassiner son dernier roman. Johnny traversait également un creux de vague, attirant moins les foules que dix ans auparavant. Intimidés, ils se sont claqué une bise.

Johnny est monté au créneau, illico.

– Françoise, j'ai lu tous tes livres!

– Et moi, j'ai écouté tous tes disques...

Voilà, ça, c'était fait. Je n'avais jamais vu Johnny sur un livre de Françoise – quand il ouvrait un bouquin, je le remarquais – pas plus que Françoise écouter une chanson rock. Trenet, Julien Clerc, Alain Souchon et Laurent Voulzy, oui, Johnny, non. Aucun n'était d'ailleurs dupe de l'autre. Disons que ça partait du bon sentiment de briser la glace. Une fois la première bouteille de pouilly descendue, la glace avait déjà bien fondu, j'en ai commandé une deuxième. Même Laeticia semblait dans un bon soir. Sagan ne menaçait pas son couple. Si nous avions dîné avec Carla Bruni, le repas aurait été, comment dire, plus épineux.

Johnny a continué son avancée conquérante sur Françoise.

– Tu as écrit de belles chansons pour Mouloujdji, pour Juliette Gréco...

Ça, c'était vrai, il devait le penser.

– ... Pourquoi tu n'en écris pas une pour moi, je sens le cuir?

Françoise a relevé les yeux de sous sa frange.

– J'aime bien l'odeur du cuir. Oui, oui, mais bon, euh... Encore faudrait-il que l'on se... Enfin tu vois, se connaître mieux, sinon, je ne vois pas quoi... Des choses simples, qu'est-ce que tu aimes, l'odeur du foin, la trompette?

Johnny eut l'air désarçonné.

– La guitare, et toi ?

– L'orgue Farfisa, j'en ai un dans ma chambre. J'en joue tout le temps. Et j'aime les cornichons, le gin, les imprimés léopard…

– Moi aussi. Le poker…

– Le rami, plutôt.

– Elvis.

– Ah, forcément.

Ils sont partis dans un inventaire à la Prévert, en nous oubliant. Billie Holiday ou Nat King Cole ? Les deux, à la folie. La vitesse. Les voitures. Rire. Sourire, a rectifié Françoise. La gloire ? Passionnément et pas du tout. Embrasser ou caresser ? Les deux, ma capitaine. Ils se sont raconté leur Amérique, leurs chemins de traverse. Des bouts d'enfance, d'amours. Je les avais rarement entendus se confier, sans dépasser cette mesure d'où Françoise ne sortait jamais. Johnny respectait ce périmètre, lui répondant du même ton. C'était beau, doux, et le vin délicieux. Laeticia, ravie, a voulu faire des photos, si je me souviens bien. Sa conversation en société se résumait le plus souvent à lancer tout à coup : « Photo, on fait des photos, oui, photo ! » Nous nous sommes quittés tardivement aussi complices et heureux que puissent l'être de vieux amis après un bon dîner.

Le lendemain, aux premières lueurs du matin, j'entends mon fax cracher. Françoise m'adressait copie de la chanson promise la veille à Johnny, de son écriture de pattes de mouche. Illico, je réveille la secrétaire de

Sagan, pour cette urgence absolue : taper la chanson de Françoise pour Johnny.

Marie-Thérèse Bartoli vivait d'une urgence à l'autre, toujours impeccable, très myope et bien coiffée. Elle ne m'aimait pas, je lui volais Françoise. D'ailleurs, elle n'appréciait pas que je la poursuive en criant « femme à lunettes, femme à quéquettes », ce qui faisait se gondoler Françoise.

Je lis son texte plusieurs fois. J'aime beaucoup, surtout le refrain.

J'avais le regard affamé
L'air égaré du mal-aimé
L'air du garçon qui ne sait pas
Que deux corps parfois se foudroient[22].

Je crois être allé sortir Johnny du lit aussi, qui l'a lu en se frottant les yeux. Lui aussi a adoré. Et il éprouvait une telle fierté de recevoir une chanson de Françoise Sagan.

– C'est Nathalie qui va être surprise.

L'aura intellectuelle de Nathalie Baye, sa culture, lui avaient filé des complexes. Il craignait ne pas être à sa hauteur. Des années après leur séparation, il comptait l'épater, prendre un peu sa revanche grâce à ce texte de Sagan.

---

22. « Quelques cris », paroles Françoise Sagan, musique David Hallyday © Laura Eyes Music SARL / Mystery Palace Productions.

La chanson mit trois années à voir le jour.

Nous en parlions régulièrement avec Johnny. Sagan avait oublié.

– J'aime ce texte, disait-il. Je le chanterai. Mais je n'ai pas encore trouvé le musicien capable de créer une musique à la hauteur de ces mots-là.

Ce musicien rare fut David, son fils. Selon lui, « un texte à la fois dur et angélique », qui lui fit immédiatement penser à son père.

« Quelques cris » s'intégra à l'album *Sang pour sang*, sans doute le plus beau de Johnny Hallyday, et qui fut un de ses plus gros succès. Tout ce qu'un fils pouvait rendre à son père de ce qu'il n'en avait pas reçu. Johnny le prit comme une gifle au cœur, muré dans un amour qu'il ne sut jamais exprimer. Tous les deux vécurent quand même en studio et sur scène leurs plus beaux moments.

À la sortie du disque, Johnny me demande si Françoise accepterait de lui vendre les droits de « Quelques cris ». Il alternait toujours ce mélange de calcul et de lâcher prise sur les questions d'argent, selon la situation ou ses états d'âme changeants. Il est devenu ainsi coauteur de plusieurs chansons dont il a acquis les droits, sans les avoir ni écrites ni composées.

J'en parle immédiatement à Françoise qui, sans hésiter, place la barre assez haut.

– Minou, crois-tu qu'il me donnerait 350 000 francs ?

Je transmets à Johnny qui fronce les sourcils.

– Elle plaisante ?!

– Johnny, c'est Sagan ! Elle te fait quasiment un cadeau.

Il va ouvrir son coffre et me donne le double, 700 000 francs, cash.

Le soir même, Françoise les perdait au casino d'Enghien.

Il y avait un peu de Johnny dans Françoise et un brin de Françoise chez Johnny. Aussi éloignés soient-ils, ils s'étaient reconnus. Je suis fier de ces « Quelques cris », nés en une nuit de mon dîner. Je m'en sens un peu coauteur, le troisième larron.

Johnny Pigalle

À quinze ans, remontant du square de la Trinité entre deux bagarres de blousons noirs, Jean-Philippe Smet (il n'était pas encore Johnny) connaît le choc émotionnel qui « électrisera » sa vie d'artiste.

Un cinéma de quartier affiche *Loving You.* Il croit d'abord à un western dont il est si friand. L'acteur principal a pour nom Elvis Presley… Un quasi inconnu alors pour les ados que nous sommes, plus familiers des grands noms du genre Gary Cooper ou Robert Mitchum.

Les vrais héros de Jean-Philippe s'appelaient Marlon Brando et James Dean. Il avait douze ans quand « Jimmy » s'écrasa, à vingt-quatre ans, au volant de sa Porsche, sur la route de Salinas en Californie. Comme tous les enfants du baby-boom, il en porta le deuil. Le tee-shirt blanc ras-du-cou de sa première « idole » devint signe de ralliement. La « fureur de vivre » incarnée par l'acteur rejoignait le mal-être apparent de ce que nous appellerions plus tard « nos tendres années ».

Soudain, donc, la révélation Elvis transforme Jean-Philippe. Derrière la bluette sentimentale du film *Loving You*, l'acteur-chanteur l'éblouit par son déhanché rythmique, symbole de la déferlante du rock'n'roll.

Il se rêvait en James Dean, il se fera Presley : « the French Elvis ».

Entre deux romances et cent conquêtes, nous en avons partagé des « 400 coups… », Johnny et moi. Y compris, bien sûr, dans le Pigalle de sa jeunesse.

Passons sur le chapitre « bague au doigt » : Sylvie, Adeline, Babeth, Laeticia ou Nathalie Baye, son idylle de ciné ; passons sur la « presqu'épousée », Gisèle Galante, fille de l'actrice Olivia de Havilland, et sa promesse solennelle d'épousailles passée à la moulinette d'une sorte d'*Autant en emporte le vent…* !

Passons sur les errances des années galère, notamment sa liaison toxique avec Nanette Workman, choriste sexy, l'ange noir du « Johnny Circus », une tournée fracassée des années soixante-dix…

J'ai gardé le souvenir d'une petite sortie de route, plutôt « hot », que nous avons partagée à l'initiative d'Alan, son secrétaire et garde du corps.

De tous les copains, Alain Coriolan, dit Alan, était le plus fidèle. Nous étions du même âge, à quelques mois près. Homme de confiance, mais aussi compagnon de route de Belmondo, cet Antillais blagueur – et costaud – gardait les « interdits » de Johnny pour lui. Toujours d'humeur badine sur ses liaisons, Johnny trimballait en effet quelques « jardins secrets » dont Alan, seul ou presque, avait les clés. Il n'était pas surnommé par hasard « Huggy les bons tuyaux », personnage de cinéma entre informateur et confident…

Un jour, alors que Johnny se sentait ballotté entre deux affaires de cœur, donc (sa deuxième rupture avec Adeline, Laeticia ne pointant pas encore à l'horizon), Alan déboule sur un mot magique : Pigalle ! Comme un air de jouvence…

« Les mecs, j'ai découvert un nouveau "louche bar". Les filles sont sublimes », nous alerte Alan, impatient de partager sa découverte.

Quelques tours de taxi plus tard, nous voilà tous les trois à sillonner la rue des Martyrs, la rue de Douai, le quartier Saint-Georges.

Johnny connaissait son Pigalle pour initiés : le « Dirty Dick » rue Frochot, par exemple, un nom qui le faisait marrer à cause de… Dick Rivers ! Il y avait aussi le troublant « Pile ou Face », le « Sister Midnight », style « claque » rétro façon New Orleans, bref, tout un alignement clinquant – et flashy, donc – d'anciens bars américains.

Ces « bars montants », surveillés par la police, ont longtemps fait le sel du quartier rouge à la française…

Enfin, nous voilà attablés tous les trois devant une bouteille de champagne. C'est la règle du « flirt amoureux ».

Pas question de « monter » avec une « escorte » sans avoir fait sauter le bouchon. En général, les filles viennent te « chauffer » et les billets s'envolent. Après, c'est « carré blanc » en privé, si la tenancière – je revois ici l'image d'une petite femme d'allure revêche, mais sympa – ferme les yeux en échange d'un nouveau froissement de billets.

Alan n'avait pas menti. Portées par un zeste d'exotisme, les filles se la jouaient pin-up à l'ancienne. Seul problème : débarquées du fin fond de l'Asie centrale, l'Ouzbékistan, un pays fraîchement indépendant, elles ne parlaient pas un mot de français ; tout juste bredouillaient-elles un anglais de comptoir…

Entre deux bulles, Johnny n'y voyait que du feu ou plutôt sentait celui-ci monter en lui. Aussi le bar « montant » répondit-il à ses attentes. J'ai gardé le souvenir des petites piaules à l'étage. Pour tout décor, les murs portaient des photocopies de billets de banque : ici un « Pascal » (500 francs) ou un Marie Curie ; là un Delacroix (100 francs) ou un Cézanne, je ne sais plus au juste… Je me souviens juste que l'on payait encore en francs à l'époque. Franchement surréaliste, ces photocopies des illustrations de la Banque de France, accrochées comme des tableaux. Ce n'était pas par goût de l'image, bien sûr, mais pour empêcher ces jeunes Ouzbeks de se tromper à l'heure du petit « cadeau » d'un client trop pressé, pas toujours honnête.

Johnny cœur de rocker, mais aussi… cœur d'artichaut.

À force d'effeuiller les filles, le voilà qui tombe raide « amoureux » : « Invitons-les à la Lorada ! » me lance-t-il d'un ton sans réplique.

C'est chose faite, après un passage obligé devant la « Madame » de la boîte. Quelques Pascal ou Marie Curie plus tard, nous voilà en petit équipage rigolard dans l'avion de ligne Paris-Hyères. Prudent, j'installe Johnny seul, à l'avant de l'appareil, au cas où le physique des belles attire l'attention des passagers. Les filles s'installent, incognito, avec moi, à quelques rangées derrière lui.

Enfin, voici la Lorada, modèle d'hacienda « mexicaine » néoprovençale posée au cœur de la presqu'île de Saint-Tropez. La villa de Johnny.

Les filles ouvrent des yeux éblouis sur les patios, la piscine aux lagons et cascade artificielle avec bars immergés à cocktails. De l'étage, la vue plonge sur les plages de Pampelonne. Une carte postale.

Bientôt les maillots de bain volent et les ébats tournent au concours de naturisme en liberté. Au menu du soir : fruits de mer (le péché mignon de Johnny), gin vodka et volupté. Dans l'euphorie générale, une idée saugrenue traverse l'esprit de Johnny. Il interpelle le maître d'hôtel afin d'immortaliser la scène. Gérard dégaine l'appareil Polaroïd. C'est la grande mode du plaisir de la photo instantanée. Le développement unique est sans risque de reproduction... Donc, va pour les rafales de photos sans tirage ! Grand seigneur, sortant la guitare et mutipliant les « Love Me Tender » et le fameux « Loving You » d'Elvis – époque Pigalle de sa jeunesse –, Johnny « craque ». Il est... amoureux ! Il organise alors la distribution des photos : « Ça vous fera des souvenirs, les filles ! »

Six mois passent.

Un jour le téléphone sonne chez moi. C'est la brigade de répression du proxénétisme (BRP) : « Monsieur Francelet, nous aimerions vous poser quelques questions. »

La police a mis le bar « montant » sous surveillance. Elle y a organisé une descente. Le but : faire tomber le réseau de mafieux soupçonné d'organiser un trafic de prostituées.

J'appelle Johnny sur-le-champ. Voix blanche au téléphone, comme toujours quand il « flippe ». Je le rassure d'un ton ferme et file répondre à l'interrogatoire. Pas question de justifier le moindre franc versé à quiconque : pas d'argent pour une amourette...

Devant les quatre ou cinq policiers qui m'entourent, je persiste en martelant les mots : « Pas de fric dans cette histoire. » J'insiste sur le côté « béguin » de Johnny.

Comme soulagé, qu'il me croie ou non, le commissaire me fixe, yeux dans les yeux : « C'est heureux parce que, pour faire tomber la mère maquerelle et remonter la filière, j'aurais été obligé de convoquer M. Hallyday. »

Confiant, au passage, qu'il a fait l'école de police à Lyon avec mon neveu Éric, il ouvre alors un tiroir et me met les fameux Polaroïd sous le nez : « Et ces photos, qu'avez-vous à m'en dire ? » Je vois alors Johnny à poil, au milieu des filles hilares. Elles avaient bien conservé « le souvenir » mais, depuis l'escapade de la Lorada, le bar avait été perquisitionné, la police faisant vite main basse sur ces clichés « privés ».

Un ordre serait-il venu d'ailleurs ?

« Ça vient de très haut », lâche le patron des flics.

Instinctivement, je pense au ministre de l'Intérieur. Je réfléchis : « de très haut », c'est au-dessus de Place Beauvau. On ne m'a pas glissé le tuyau par hasard… Et si c'était une recommandation de Jacques Chirac ? Je n'aurai pas la réponse, bien sûr, mais une petite idée trotte dans ma tête : Bernadette a toujours soutenu Johnny. Et si, et si… ? « On ne touche pas à Johnny. »

Je commence à construire une explication quand le commissaire saisit une paire de ciseaux. Calmement, méticuleusement, sans un mot, sans un regard, comme dans un film au ralenti, il découpe une à une les photos et les jette à la poubelle. Des Polaroïd ! Aucun risque de duplication…. Je n'en crois pas mes yeux. Pas normal ! Il y a tout de même une enquête. Mais, si « ça vient de très haut », alors je ne vais pas me montrer plus flic que les flics… Enfin, il me tend sa carte de visite où se détache un numéro de téléphone. J'en suis soulagé, médusé même. Je m'entends lui dire : « Si je peux faire quelque chose pour vous… »

Quelques mois plus tard, Johnny se produit à Bercy.

Soudain, mon téléphone vibre. C'est le commissaire.

« Monsieur Francelet ?

– Oui…

– Pour Bercy, vous pensez qu'il pourrait y avoir des places ? »

J'appelle Johnny : « Donne-lui-en vingt ! »

Un traitement VIP. Sur mesure…

Où j'ai réconcilié deux monstres

Delon et Belmondo enfin réunis ! Une gageure, un grand défi au printemps 1997.

Après *Borsalino*, tourné en 1970, rien à faire : les deux stars jouent à « Je t'aime, moi non plus » avec un entêtement réciproque... Plus d'un quart de siècle déjà à s'éviter ; le résultat d'une querelle au long cours pour une histoire de préséance à l'affiche.

Entre-temps, Delon a beaucoup donné dans la panoplie « flic story » en tout genre ; Belmondo a multiplié les tournages labellisés : *L'As des as*, *Le Marginal* ou *Le Magnifique*...

À chacun ses succès, parfois des triomphes.

C'est alors qu'Agathe Godard, plume avisée du « people » à *Paris-Match*, m'appelle :

– Tu connais Christian Fechner ?

– Le producteur ? Non, connais pas... Enfin, je sais qui il est, bien sûr.

– C'est mon meilleur ami. Il voudrait déjeuner avec toi.

Deux ou trois jours plus tard, nous nous retrouvons dans un restaurant de Boulogne. Comme l'on peut s'y attendre, ce n'est pas juste pour les plaisirs de la table que Fechner, via Agathe, amie commune, a monté notre rencontre.

D'entrée, il attaque :

– Monsieur Francelet, vous êtes l'homme de confiance de Jean-Paul Belmondo.

– Plutôt son ami.

– Très bien. Je lui ai adressé un synopsis il y a trois semaines. Il n'a pas répondu. Ce n'est pas dans son habitude.

– Écoutez, ça tombe bien, je dîne chez lui ce soir… Et ce synopsis ?

– Je voudrais réunir Delon et Belmondo, vingt-sept ans après *Borsalino*. Je sais que ce n'est pas simple.

Je refrène un sifflotement du bout des lèvres, un rien stupéfié :

– Pas gagné, c'est un peu mission impossible !

Fechner insiste :

– Il s'agirait d'un film dont le troisième personnage est Vanessa Paradis, très aimée du public des jeunes. J'ai choisi Patrice Leconte comme réalisateur. On se l'arrache ; il vient de triompher avec *Ridicule*. Je connais les réticences de Jean-Paul à tourner avec Delon, mais sachez qu'Alain, lui, est d'accord. Pas de « veto » de son côté.

– Je vous rappelle demain.

Le soir, je retrouve Jean-Paul chez lui, rue des Saints-Pères.

Tout en faisant tourner mon whisky, je lâche le morceau d'une traite.

Sur le coup, Jean-Paul se cabre :

– Fechner me prend pour un con. Tu crois que je n'ai pas deviné qui était le deuxième mec pour partager l'affiche ? Tu sais très bien que j'ai tiré un trait sur Delon. Je ne retournerai jamais un film avec lui.

Un court silence. Il me fixe et, l'air contrarié :

– D'ailleurs, je ne comprends même pas que tu aies poursuivi la conversation…

Moi, plutôt serein :

– Ne t'emballe pas ; il y a un élément que tu ne connais pas…

– Lequel ?

– Fechner m'a dit qu'avec ton cachet, il y a un million de plus, « au chocolat »…

– Ah bon ? Eh bien écoute, s'il en met un de plus, je suis d'accord.

Je retourne voir Fechner dans ses bureaux design à Boulogne. Je le tutoie et, tout de suite, entre dans le vif du sujet :

– Il y a une bonne et une mauvaise nouvelle : la bonne, Jean-Paul est d'accord pour faire le film avec Alain ; la mauvaise…

Je n'ai pas le temps de terminer ma phrase que Fechner me coupe :

– Il en veut un de plus, c'est ça ?

Et, se marrant…

– Mais j'l'avais prévu !

Retour chez Belmondo, déjà converti à l'art du « Oui… mais » :

– S'il en met un de plus, c'est bon, j'le fais. Appelle-le. Passe-le-moi…

Je sors le téléphone portable, sachant trop que, dans ces moments-là, il faut aller vite :

– Allô, Christian ? Je te passe Jean-Paul.

Bientôt le tournage d'*Une chance sur deux* peut commencer : le scénario repose sur une sorte de polar « à la carte ». Du sur mesure pour Belmondo (alias Léo) et Delon (alias Julien), qui taisent – opportunément – de vieilles inimitiés pour voler au secours d'Alice (Vanessa Paradis), petite voleuse de voitures enlevée par la mafia russe… Leconte a visé juste.

Il tourne près de Pontoise. Tout va pour le mieux. Ou presque. Fechner a bien fait les choses, installant les caravanes des stars quasiment côte à côte et dans des conditions de confort identiques.

Un jour, je débarque en hélico. Un de mes copains avait besoin de multiplier les heures de pilotage. À vol d'oiseau, il y en avait bien pour une bonne heure aller-retour, plus le temps de pause, depuis l'héliport d'Issy-les-Moulineaux, pour étoffer son carnet de vol.

Mon arrivée fait évidemment sensation, mais ce n'est rien à côté de ce qui m'attend.

Je suis censé rejoindre Jean-Paul, or c'est Delon qui me guette. D'un signe de la main, il m'invite à le rejoindre sur-le-champ. Jean-Paul suit la scène à distance, un rien étonné. Et là, stupeur, Alain, très remonté, me balance :

– Je quitte le film (on est presque à six semaines de tournage !). Leconte nous prend pour des cons. Il n'en a que pour Vanessa. Il la prend et reprend sous tous les angles. Les plans n'en finissent pas. Ce que Jean-Paul et moi devrions faire en vingt minutes dure une heure à chaque fois. Marre. Je file. Vois avec Belmondo.

Jean-Paul s'impatiente. J'accours pour le tenir au courant de ce spectaculaire coup de théâtre. Il m'accueille d'un cinglant :

– Qu'est-ce qu'il t'voulait, Alain ?

– Il quitte le film. Il ne supporte pas que Leconte vous fasse attendre une heure et demie entre les prises consacrées à Vanessa.

Belmondo ne se le fait pas dire deux fois :

– Il a raison. J'arrête aussi. Je le suis. Débrouille-toi avec Fechner.

Plutôt que de m'adresser directement au producteur, au risque d'aggraver la situation, je préfère tenter de raisonner Leconte. Sur l'instant, celui-ci, visage émacié, œil perçant sous ses lunettes cerclées, semble le prendre de haut :

– Désolé, je fais du Leconte. Puis, se ravisant et d'un ton plus accommodant : Bon, rassure-les ; je vais régler ça avec Vanessa : pas plus d'une demi-heure à chaque fois pour elle, pour eux.

Le duo vedette se permettra tout de même une escapade surprise quand, recevant une invitation de Philippe

Douste-Blazy, ministre de la Culture, pour les cinquante ans du festival de Cannes, Jean-Paul constatera qu'Alain et lui avaient été « oubliés » par les organisateurs !

Déjà boycottés aux césars par les mêmes caciques de profession, les deux champions du box-office useront de malice en guise de bras d'honneur : ils poseront en smoking pour *Paris Match*, sous le titre provocateur *Cannes, on n'en a rien à cirer !*, renvoyant La Croisette à ses petits souliers (vernis). Et, surtout, mettant les rieurs de leur côté.

Plus tard, le tournage ayant repris dans la sérénité retrouvée, j'expliquerai à Fechner comment j'ai procédé avec Leconte :

– Putain, s'exclame-t-il alors, une étincelle dans l'œil, tu m'as retiré une drôle d'épine du pied.

Enfin le dernier tour de manivelle. Bientôt tout le monde, cadreurs, machinistes, scripts, etc., se retrouve à Boulogne, chez Fechner, pour fêter la fin du film, verre en main. Delon arrive en dernier, comme d'hab', de son pas d'homme pressé et le visage fermé :

– Ce film, c'est d'la merde ; l'affiche est nulle… Le seul qui a fait son boulot ici, c'est Marc.

Alors Jean-Paul, me pinçant les fesses et sur un ton narquois :

– Tes emmerdes commencent, mon grand…

Quelques semaines passent.

Je déjeune à L'Avenue, avec Johnny, un restaurant très couru du Paris « media » et « people » à la fois, au carrefour de l'avenue Montaigne et de la rue François-Ier. Au cœur du « Triangle d'Or ». Comme toujours, j'ai choisi une table assez discrète, calée derrière de lourds rideaux, sur la droite de l'entrée. Patrice Leconte se présente à l'accueil. Il est accompagné de sa femme. Nos regards se croisent. Il me fait un petit salut, bien que, depuis mon rôle d'intermédiaire actif lors du tournage d'*Une chance sur deux*, nous ne sommes pas vraiment copains-copains.

Mais bon, je suis avec Johnny et ça, Leconte ne peut pas le zapper.

D'ailleurs, Johnny à qui rien n'échappe, enchaîne :

– C'est qui ce mec ?

– Patrice Leconte. Un grand réalisateur. C'est avec lui que Delon, Belmondo et Vanessa Paradis viennent de tourner. Il a fait un triomphe avec *Ridicule.*

Et je lui raconte toute l'histoire, sans oublier sa réplique au ton sec et dédaigneux :

– Désolé, je fais du Leconte…

Johnny se marre.

– Présente-le-moi.

Quand Leconte redescend, je lui fais signe de nous rejoindre et nous voilà tous les quatre, expresso pour nous, café gourmand pour les Leconte.

Alors Johnny en fait des tonnes :

– J'adore vos films. Je les ai tous vus. J'ai surtout aimé *Ridicule.*

Deux heures avant, il ne connaissait rien de sa filmographie. Cette fois, c'est moi qui me marre. Connaissant mon Johnny sur le bout des santiags, je le vois venir et ça ne manque pas :

– J'adorerais tourner avec vous.

Trois mois plus tard, Leconte entre en contact avec Johnny, via l'agence Artmédia. Et cela donnera : *L'Homme du train.* Avec Jean Rochefort…

No way

Une belle soirée s'annonce, un concert de Johnny à Bercy. Je voulais y aller avec mon fils mais, princier comme son père, Dimitri m'a demandé d'emmener plutôt une de ses amies, fille charmante. Ce n'est pas tant qu'elle soit fan de Johnny, mais c'est une admiratrice de Jean-Paul Belmondo, qui sera des nôtres.

– Je rêve de le rencontrer depuis toujours.

– Papa Francelet va réaliser ton rêve, mon enfant.

Je suis comme ça, je préfère donner que recevoir, c'est plus gratifiant. Et cette étudiante est mignonne, ça fera jaser les autres.

On se prépare. On est prêts. On y va.

– Jean-Paul sera là aussi ?

– Puisque je te le dis.

Les vigiles, les passes, la salle gronde déjà, en préliminaires d'un amour bruyant… Quelques salutations aux huiles, aux célébrités qui se pressent vers les tribunes

VIP. Cette rumeur excitante, cette tension qui s'échauffe vers la fièvre, j'aime ça.

– Bonsoir.

– Bonsoir.

Nous y sommes. Je sens ma cavalière impressionnée.

– Ça va?... Sois naturelle.

Je cherche mon ami. Il est déjà là. Toujours chic, col roulé noir, écharpe rouge, sourire éclatant.

Il discute avec un inconnu. Je m'approche, entraînant sa groupie.

– Jean-Paul, ça va... Je voulais te présen...

Sa tête pivote de quelques centimètres, ses yeux balaient mon visage. Il lève la main, agitant le bout des doigts comme si une grosse mouche menaçait de se poser sur son pif, et il fait :

– *No way.*

Ce que je traduis par « dégage ». C'est bien ce qu'il a voulu me dire, aussi brièvement que clairement. Ses yeux reviennent à son interlocuteur et il poursuit sa conversation, la grosse mouche ayant été chassée.

Atomisé, je recule.

Quand Jean-Paul Belmondo te balance « *No way* » avec un geste explicite de la main au cas où tu serais sourdingue ou pas du tout bilingue, tu t'arrêtes net et tu rentres sous terre comme le coyote du dessin animé. Mais je ne suis pas un cartoon et ça fait très, très mal. Je m'excuse auprès de la jeune fille.

– Je ne sais pas ce qui lui prend, bon, ce n'est pas le moment, on verra tout à l'heure.

Mal pour moi, tant l'humiliation a été rude, elle me répond d'une voix toute douce.

– Belmondo, ça ne va pas le faire je crois, ce sera pour une autre fois, mais le concert va être merveilleux !

Je sais bien pourtant qu'elle est moins venue pour Johnny que pour Belmondo. Depuis le temps qu'elle entend parler de l'acteur à la maison et vu ce qui vient de se passer, elle croit que je suis mytho. Beaucoup de gens qui gravitent autour de célébrités se disent ou s'en croient très proches quand ce ne sont que des… des… Je ne trouve même pas de mot. Des papillons, des mouches, excités ou abrutis par la lumière. Dans les yeux de cette jeune fille, j'ai vu la déception se mêler à un brin de pitié. Je lui ai fait pitié. Et j'en ai voulu à Jean-Paul pour ce regard-là. Je n'en avais pas essuyé beaucoup jusqu'à présent.

Je n'ai pas pu me concentrer sur le show, encore sous le choc. Une intuition commençait à germer dans ma tête. *C'est une question d'argent.* Avec Jean-Paul, rien n'est plus grave que l'argent. Belmondo est un homme d'argent.

Il s'agissait bien d'argent. J'ai obtenu facilement l'info d'un ami commun, son maquilleur, à qui Jean-Paul s'était confié.

Vu mon caractère plus cigale que fourmi, davantage porté sur gros cigares que sur les petites économies, du fait que mes revenus, importants mais irréguliers, pouvaient être retardés ou bloqués, il m'arrivait de traverser quelques passages à vide avant d'être renfloué.

Il ne faut pas emprunter d'argent à un ami. Il faut essayer de ne pas en emprunter non plus à un homme riche, qui a tendance à le placer au-dessus de tout. En demandant à Jean-Paul de me dépanner, j'ai commis ces deux erreurs à la fois.

Il m'avait prêté 700 000 francs.

Je lui ai rendu 500 000 à la date convenue, en le priant d'un délai pour le solde. Non que je fus à la gorge, une grosse rentrée s'annonçait. Ma femme fêtait son anniversaire, je lui ai offert un coupé Mercedes qu'elle a beaucoup apprécié.

Il se trouve que Jean-Paul et moi avions le même concessionnaire. Il y était passé la veille. Notre vendeur habituel, sans penser à mal, lui a fait l'article en précisant que monsieur Francelet « avait acquis ce ravissant modèle, intérieur cuir grège, si malléable et élégant, pour son épouse ».

Son épouse, mon cul, a immédiatement pensé Jean-Paul. Je le connais. Considérant que je me foutais de sa gueule de payer un coupé à ma femme quand je lui devais encore 200 000.

Du coup, vingt-quatre heures plus tard, *No way.* En pleine gueule.

No way. Ce n'est pas grand-chose. Deux mots. Presque rien.

La colère m'a pris. Il y a des gens qui vous pompent une énergie folle, envers lesquels vous vous dévouez par plaisir de partager avec eux, et qui, à la moindre faute de quart, vous saquent. Et en parlent partout. C'est ce que Jean-Paul venait de faire avec moi. Vingt fois, je l'avais vu prendre un ami dans son collimateur, comme d'autres se curent les dents. Cette fois, c'était moi. Son ami Marc. Mais Jean-Paul, puisqu'il voulait parler voitures, avait la mémoire courte.

Belmondo a un fils que j'ai vu grandir et que j'aime beaucoup, Paul. Lui aussi en a pris plein la gueule. Parce que les stars élèvent leurs gosses à la douche écossaise. C'est chaud, c'est froid, je te cause, je te cause plus. Je culpabilise ; je te passe tout. Tu me gonfles ; je ne te passe plus rien. L'histoire est souvent la même. Leurs enfants d'un premier lit, les vedettes s'en foutent, trop jeunes, trop prises par leur carrière, leurs amours, leur public, les mille et une tentations de la gloire. Elles viennent ouvrir de beaux cadeaux à Noël ou poser devant les photographes, le reste du temps, elles ne sont pas là. Une enfance en dents de scie avec les premiers dégâts dès l'adolescence.

Trente ans se passent.

Sur le tard, avec une deuxième ou troisième femme, plus disponibles et plus âgées, les stars font encore des enfants. Pour ceux-là, elles ont un retour de tendresse, elles fondent littéralement, en papy gâteau, au détriment des premiers, qui sont chiants, jamais contents, à problèmes. Chez Belmondo, la dernière petite princesse s'appellera Stella. Chez les Hallyday, Jade et Joy, deux petites filles adoptées au Vietnam. Chez Delon, Anouchka. Etc. Ajoutez là-dessus, parfois, des belles-mères teignes ou rapiats, voire les deux, vous avez un tableau de l'enfer.

Paul a connu ça et le connaît sans doute encore. Passionné, il s'était lancé dans la course automobile. Courageux, sans être parmi les cadors, les grands pros, il incarnait un espoir de la Formule 1, coqueluche des circuits et des médias. Tant qu'il n'aurait pas intégré une grosse écurie, en pilote, le coût de sa voiture, ses entraînements, ses déplacements engloutiraient des fortunes. Jean-Paul m'en a parlé. Mes liens avec la Générale des eaux avaient étendu mes relations parmi les patrons, les capitaines d'industrie, investisseurs et mécènes potentiels.

– Marc, il faut aider le môme, il a besoin de pubs, de partenariats… C'est ta partie, tout ça…

Aussitôt dit, aussitôt fait. Je me suis démené pendant plus d'un mois avant de ramener, fièrement, pour Paul et Jean-Paul, 7 millions de francs – 700 patates – en sponsoring. Sa voiture, une Jordan, écurie anglaise, s'est couverte de marques sponsors. De quoi s'entraîner et concourir avec une bonne équipe vers un classement en Formule 1.

Jean-Paul mégotait sur la voiture de ma femme quand je venais de lui sponsoriser pour plusieurs millions pour celle de son fils.

Pour solder ma dette, je l'ai remboursé.

Et j'ai coupé les ponts, net.

Deux ou trois ans plus tard, des amis communs, attristés de notre dispute, ont tenté de me piéger lors d'un vernissage. Quand j'ai su que Jean-Paul devait y assister, je me suis décommandé. Nous ne nous sommes jamais rappelés ni revus. Ma rupture peut paraître excessive pour une bisbille somme toute banale, passagère. D'autant que nous étions vraiment proches, Jean-Paul et moi. Nous avons tant circulé ensemble. « Je suis heu-reux », disait-il souvent, en sésame pour traverser la journée, le monde ou sa vie.

Mais en cette fin des années quatre-vingt-dix, notre lien s'est déchiré sur ce que j'ai pris pour une trahison de notre amitié. Dans son « *No way* » quasi public était entré trop de mépris. Sans doute y a-t-il eu, à partir de ce moment-là, en moi, un doute, une cassure.

Une blessure qui commençait, une brûlure plus exactement, à force de s'approcher trop près des soleils de la célébrité. Des êtres de fête, peu accessibles, rares, avec lesquels rire, danser, partager beaucoup, se donner, dans leur intimité féerique ou souffrante, pour s'apercevoir tout à coup, sur un enjeu quelconque, un malentendu léger, en quelques instants, qu'au fond elles n'en ont absolument rien à foutre de toi.

Va au diable

2002. Le ciel est bas, le mois de mars presque neigeux. Nous sommes planqués quelque part, avec Johnny qui ne veut voir personne. Johnny pleure, effondré. Fini le swing, bonjour le spleen. Je regarde mon glaçon fondre dans mon verre. Je l'ai rarement vu dans un si triste état. Quel con aussi, avec les femmes, toujours le même cirque, dans un club, une loge, une plage, il tombe sur une fille, mignonne, il sourit, elle lui sourit et c'est parti… *Johnny is in love.* Voilà-t'y pas qu'il l'a dans la peau, Babette ou Lorie, qu'il murmure le nom de Sophie ou Katou comme un mantra, qu'il veut dédier une chanson à Sandra. À soixante ans, il retombe à dix-sept. La fille en question peut être serveuse, choriste, éblouie, sincère, ou une folle ou une pute, plus dangereux, une petite people en quête de reconnaissance. Tant pis, *love is love,* viens je t'emmène au soleil, au ski, au septième ciel. Trois jours, trois semaines ou trois mois plus tard s'abat un déluge d'emmerdes, de l'aventure à la cassure, sans parler de la Laeticia qui grimpe aux rideaux en hurlant qu'elle va lui crever les yeux avec son coupe-ongles.

Ça me rappelle un appel de Johnny, une nuit, au-delà du réel, la nuit psycho.

– Viens, viens, viens, Marc ! Viens tout de suite ! J'ai fait le con avec un colt.

Sur l'instant, j'ai cru qu'il avait buté quelqu'un. Pas Laeticia quand même ?! Comme dans un feuilleton de Columbo. Meurtre à Marnes-la-Coquette… Non. Mais il s'était fait peur à lui-même, ce fou. J'ai foncé, bien sûr. Une demi-heure plus tard, j'étais sur place, dans la baraque. Johnny errait au rez-de-chaussée, l'air zombie, en se demandant s'il ne devait pas se faire interner. Le couple s'était engueulé.

– Putain, Laeticia m'a mis en rogne… J'ai vu rouge.

– Faut arrêter ces conneries maintenant ! C'est pas aimer ça, c'est pas aimer.

– Oh si, je l'aime, je l'aime, je l'aime… gémissait Johnny, en se frappant la poitrine à coups de poing.

– Arrête tout de suite, t'es pas à Bercy ! Regarde dans quel état tu te mets ! Donne-moi ce flingue.

J'ai confisqué l'arme et, deux heures plus tard, le petit matin ramenait la paix sur cette luxueuse maisonnée. Nous avons passé l'éponge. Pour se faire pardonner, selon son habitude, dans les jours qui suivirent, Johnny nous a couverts de cadeaux.

Maintenant, à côté de moi, il se lamente.

– Je vais me flinguer. Ça va sortir dans un canard…

Malgré toute l'amitié que j'ai pour lui, je ne peux pas le contredire. Sinon sur un point, ce ne sera pas dans un journal mais dans toute la presse. Mais on ne frappe pas un homme à terre, encore moins un ami qui pleure.

Marie-Christine V. vient de porter plainte contre Johnny Hallyday pour viol.

Les faits se seraient déroulés un an plus tôt, dans la nuit du 28 au 29 avril 2001, à bord du *Negara*, yacht que louait Johnny. Marie-Christine était hôtesse. Johnny, qui la connaissait, avait réclamé expressément sa présence. Elle prétend avoir été séquestrée dans une cabine jusqu'à 5 h 30 du matin par un Johnny « bien éméché ».

Son avocat, maître Vaconsin, m'a appelé. Lui aussi, je l'avais rarement vu dans un tel état. Pessimiste et carrément alarmiste. Il sortait de chez Éric de Montgolfier, procureur de Nice, hyper médiatique depuis le scandale de l'affaire VA-OM, ce qui est inquiétant en soi.

– Il faut aller voir Johnny, j'ai dit, tout de suite.

La star, l'avocat et moi nous étions retrouvés le jour même. Sur le coup, Johnny n'avait pas semblé saisir le danger de sa situation.

– Quoi ? Je n'ai jamais touché cette fille.

Là, Vaconsin avait bien insisté.

– Absolument, tu n'as jamais touché cette fille !

L'avocat se projetait déjà au tribunal. Plaider que Johnny et Marie-Christine avaient compté les étoiles avant de jouer au Scrabble toute la nuit du 28 au 29 avril 2001 me paraissait peu crédible mais je n'ai rien osé objecter. Subitement, Johnny avait changé de tête. La plainte était en cours sur ces faits présumés. Audition. Confrontation. Pire, Montgolfier n'avait pas seulement évoqué l'inculpation, il avait parlé d'incarcération sous quinze jours, dans la foulée de la première audition du célèbre suspect.

Johnny Hallyday en taule pour viol.

Depuis, il panique. Je lui tapote le dos sans trouver les mots. Ce Montgolfier, avant même que Johnny soit entendu, parle de détention, sur les seules allégations d'une fille. Je trouve cette précipitation et sa menace suspectes, quand dans ce genre de cas tout requiert circonspection et discrétion.

J'attrape le bras de Johnny.

– Écoute… C'est du bidon. Je vais te sortir de là, t'en fais pas.

Il relève un visage en larmes. J'ai l'impression qu'il a dix ans et d'être son père. Il me fait mal au cœur. J'en sais assez sur lui pour ne pas le croire coupable. Dans ses moments creux, quand il y va trop fort sur la coke ou sur les anabolisants pour fitter sa silhouette, ce n'est pas un foudre de guerre. Laeticia s'en plaignait assez.

Non, au printemps 2002, je ne vois pas Johnny se ruer sur une hôtesse pour la violer une nuit entière dans la cabine d'un bateau. À ce moment-là, Johnny pouvait faire des conneries grosses comme lui mais pas dans son slip.

Il faut réagir, se battre avant que ne se déchaînent ces buzz qui collent au mur les innocents comme les coupables, bons à fusiller.

Le jour se lève. Je téléphone à mon ami Franz-Olivier Giesbert pour le retrouver à son bureau. Il y a urgence. FOG dirige *Le Point*, je l'ai au téléphone régulièrement pour l'alerter sur des sujets d'actu, je le tuyaute en infos. Et je lui raconte… Avec deux bons journalistes, pourquoi ne pas aller enquêter à Nice ? Si nous parvenions à dégonfler cette montgolfière, ça ferait un beau papier dans son hebdo.

– C'est une bonne histoire pour le journal, on y va.

– Parce que je pense que c'est un coup monté, un guet-apens. Montgolfier en fait trop. Il a la tête comme un melon depuis qu'il est devenu célèbre contre Bernard Tapie.

L'idée plaît à Giesbert qui envoie à Nice deux de ses plus fins limiers.

À Nice, il est trop tard, le dossier se trouve déjà chez le procureur.

Jean-François Jacquier et Laurent Léger sont des « bons », doués d'une belle plume, en prime. Sous leurs signatures, à eux et quelques autres, les articles d'investigation du *Point* comptent. J'ai eu raison de venir trouver FOG.

Je veux laisser un message à Johnny. À ma surprise, il ne dort pas. D'abord il panique, terrorisé que nous puissions attaquer ce procureur fameux et qu'il ne se retourne contre lui. J'insiste, j'argumente, je le rassure, je le convaincs.

– Tu dois être défendu, sinon il va te coller au trou. C'est déjà joué, tu comprends.

– Marc, tu es mon frère, si tu me sors de là, je... je... je ne l'oublierai jamais. Y a que toi sur qui je puisse compter...

Ça a bien duré dix minutes, Johnny est un sentimental, surtout quand il en a gros sur la patate. Et c'est mon meilleur ami, presque d'enfance.

En dix jours, Jacquier et Léger ont accompli des merveilles avant de publier le fruit de leurs efforts dans un article intitulé « Affaire Hallyday, le procureur épinglé ». Ils révélaient des écoutes téléphoniques concernant Éric de Montgolfier. « Des conversations entre Marie-Christine V. et son ex-petit copain laissent entendre que le procureur aurait conseillé, voire influencé, la jeune femme dans le choix de ses avocats. » Elle se trouvait également manipulée par des voyous marseillais dont le but était de faire chanter la star. Enfin, le pompon, leur enquête rappelait une procédure plus ancienne, au temps où le procureur était en poste à Valenciennes. Montgolfier s'était cassé les dents sur un soupçon de double billetterie aux concerts de Johnny produits par Jean-Claude Camus. Ces allégations avaient été balayées. Tout un faisceau d'éléments suspectait le procureur d'en faire trop dans cette plainte pour viol. Pour se payer la tête d'une star, Jacquier et Léger insinuaient qu'il voulait les projecteurs sur lui.

Quand j'ai lu le papier à Johnny, sur épreuves, juste avant parution, il est reparti en panique. Parlant de tout arrêter. Mais j'ai tenu bon, et finalement lui aussi.

Le Point est sorti en kiosque.

À tous les journalistes qui se sont précipités au palais de justice de Nice, il fut répondu que monsieur le procureur était « en vacances ».

Johnny finit par être entendu, comme témoin assisté, avant de sortir, libre. Sur les marches du tribunal de Nice, il répondit à une forêt de micros :

– Être accusé de viol, c'est déshonorant pour moi, ma femme et ma famille. Dans ce genre d'affaire, même si vous êtes innocent, il y a toujours quelque chose qui reste.

Pas un mot faux, ni de trop. Du grand Johnny, calme et dominant, sinon serein. Il avait échappé au pilori, en cas de mise en examen et détention. Son honneur était sauf. L'affaire n'alla même pas au procès.

À l'hôtel Raphaël, nous avons fêté son soulagement autour d'un verre, tranquilles, rien que nous deux, au bout du bar. Tout Paris se pressait au Raphaël. Johnny pouvait de nouveau se montrer. Mais tout à coup, il a craqué. Au printemps 2002, cette affaire l'avait miné, il avait vraiment cru sa carrière, son destin au bord d'être ruinés, pulvérisés. Trop d'angoisses accumulées se sont évacuées, d'un coup. En larmes, il m'a serré dans ses bras en me renouvelant son amitié et bien plus : tout, il me doit, tout, à moi qui viens de lui sauver la vie.

– Je t'aime, Marc, je t'aime, toi.

Le barman, Bertrand, qui en avait pourtant vu d'autres puisqu'il raccompagnait toutes les nuits Gainsbourg chez lui à une heure du matin, a paru un peu surpris, à se demander si nous allions prendre une chambre. J'ai levé mon verre en riant.

– À la santé d'Éric de Montgolfier !

Johnny a écrasé une larme, avant de lever le sien.

– À Marc Francelet, mon frère, mon ami et mon frère… et comme un père…

Et il s'est remis à chialer.

Quelques semaines plus tard, *Le Point* publie une nouvelle grosse enquête de Jean-François Jacquier – qui décidément ne chôme pas. Un article sur Johnny Hallyday, tiens, ça fait beaucoup en un mois, mais bon. Voyons cela. Au fil de la lecture, je me décompose en découvrant une charge d'une rare violence, bien renseignée, sur les montages financiers douteux de la star et de monsieur Boudou, son beau-père.

Les bons journalistes sont comme ça : ils se prêtent et se reprennent, aussi sec. Leur indépendance se confond à leur orgueil et à leur bon vouloir. Jacquier est de ceux-là – il est toujours mon ami.

Mais son papier va amputer mon existence.

Après avoir été sauvé par *Le Point*, Johnny sera furieux d'y découvrir, sous la même plume, une attaque contre lui et sa famille. Sans compter sur Laeticia, derrière, qui va le chauffer à blanc.

Je n'étais déjà pas l'ami d'André Boudou, son père. Elle a tout fait pour mettre dans la tête de Johnny que j'étais à l'origine de cette attaque et de cette trahison via *Le Point*.

Mes oreilles sifflaient et ce n'étaient pas des acouphènes. Johnny allait l'avoir en travers du gosier parce que, soit dit en passant, l'article était exact et même en deçà de la vérité concernant les Boudou, père et mère, la mamie, les oncles et cousins, et toute la tribu.

Silence radio de Johnny. Je suis dans mes petits souliers. Je me suis effectivement beaucoup vanté auprès de lui de mon amitié avec Jacquier. À l'époque, je le connaissais à peine. J'ai encore perdu une belle occasion de la boucler.

Et soudain, *bzzzz*, *bzzzzz*, un texto.

« Je sais que c'est toi. Va au diable. »

Les mots tournent dans ma tête.

« Je sais que c'est toi. Va au diable. »

Comment peut-il croire que c'est moi ? Laeticia l'a ensorcelé ou quoi ?

Va au diable.

Nous en sommes là, Johnny et moi ?

Ma réaction peut sembler excessive, hystérique, incompréhensible, mystérieuse, vue vingt ans plus tard, mais ces quelques mots m'ont cassé en deux comme une branche morte. *Crac.* Cette branche était notre amitié. Quarante années d'amitié.

Va au diable.

Nous avions joué au Far-West autour d'un feu de camp, il a connu mon père, ma mère. Je l'ai vu gratter ses premières chansons sur sa guitare, chialer comme un môme, se rouler par terre, je l'ai consolé, relevé, je l'ai ramené, lavé, couché, vingt fois, j'ai arrangé ses problèmes de couple, de cul, de fric, de flic, je lui ai dégotté de l'élixir de couilles de taureau, je suis venu chez lui à d'innombrables reprises, de nuit, de jour, parce qu'il m'appelait au secours. Johnny mon ami, mon frère. Je me suis occupé de ses enfants. Je suis allé chercher Laura au fond d'un commissariat, paumée, où elle ne voulait pas dire son nom, son identité infernale. Je lui ai servi d'alibi des dizaines de fois. Et pas plus tard qu'il y a trois semaines, je lui ai épargné la taule, il m'en a pleuré dans les bras, et là, parce qu'un journaliste lui pète au nez à cause de ses sacs d'embrouilles avec Boudou, Johnny, sans même prendre la peine de m'appeler, m'écrit : « Va au diable. »

Par texto, ce lâche.

Ma colère recouvre ma peur, elle recouvre aussi ma peine, au besoin. Je perdais Johnny, tant pis. Je lui ai écrit une lettre, chiadée. L'avocat, Vaconsin, était si outré de sa conduite à mon égard qu'il m'a aidé à la rédiger. Craignant que Laeticia ne l'intercepte et ne la fiche à la poubelle sans rien lui dire, je l'ai doublée d'un recommandé avec accusé de réception. J'ai vidé mon cœur, mon sac. Je ne saurai jamais ce qu'il en a pensé ni même s'il l'a lue. Aucune réponse. Nos amis communs, consternés, témoins de ce qu'ils croyaient une brouille, intervenaient, me conseillaient.

– Tu sais comme il est, appelle-le… Il va te dire : « Ouais, effaçons tout ça, laisse tomber, viens prendre une bière. »

Un autre :

– Marco, passe l'éponge. C'est elle qui lui monte la tête ! Elle fait le vide autour de lui.

Oui mais non. Je ne téléphonerai pas. Je me suis toujours demandé, si *lui* m'avait appelé, ce qui se serait passé à entendre sa voix au timbre rauque et traînant, sa voix comme incrustée, enregistrée dans mon cerveau, ce frottement de caillasse au fond de sa gorge qui pouvait devenir cette voix de diamant sur scène, vous foutre la chair de poule des pieds à la tête. Est-ce que je lui aurais répondu : « OK, on se retrouve où ? »

Sincèrement, je n'en sais rien. À la vérité, bien sûr, j'aurais dit oui.

Je n'ai pas téléphoné. Lui non plus.

Pendant des années.

Sans regret. Je n'avais pas de haine ni même d'aigreur, une brûlure profonde m'avait rendu insensible à tout ce qui touchait à Johnny, à tout ce qui portait son nom. Une marque au fer rouge. Je n'en disais pas de mal, je n'ai pas cherché à m'en venger, me venger de quoi ? Je ne disais rien. Motus.

Le temps passait.

J'en avais trop fait pour lui, sans doute en avais-je marre de notre rapport, de porter les paquets des stars, les problèmes de stars, leur vague à l'âme. Son amitié ne m'inspirait plus confiance, je doutais de sa sincérité. De sa qualité d'homme. Johnny a toujours été un peu frappé mais soudain, en un texto, je le trouvais monstrueux. Alors, d'un coup, d'un réflexe de défense salutaire pour ne pas me faire bouffer tout entier, me libérer, j'ai tué le monstre et je l'ai sorti de ma vie.

Par les amis, la presse, j'ai vu Johnny Hallyday partir et revenir des hôpitaux, agoniser pendant des jours à Los Angeles en chambre stérile avant de remonter sur scène tel un phœnix. Et puis, en 2017, donner des signes de faiblesse alarmants, terminaux.

Je n'ai pas appelé et n'ai pas écrit un mot.

Je n'en ai pas reçu non plus.

Il est mort sans que nous nous soyons revus.

Johnny est mon ami, mon frère. Il l'a toujours été.

En quelques années, j'ai perdu deux des bornes les plus importantes de mon existence. Jean-Paul puis Johnny. Je me suis recentré sur mes affaires, ma famille, un cercle d'amis moins célèbres. Le lobbying est devenu mon activité principale. Au lieu de se consacrer à un homme, une star, un people, on s'efforce de promouvoir une cause, un projet, un pays, à travers la presse, l'opinion, les décideurs.

Calme, intéressant, varié et lucratif.

Je n'ai plus jamais été déçu par personne.

Le bruit des balles qui sifflent

Ce bruit-là, si tu en es la cible, ne s'oublie jamais. Le sifflement d'une balle file se loger au fond de ta viande, à perpétuité. Je ne l'ai vécu qu'une seule fois, en plein Paris, sur un trottoir. Je marchais, je partais, quand subitement j'ai compris, ahuri… Un connard voulait me flinguer. Les impacts étoilaient le ciment, la carrosserie d'une voiture, je me suis jeté entre deux pare-chocs où je suis resté tapi. Ces instants deviennent l'éternité. Et si je crevais comme ça, au caniveau ? Quelle connerie, quand même, ma putain d'existence. Qu'est-ce qui vaut la peine de mourir ? Rien. Et tu crèves quand même. C'est à moi que j'en ai voulu, à la limite, en pensant : Qu'est-ce que tu fous, Marc, hein ? Qu'est-ce que t'as foutu pour en arriver là, accroupi entre deux bagnoles. Puis j'ai détalé comme un lapin à travers la rue, pour aller me mettre au vert le temps que cette merde se tasse.

Quand tu manques de te faire trouer la peau, tu évolues un peu. Tu discernes plus facilement ce qui est essentiel du reste et tu perds le goût des embrouilles.

Ce n'était pas grand-chose, pourtant. De petites haines entre hommes. Mais dans ce milieu, la haine va encore plus vite que l'amitié. Je ne le savais pas encore. Ces balles perdues au-dessus de ma tronche m'ont fait sortir du grand banditisme où je n'étais entré qu'en touriste, en voyeur.

Je ne pense jamais à la mort, elle ne me fait pas peur mais je ne la fréquente pas. Je suis tout sauf morbide. Je gueule facilement, mais le sang, le noir, le tragique m'écœurent. La mort était pourtant entrée dans mon existence quelques mois auparavant, le 17 octobre 1975. Je parle de ces morts violentes qui laissent un homme ensanglanté sur le bitume. En l'occurrence, mon associé et ami Izi Spighel, buté dans son parking de la rue des Vignes dans le XVIe arrondissement.

Izi faisait ses affaires dans le monde de la nuit, propriétaire de discothèques – à l'époque on parlait de clubs. Il possédait le Twenty One, une boîte en vogue acquise grâce à un prêt d'Alain Delon. Et le Pariscope, où j'ai eu la chance de rencontrer ma femme. Izi fut d'ailleurs le témoin de notre union. Lui eut moins de chance en amour, son épouse l'ayant plaqué pour un truand du nom de René Juillet. Izi l'a très très mal pris. Si les gangsters s'affranchissent des lois, selon leur code d'honneur, voler la compagne d'un autre y est plus mal vu que de braquer proprement une Société générale. La situation s'était envenimée mais le caïd du milieu, Gilbert Zemour, arbitra le bisbille adultère

Spighel-Juillet en évitant de justesse un règlement de comptes sanglant. Je suivais ce milieu de loin pour aller boire de temps en temps un verre avec des amis, des journalistes, dans des établissements fréquentés par des voyous, sans plus. Je ne détestais pas René Juillet, surnommé « petit prince de la nuit ». Il impressionnait effectivement par son train de vie princier, à sortir des liasses de 500 comme d'autres leur carte de visite – nous avions cette manie en commun. Au restaurant, je ne l'ai jamais vu commander que les meilleures bouteilles de la carte des vins qui explosent les additions. C'est ce « petit prince » qui, un soir, allait vider son chargeur sur moi.

Lorsque Izi Spighel avait voulu racheter un nouvel établissement, L'Aventure, il me proposa 50 % des parts. À l'époque, fourguer des tableaux me laissait du capital, du fric à ne plus savoir qu'en foutre, l'aventure de L'Aventure me tenta, j'acceptai.

Je purgeais ma peine de prison lorsque Izi fut abattu – sa disparition m'a fait de la peine. Dès ma sortie, un de mes avocats, maître Lemarchand, me pria de passer à son cabinet. Il s'agissait de régler la succession de mes affaires avec Izi. Je trouvais mon avocat en pleine discussion avec un homme d'apparence quelconque, petit, costaud… Avec sa grosse moustache, il ressemblait un peu à un bouledogue, mais pas méchant.

– Marc, je te présente ton associé à L'Aventure… Gilbert Zemour.

Je tombais des nues. Coup classique, Izi n'avait pas eu à investir dans cette boîte, faisant entrer en douce un second investisseur, ainsi se rémunérait-il sans avoir engagé un rond. Tout le monde connaissait Zemour, bien sûr, de nom, le caïd des cinq frères Zemour dominait déjà la pègre, le clan allait bientôt déclencher une guerre des gangs qui se solderait par des dizaines de cadavres et sa propre perte. Les Zemour, dans les années soixante-dix, équivalaient à la mafia américaine.

Si elle m'a surpris, notre rencontre ne m'a pas effrayé, au contraire. Je voyais Gilbert Zemour en figure romanesque. Il s'avérait d'un abord sympathique, bien plus débonnaire que patibulaire.

Gilbert Zemour vivait la nuit, moi pas, il buvait des verres jusqu'à 4 heures du mat assis à des parties de poker acharnées, moi pas… Mais il adorait la bonne bouffe, comme moi, et c'était Zemour, synonyme à mes yeux d'un territoire exotique, un homme dont tout Paris parlait en ne l'approchant pour ainsi dire jamais. À l'égal d'une vedette – et j'aimais les stars – son nom provoquait l'imaginaire, une fascination teintée d'effroi.

J'ai franchi la ligne jaune, séduit par le sourire de ce type dont je crus devenir l'ami. À tort. Au sein du grand banditisme, puisque la violence règle les conflits, personne n'est l'ami de personne dans la survie. La loi de la jungle finit toujours par primer, comme souvent en affaires mais un cran au-dessus, jusqu'à supprimer physiquement l'adversaire si nécessaire. Ce n'est pas un monde de papier. La mort aussi tape le carton à la table, en regardant l'horloge.

Nos affaires se réglèrent toutefois à la loyale, cordialement. J'ai informé mon associé inattendu ne pas vouloir me transformer en gérant de boîte de nuit. Classieux, chaleureux même quand je m'attendais à une bête au sang froid, Zemour reprit mes parts, m'offrant en échange une propriété que possédait Izi Spighel en Normandie. J'y ai passé quelques beaux week-ends rustiques. Sous ces bons auspices, j'ai continué de fréquenter Zemour en me jurant de rester sage, c'est-à-dire en dehors de son terrain d'action. J'avais plaisir à l'écouter, à le voir trimballer des calibres sous son veston, régler un deal ténébreux en trois mots d'une voix soudain plus sourde, avant de revenir vers moi avec la banane comme s'il avait été dérangé par une mouche.

Les origines juives du clan Zemour ont contribué à leur aura, ils incarnaient une sorte de revanche du peuple décimé par la Shoah, des truands juifs qui ne voulaient plus se laisser malmener par personne et qui plaçaient désormais leurs intérêts avant tout. Des sionistes du crime. Après 1968, chez des intellos, des artistes, des journalistes, ils bénéficiaient d'un indéniable prestige, sans parler de tous ceux, bons ou méchants, à qui ils avaient rendu certains services dont on ne se vante pas. Le nombre de politiques, notamment, d'honnête réputation, ayant bénéficié de leur coup de main, aurait étonné n'importe qui d'autre que moi.

J'ajouterais que la cuisine juive et sa fameuse charcuterie finirent de me conquérir. Mon coup de fourchette enchantait le parrain.

J'étais loin d'être le seul fasciné par cette fratrie. Belmondo et Johnny s'intéressèrent également à Gilbert Zemour pour raisons professionnelles, disons. Belmondo interprétait souvent des voyous grand genre ; producteur de ses films, il recherchait des destins, des histoires susceptibles d'inspirer sa carrière. Johnny, lui, rêvait déjà de jouer au cinéma des rôles sombres et glacés d'ennemi public. Mes célèbres amis furent plus intrigués par cette nouvelle amitié que si j'étais devenu familier du pape. Ils ne cessaient de m'interroger sur Zemour.

– Il est comment ton nouveau pote ? se renseignait Johnny.

– Il te parle ?... Vous vous racontez quoi ? me demandait Jean-Paul.

Que je sois devenu l'associé de Zemour, au lieu de les inquiéter, les laissai babas et j'aimais ça, les bluffer. Quand tu deviens intime de numéros 1, tu ne peux pas te contenter de prendre une bière en parlant de la pluie et du beau temps. Faut assurer, mettre des couleurs... Et le nom de Zemour leur fit énormément d'effet. Je me souviens d'avoir monté un dîner entre Gilbert et Jean-Paul, enthousiastes à l'idée de se rencontrer. L'enjeu était de taille, Belmondo caressait le projet d'interpréter le rôle de Zemour sur grand écran. Gilbert, flatté, excité, aurait pu jouer le jeu ; à ma surprise, il opta pour une autre stratégie. Des olives jusqu'aux digestifs, il se défendit d'être ce qu'on disait de lui, mais au contraire un honnête commerçant, bon mari et bon père, malheureuse victime d'une réputation très surfaite.

À la fin du repas, Jean-Paul fut trop lucide pour être déçu.

– Il s'est bien foutu de notre gueule, ton pote.

Passer à la postérité dans la peau d'une vedette intéressait moyennement Zemour, qui mesurait mieux que nous les dangers de la notoriété vis-à-vis de la police ou de ses rivaux. Il ne souhaitait manifestement pas en rajouter dans la gloriole – preuve qu'il était intelligent et maître de lui, rien à voir avec les malfrats à la petite semaine qui ont leur nombril à la place de la cervelle.

S'il était hors de question de mettre un pied, un doigt dans la criminalité, je ne m'interdisais pas d'attirer Gilbert dans mon théâtre à moi, à travers ma passion des scoops. Rien de valable n'avait jamais été publié sur lui et ses frères. Tous les journalistes se cassaient les dents sur un mur du silence. Dans ces cas-là, les flics sont libres d'affirmer n'importe quoi pour couvrir leurs actions et exactions. Ils avaient été rapides à taxer leur fratrie d'ennemie publique numéro 1, tous vices confondus. Quand un crime, une arnaque faisaient jaser, faute de coupables, on disait : encore un coup des Zemour, bons à rien et à tout.

Démangé par ma vocation contrariée dans la presse, je n'ai pas tardé à contacter Jacques Derogy, reporter à *L'Express*, en lui proposant de rencontrer Zemour en personne, de l'entendre et même de le suivre en revenant sur les grands moments qui lui valaient sa réputation. Évidemment, Derogy sauta sur l'occasion : une enquête fouillée et sans tabou, suivie d'un entretien avec le gangster le plus connu de France, comment refuser ? Cette fois, Zemour joua le jeu. Derogy noircit des feuillets. Nous sommes allés jusqu'à New York, aux portes des bureaux d'Interpol et de la DEA (Drug Enforcement Administration), chargés de lutter contre les trafics de drogue. Sur leur liste noire ne figurait aucun des Zemour, qui sans être blanc-bleus ne se mêlaient pas de trafic de stupéfiants, contrairement à ce que claironnaient les flics français. (Le clan agissait dans le racket, la prostitution, le jeu, les boîtes et l'immobilier…) Moi, je me chargeais des photos, avec plaisir.

Zemour revenait aussi sur l'acte le plus meurtrier et le plus retentissant de son parcours, assez oublié aujourd'hui : la tuerie du bar Le Thélème en février 1975, un an auparavant. À entendre la police, cette fusillade constituait l'épisode le plus sanglant de la guerre des gangs, imputable aux Zemour. Selon des rumeurs émanant de personnes bien informées, ce fut en réalité un piège, ou au minimum une grosse bavure, monté par l'Antigang, qui exécuta la plupart des protagonistes à bout portant, sans la moindre sommation. Voilà ce qu'affirmait Zemour, en mémoire à ses frères. L'un, William, y fut tué. Un autre resta paralysé. Gilbert ne s'y trouvait pas, voyageant au Canada, sans quoi n'en serait-il probablement pas sorti vivant. Cette violence qui enflamma l'opinion ne fut jamais jugée. Zemour, malgré toutes ses fautes, l'éclairait de la lumière crue d'une vérité inadmissible pour les forces de l'ordre.

Quelle preuve avait-il ? Aucune, sinon sa bonne foi qui ne pesait pas lourd mais, véhément, il était convaincant.

L'enquête et l'interview prenaient dix pages. À leur lecture, Philippe Grumbach, qui dirigeait alors *L'Express*, flancha. Le sujet lui parut un brûlot « trop tendancieux » : « Vous transformez les Zemour en stars. » Ce n'était pas faux. Zemour se déclarait « persécuté par la police », mais c'était le prix de cette exclusivité et sa version de la tuerie du Thélème. J'étais trop motivé pour discutailler. Illico, j'ai appelé mon ami Pierre Benichou, qui, lui, coiffait la rédaction du *Nouvel Observateur*. Il accepta immédiatement notre sujet. Finalement, sur intervention du secrétaire général de *L'Express*, Pierre Guyonnet, à 11 heures du soir les rotatives furent lancées et c'est bien dans cet hebdomadaire que parut le sujet Zemour, le 20 décembre 1976.

L'article eut un écho immense avec une conséquence malheureuse. Pour mes bons offices d'intermédiaire, proche à la fois de grands voyous et de grands médias, des flics gradés, certains juges retinrent mon nom pour le fourrer dans le gros sac des Zemour.

La polémique n'en resta pas là.

Mon téléphone a sonné, un monsieur s'est rappelé à mon bon souvenir. Un magistrat aussi respecté que respectable, chargé du gros dossier « bar du Thélème ». Un vieux de la vieille, au bord de sa retraite, le juge Cabié, qui m'avait téléphoné, des années plus tôt, pour m'inviter à venir visser avec lui sa plaque de premier juge après son instruction en beauté de l'affaire Pétridès & Banania. Cabié souhaitait me revoir, pas pour parler du passé ni d'Utrillo. Il avait le même sourire narquois à la fin de sa belle carrière, celui d'un homme à qui on ne la fait pas et qui place la vérité plus haut que lui-même.

– Alors, Francelet, vous êtes sorti de chez les galeristes pour frayer avec le banditisme…

– En spectateur seulement, monsieur le juge, par goût du cinoche.

– Avec le Thélème, vous devez être servi.

Le juge Cabié a soupiré, cette affaire qui ne verrait pas la justice du tribunal le chagrinait. Sans ajouter un mot, il a poussé vers moi, sur le coin de son bureau, un mince dossier. Il m'a fixé, plus grave soudain.

– Je vous laisse un instant, Francelet, et je reviens.

J'en ai été étonné.

– Ah bon… Mais vous allez où ?…

– Quoi ? À mon âge, j'ai bien le droit d'aller aux toilettes, n'est-ce pas ?

Il est sorti en me laissant seul devant le dossier. C'était une copie du rapport balistique du Professeur Ceccaldi sur la tuerie du Thélème, cette fusillade infernale, ce règlement de comptes entre les Zemour et le gang de la banlieue sud, Chicago-sur-Seine, à ce qu'en prétendaient les autorités et les journaux. Mais la balistique concluait à une tout autre version. Selon les experts, certaines victimes avaient été abattues à bout touchant (des traces de poudre sur leurs vêtements le prouvaient), c'est-à-dire exécutées sans même avoir eu le temps de sortir leur arme. Aucun membre du gang de la banlieue sud ne s'était présenté au soi-disant rendez-vous. Deux avocats, clients au comptoir, furent neutralisés à coups de crosse et d'injures. Les flics avaient tout l'air d'avoir sombré dans un rodéo contre les frères Zemour, carton que Gilbert qualifiait de « génocide contre sa famille ». Clairement, les services balistiques lui donnaient raison.

Ce mince dossier corroborait la rumeur qui depuis un an infirmait la version des deux commissaires à la tête de cette opération, Marcel Leclerc assisté de Robert Broussard.

Cabié revient de son envie pressante.

Un ange passe. Je mesure mes paroles.

– Je peux emporter ça ?

– Emporter quoi, Francelet ?… Et votre famille, se porte-t-elle bien ?

Compris, juge Cabié. D'un bond, je me suis levé.

– Au revoir, alors.

– Au plaisir de vous revoir, Francelet.

Nous nous sommes serré la main, bien entendu, et j'ai quitté le palais de justice avec cette bombe de quelques feuillets sous mon pardessus.

Je me sentais utile et même, gratification assez rare, vertueux. Les truands, pour être souvent aux prises avec la justice, sont chatouilleux sur la légalité. Quand vient l'heure de leur défense, ils attaquent, je l'ai déjà dit. Eux aussi, comme tout le monde, ont droit à leur droit. Que les Zemour soient des bandits avec du sang sur les mains, je le savais et je ne le nie pas, mais qu'ils appartiennent au monde des tueurs ne justifie pas que des flics les massacrent à bout touchant avant de tromper l'opinion sous une presse à la botte.

Si je n'ai jamais pris part à une exécution d'aucune sorte, la presse constituait encore mon dada, mon eldorado. Chez le juge Cabié, j'avais trouvé du biscuit, et quel biscuit ! L'heure venait enfin de sonner les cloches de la vérité. Telle était ma mission.

Malgré ma détermination, preuve à l'appui, aucun news ne put envisager la parution de ces nouvelles révélations. Même pas *Le Quotidien de Paris*, journal de Philippe Tesson, patron réputé indépendant, voire tête brûlée.

– Non, désolé, je ne peux pas…

Tesson a été franc. Ce n'est pas qu'il doutait de la véracité de notre version incriminant l'Antigang, Leclerc et Broussard, de la pièce officielle qui s'ajoutait à l'enquête… Pragmatiquement, Tesson risquait, lui et son quotidien, trop gros face au pouvoir en place.

Gilbert Zemour en a été furieux. Il réclamait justice pour ses frères, ce combat le hantait. Il ne s'est jamais vraiment remis de la tuerie du Thélème, son déclin a débuté en février 1975.

J'ai réfléchi. Quand tu ne peux pas entrer par la porte, cherche la fenêtre, si la fenêtre est bouchée, passe par les toits ou la cave, j'ai toujours agi ainsi du temps où j'étais journaliste et je le suis redevenu au côté de Gilbert Zemour. Être un bon, pas une brêle ni un vendu, signifie trouver l'issue dans l'urgence, en toutes circonstances. Et qui a trouvé l'issue ? Bibi, Marco les bons tuyaux… En tant que juifs, pieds-noirs expatriés d'Algérie, les Zemour intéressaient la communauté israélite. Je me suis souvenu de mes voyages en Israël, des hommes magnifiques que j'y avais connus, du général Ariel Sharon, « King Arik », sauveur de son pays lors de la guerre du Kippour en 1973, et de mon ami, Uri Dan, rédacteur en chef du *Jerusalem Post*. J'ai appelé Uri, j'ai expliqué le sujet, le scandale en France. Loin de Lutèce et de son Quai des Orfèvres, Uri Dan connaissait les Zemour qui avaient racheté quelques établissements en « Terre sainte ». Par sens professionnel autant que par amitié, Uri s'est déclaré partant sans hésiter. Le *Jerusalem Post* a publié sur la fusillade du bar du Thélème, boulevard Saint-Germain, un long article très bien sourcé que la presse muselée de France ne s'autorisait pas.

– Tu vas voir s'ils ne vont pas suivre, maintenant, tes collègues parisiens, m'a-t-il lancé, rieur et fier de damer le pion à la patrie de Voltaire.

Dès qu'il a eu en main la première édition du *Jerusalem Post*, Philippe Tesson a publié l'article, il suffisait de le traduire. L'information était sortie, révélée

2005. Avec Ariel Sharon et mon copain le journaliste israélien Uri Dan, dont nous fêtons l'anniversaire.

par la presse internationale. Et Gilbert est allé fleurir la tombe de son frère avec la sensation du devoir accompli.

Pour ma part, du côté des condés, je suis carrément devenu une bête noire, forcément – et je l'ai payé cher par la suite. Mais j'étais encore assez jeune, idéaliste, osons le mot, pour y voir un titre de noblesse. Que mes nouveaux amis soient des voyous n'empêchait pas ma cause d'être juste. Au Thélème, ce ne furent pas les « Z » les assassins.

Dans un de ses livres, *Les Derniers Seigneurs de la pègre*[23], le commissaire Roger Le Taillanter, grand flic, écrivit : « En mêlant avec l'habileté et la ruse qu'on lui connaît la vérité, la restriction mentale et le mensonge, Gilbert suscite suffisamment de doutes pour allécher les lecteurs toujours friands de bavures policières. » À mon sujet, le commissaire ajoutait : « Gilbert Zemour va dorénavant faire figure de vedette, d'autant que Francelet l'y aide en le présentant à tous les professionnels des médias… Il pose d'ailleurs avec complaisance pour les photographes après avoir, sous l'objectif de Francelet, rasé sa moustache à New York et définitivement adopté comme cigare dans son nouveau look le Manille Double Corona. »

Tout cela s'avérait en partie exact, j'avoue. Je suis devenu, un jour d'hiver 1976, l'attaché de presse de Gilbert Zemour, activité indigne selon certains, tandis que d'autres estimaient que ses arguments sur la tuerie

23. Julliard, 1985.

du Thélème empêcheraient dorénavant le pouvoir de laisser des flics haineux agir à leur guise, en exécuteurs, dans des affaires sensibles.

Je me suis trouvé dépassé par l'amplitude de cette parution qui renforça mes liens avec Zemour et son cercle qui n'était pourtant pas le mien. J'ai été pris dans la nasse dont je me défiais, associé dans son sillage à sa famille dont je n'étais pas. Nous nous sommes vus beaucoup, liés par notre victoire médiatique. Peu après, je commis la faute d'intervenir dans un conflit entre Gilbert et le dénommé René Juillet, le « petit prince de la nuit », à propos de leurs commerces nocturnes.

Entre truands, même si la veille on a partagé de bonnes bouffes, un conflit vire naturellement à la haine et la haine au faire-part de deuil. J'avais pris parti pour Gilbert Zemour. René Juillet, un excité comme il s'en trouve dans la pègre où l'alcool et la drogue attisent parano et violence, bouillait en parlant mal de moi. Je l'évitais, indifférent, absorbé par mes activités. Je ne me rendais pas vraiment compte de la situation dans laquelle je m'étais fourré.

Un soir, à l'Élysée Matignon, le barman me prévint que René Juillet était dans les parages et que je ferais mieux de dégager. Dégager n'est pas mon genre, la moutarde m'est montée au nez, je suis quand même encore libre de boire un verre, ici ou ailleurs, où je veux, bordel, ce connard commençait à me les briser menu. À défaut de tomber sur René Juillet, j'ai vu son homme de main, Cédric, descendre aux toilettes : d'un trait j'ai fini mon verre avant de le suivre. Arrivé en bas, j'ai fait « Ho ! », il s'est retourné et je lui ai collé un pain, tout de suite, sans dire bonjour. Il a valdingué en fracassant le battant des chiottes et j'ai envoyé promener son flingue.

La main un peu amochée, j'ai rejoint le bar et mes amis jusqu'à ce que nous décidions de monter au restaurant. Entre-temps, Cédric avait été retrouvé et remonté des chiottes… et Juillet prévenu. Je n'étais plus dans mon square du quartier Saint-Lambert, il y a des détails que je n'avais pas prévus : dès que je suis arrivé en haut, tu penses, Juillet a sorti son flingue. Dans ces cas-là, tu ne réfléchis plus, ta nature parle, à tort ou à raison, dans la foulée – le tout n'a duré que quelques secondes, j'ai craché ce qui me passait par la tête :

– Vas-y, tire, tire, connard !

S'il l'avait fait, j'aurais eu l'air malin. Mais non, il a hésité. Moi pas. Je ne l'ai pas loupé, d'un coup de tête et là encore ai shooté dans le flingue et sans m'attarder, ai quitté les lieux. Valait mieux. Va pour la castagne ! L'air frais de la nuit m'a fait du bien quand j'ai entendu un bruit, un sifflement, puis un autre suivi de bruits violents d'éclatement, des impacts, à droite, à gauche. Je me suis retourné et devant la boîte, gesticulant, j'ai aperçu René Juillet, en rage, le bras tendu vers moi. Une vision invraisemblable. Cet abruti me canardait, en pleine rue, en plein Paris. Il tirait, comme un manche, heureusement ses balles ricochaient autour de moi, c'était moi, la cible. De trouille, je me suis jeté entre deux voitures avant de filer en zigzaguant dans l'obscurité. Je n'en revenais pas. Ce dingue, flingue à la main, voulait me descendre parce que j'avais déglingué son nez et celui de son lieutenant.

J'ai éprouvé un sentiment bizarre, la fureur a laissé place à un dégoût froid, une impression d'absurdité. C'est donc ainsi que ceux de la pègre finissent leur existence, sur un trottoir. Et je venais de manquer perdre la mienne, pourquoi au fond ? Rien. Presque rien. Un litige de blé sur des bénefs qui ne me concernaient même pas.

Le gangstérisme, c'est mieux au cinoche que dans ton quotidien, rien à voir.

Je me suis donc mis au vert le temps que ça se calme. L'autre cinglé a continué de rager, René Juillet nous a poursuivis, Gilbert et moi, de sa rancœur, au point de monter un faux témoignage qui nous a valu une garde à vue avant un placement en détention. N'importe qui, n'importe quoi incitait un juge à coller au trou un Zemour et consorts. On incarcère d'abord, on discute ensuite. La routine du milieu, ses excès et ses trahisons. J'étais dedans, maintenant, jusqu'au cou avec numéro d'écrou. Tu peux éprouver une certaine lassitude à enlever régulièrement ton slip devant un maton qui te mate d'un air morne. Y a mieux comme climax. Mon équipée avec Z s'avérait beaucoup moins palpitante que *Le Parrain*, I, II ou même III. Le grand banditisme est vite usant, je vous le dis. Pour une bouffée d'adrénaline noyée de trouille, autant aller sur les manèges à sensation de la Foire du Trône. J'ai compris soudain pourquoi

Gilbert se rêvait toujours en honnête commerçant, entre bobonne et moutards, tranquille, limite pépère.

Et enfin, mourir, c'est toujours trop con, et rédhibitoire.

Rapidement, je fus blanchi de ces accusations et relâché, le procureur m'exonéra en demandant ma relaxe pure et simple. J'avais quand même subi un nouveau séjour en cabane et perdu mon amitié envers Gilbert. Quelques dernières illusions, aussi. L'honneur, la fraternité du milieu, la plupart du temps, c'est du flan, des conneries. Pour un Zemour, seuls comptent les Zemour, sa famille, son clan, les siens. Toi, tu peux crever. Il ne fit rien pour m'aider, ni ma femme, qui eut même à subir les foudres de la sienne, persuadée que j'étais responsable de la réclusion de Gilbert – un comble.

Une fois libre, j'ai coupé les ponts avec Z, la pègre, le goût des armes m'est passé. Si j'ai gardé celui des tablées viriles, la compagnie de mecs enfouraillés qui fait fantasmer les cinéphiles m'est passée aussi. J'ai continué avec des convives qui ne portent pas un pétard sous leurs vestons sur mesure.

Le film Zemour s'est arrêté sur ce générique triste-amer.

René Juillet a été flingué peu après, sans doute sur ordre de Gilbert.

Un frère Zemour est mort flingué en Floride. Et Gilbert Zemour aussi, en 1983, sans atteindre la cinquantaine, abattu un soir qu'il promenait ses chiens en bas de chez lui – des caniches.

D'où venait le coup ? Nul ne l'a su avant que se répande la rumeur qu'une bande de petits malfrats anonymes l'avait buté par vengeance, vexés qu'un de ses cerbères leur ait interdit l'entrée d'une de ses boîtes de nuit. Alors ils se sont farci le grand Zemour, Gilbert Z, buté pour un physionomiste.

Un journaliste a écrit qu'on l'avait retrouvé le poing serré sur la laisse, pour que ses chiens ne se sauvent pas. La dernière pensée de Gilbert a peut-être été pour ses caniches. C'est bien cet homme-là que j'avais connu, entrevu, si paradoxal à travers la fumée des cigares, de la poudre et de la renommée. Un caïd aimant rire, boire et manger, entre sa famille et ses chiens, et qui, au fond, était mort en pépère et en pantoufles sur le trottoir du boulevard Ségur.

Je ne suis pas allé aux obsèques.

ÉPILOGUE
Fin de partie

Après… oh, après… J'ignorais ce qu'est la mémoire, moi qui ne suis pas un homme du passé ; avant ce livre, je ne m'en étais presque jamais servi. C'est une drôle de machine, d'abord tu te souviens de pas grand-chose, des visages, un instant, une anecdote, et peu à peu, à force d'y revenir, de lire et d'écrire, une foule d'éléments remontent, si précis, obsédants, quand tu marches dans la rue, prends ta douche ou tournes ta cuillère dans le café, que ça te prend à la gorge. Tu ne sais plus quoi faire de cette énorme mémoire que raniment les étincelles de milliers de souvenirs, presque infinis.

Françoise Sagan n'est plus. Guelfi-Dédé la Sardine est retourné au grand large, comme le général Jeannou Lacaze et presque tous mes copains de Chez Régine, ultime vétérante aux cheveux rouge pétard. La baronne de Rothschild, et Jacques Chazot, et Juliette Gréco… Y a-t-il un après à Saint-Germain-des-Prés ?… François Mitterrand est mort. Pierre Benichou ne viendra plus déjeuner. Roland Dumas tient encore debout, sur deux cannes, mais on ne le voit plus guère. Loïk Le Floch-Prigent est consultant, il n'a plus d'argent, paraît-il, ce qui dans nos milieux équivaut à la mort, voire pire. Tarek Aziz, Roger Thérond, Carlos… Tant d'amis, de confrères, partis. J'ai un doute tout à coup sur Daniel Filipacchi, patron de presse de légende, propriétaire de *Paris Match* à sa grande époque. Oui, Filipacchi est encore là, à quatre-vingt-douze ans, plus alerte que jamais au milieu de ses tableaux et disques de jazz fabuleux.

Je me souviens d'un deal mémorable dans son bureau. Pour un coup réalisé, depuis la prison de la Santé où je me trouvais incarcéré. Dans la cour, en promenade, j'avais remarqué un type prostré à qui presque chaque détenu collait une beigne en passant. J'ai demandé pourquoi, de qui s'agissait-il ? C'était le monstre, Claude C., gérant de supermarché, LE monstre qui avait enfermé pendant des années son fils dans un placard, « L'enfant du placard ». La France entière, à la fois épouvantée et éprise de grand macabre, ne parlait que de ça. Fallait pas me le dire deux fois. J'ai été trouver le directeur en lui conseillant de placer rapidement le tortionnaire dans ma cellule, je le protégerais, sinon, d'un coup de surin, le Monstre n'allait pas faire long feu. Le directeur m'a jugé pertinent et charitable. À peine le Monstre a-t-il été dans ma cellule que je l'ai collé devant un cahier avec un crayon en le priant d'y coucher sa confession, le plus lisiblement possible. Quand il en a eu fini, je me suis arrangé pour sortir le cahier de la prison. Destination *Paris Match*. Je suis sorti de prison presque dans la foulée pour cavaler au journal, sidéré par cette exclusivité qui allait faire exploser les ventes. Quoi ? Charité n'empêche pas conscience professionnelle. Et j'ai fait ce qu'il fallait pour l'auteur, en déposant un magot sur son compte pour ses cantines à perpétuité.

Au journal, j'ai demandé 400 000 francs, 40 patates, pour ce scoop énorme. C'est comme ça que je me suis retrouvé face à Daniel Filipacchi, le grand patron, dans son bureau. Il m'a dit, placide, d'une voix sèche, les yeux fendus, comme deux braises : « Jamais de la vie. » Mais de l'argent, j'en gagnais par ailleurs, je ne dépendais donc pas de lui, j'étais libre, libre de fixer mon tarif. 40 patates ou rien. À prendre ou à laisser. Filipacchi a compris et a accédé à ma demande.

– Écoute, bon, OK, mais à une condition. On va faire moitié moitié… Une moitié officielle, l'autre sous la table, et ça restera entre toi et moi, tu me jures de n'en parler à personne.

Aujourd'hui, il y a prescription, Daniel.

Filipacchi me lâchait 400 000 à condition que cela ne se sache pas. J'aurais fait flamber le budget pige en même temps que nui à sa réputation de radin, négociateur intraitable. Au Newstore en dessous du journal, Daniel Filipacchi est venu en personne me filer discrètement une grosse enveloppe. Mon sujet Monstre est passé sur huit pages.

Les choses ne se déroulent plus ainsi, n'est-ce pas. Je suis un homme révolu, et même si j'ai encore la niaque pour commenter, page à page, un sommaire de *Paris Match* au téléphone, je n'ai pas mis un pied au journal depuis des années.

Zemour est mort, forcément, lui et ses frères – à l'exception de Théodore. Juillet idem, les grands bandits ont la vie courte.

Mais je m'en fous. Tout cela me fait sourire.

Quand j'ai appris la mort de Johnny, sans l'avoir revu, j'ai eu l'impression qu'une part de ma vie explosait comme un sac papier, une détonation intérieure. Sans regret ni couronne. C'est fini, terminé, comme la fin d'un de ces films que nous visionnions dans sa salle de projection, à Marnes, lorsque le plafond se rallumait soudain et qu'il fallait sortir du fauteuil.

Je ne suis pas allé à l'enterrement, le 9 décembre 2017, sous un ciel très froid, très bleu. J'ai suivi la cérémonie sur mon écran plat géant. Quand j'ai vu ce million de personnes, des Champs-Élysées jusqu'à la Madeleine, les bikers, ses grandes chansons à l'unisson, j'ai compris que je ne m'étais pas trompé. Cette foule, ce peuple constituèrent l'événement de cette journée de deuil national. Johnny vivait pour eux, qui vivaient par lui. Johnny l'a toujours su. J'ai ressenti cette fierté profonde, viscérale, qu'il m'a toujours inspirée depuis mes quatorze ans. Mais je n'ai pas pleuré.

Personne ne me manque, personne. La vie continue comme avant, sans toi, sans lui, un jour ce sera sans moi.

Je suis un drôle de bonhomme, affligé d'une forme de sécheresse, peut-être. Pour moi, le réel se retisse instantanément, il n'y a pas d'absence qui ne se comble pas. Je suis comme la nature, qui a horreur du vide. J'ai l'impression que seule la disparition de ma femme ou de mes enfants laisserait un trou dans lequel je pourrais sombrer. Rien d'autre. Je suis en train de devenir un sanglier. Un jouisseur aimant la compagnie, la galerie et qui, paradoxalement, pourrait se passer de tout et tous au fond d'un bois. Les gens se servent de moi autant que je me sers d'eux, dans les affaires, les passions, les amitiés, puis la vie ou la mort nous séparent… Sauf Françoise Sagan parce que, avec Françoise, c'était différent. J'ai cessé de la voir parce qu'elle allait mourir, je le savais, elle aussi. La mort s'est intercalée entre nous. Avec sa pudeur et la mienne, nous avons préféré nous éclipser vivants. Elle et moi nous sommes séparés avant la fin.

Je n'éprouve pas le manque, le regret, la nostalgie. Je suis à la fois hypersensible, bavard et muré. Je ne sais pas trop ce que je suis, en fait. L'angoisse qui m'habite est secrète, y compris pour moi. Avant-hier, en pleine rue, j'ai fait une crise d'épilepsie. Une petite crise, moins forte que la dernière qui m'a conduit à l'hôpital. La concierge m'a reconnu, inerte sur le trottoir, et m'a fait transporter chez moi. Chaque crise, en une fraction de seconde, donne l'impression de devenir tout mou, dégonflé, de passer l'arme à gauche en perdant connaissance. C'est pénible.

Je m'en fous. On verra. On verra bien.

Je ne me regarde pas.
Je ne me retourne pas.

La bicoque à Biarritz, ma planche de surf, ce sera pour plus tard, demain, après-demain. Je reste à Paris, dans la cuisine, à me chamailler avec ma femme, sans savoir me servir du micro-ondes. À me demander où et avec qui bien déjeuner. Je continue à taper dans la charcutaille mais mollo. Je reste fidèle au chorizo. Je téléphone, je suis sur des coups.

Pourquoi ne pas être au Pays basque, pourquoi en suis-je encore à me jeter sur ma tablette, à peine réveillé, pour faire défiler les nouvelles du jour… Si on m'avait prédit en 1969 qu'un jour je disposerais d'un kiosque à journaux dans un objet plat de vingt centimètres sur dix, je ne l'aurais pas cru. Je veux voir la suite, l'édition de demain. Trouver un filon, un rebond, une idée. Parce que je suis avide. J'en veux encore. Des unes, des encadrés saignants, des stars, des pétitions, de l'hallali. Des coups tordus ou tordants. Des papiers bien écrits, des idées de contrats. Des fuites, des confidentiels qui changent le cours du fleuve ou se perdent dans les méandres. Savoir. Connaître. Comprendre. Et jouer de temps en temps un joli coup. Je ne suis pas amer ni déprimé. Même pas cynique. Claude Azoulay, le grand photographe octogénaire, un des derniers survivants de la bande d'amis de mes grands déjeuners, vous le dirait. Tous ceux qui me connaissent vous le diront : Marc est partant. J'en ai encore dans le buffet. Je reçois facilement, interphone, dernier étage, porte de gauche, mon salon offre un joli panorama sur les tours de La Défense. Et je réponds encore à pas mal de visiteurs.

La semaine dernière, par la bande, cette diaspora panachée qui rabat vers moi des affaires, des projets depuis quarante ans, j'ai reçu des membres de la famille de Bachar el-Assad, le dictateur syrien. Celui-là a eu chaud au cul mais il s'est maintenu contre vents et sanctions, malgré une guerre civile. Je les ai laissés venir, curieux. À Damas, la cour se déchire. Toutes les familles de dictateurs valent les Atrides, surtout quand les parfums des palais puent le roussi, le sapin, à l'heure où chacun ne pense plus qu'à assurer ses arrières. Ceux-là cherchaient à vendre des toiles, dont un Picasso, grand format, exceptionnel. J'ai décliné, œuvre trop connue, trop chère, provenance sordide quoique légale, a priori. Je n'ai pas eu le courage. Je me suis contenté de prévenir un marchand que cette toile devrait intéresser.

Au revoir madame, monsieur. Je ne fais plus dans les dictateurs, j'ai donné.

Un autre projet me tenterait davantage. Je me tâte. Un cas épineux sur lequel je ne peux pas fournir trop de détails, hors Hexagone, dans un pays disons lointain. Un capitaine d'industrie est menacé dans sa patrie où il a déplu au pouvoir. La justice le recherche. Si elle le trouve, les juges, réputés vendus à l'exécutif, qui porte bien son nom, le colleront au trou pour longtemps à moins qu'on lui loge une balle dans la nuque. Il s'est réfugié à l'ambassade de France, en toute clandestinité. Mais qu'en faire ? La France, pays des Lumières, ne peut pas le jeter sur le trottoir, et la diplomatie du Quai d'Orsay tient à conserver ses gants blancs. La République préférerait rester en dehors de ce dossier.

Pourrais-je m'en occuper, peut-être ?

J'aurais quarante ou cinquante piges, j'y serais déjà. Mais suis-je encore capable de monter une équipe, de trouver des hommes de confiance susceptibles de réussir cette exfiltration ? Et moi ? Je ne m'imagine pas envoyer au casse-pipe des gars tout en restant dans mon fauteuil, à Paris. Le reclus offre une fortune pour son évasion, évidemment. Mais les risques de se faire pincer sont importants. Ses poursuivants se doutent qu'il se terre à l'ambassade.

Je réfléchis.

J'aime encore bluffer les grandes signatures de l'investigation. Après un 1er mai 2018 parsemé d'échauffourées dans la violence sociale, un jeune inconnu est devenu célèbre en quarante-huit heures. Il m'a intrigué. Alexandre Benalla avait tous les torts de son côté. J'ai passé deux, trois coups de fil. Personne ne savait où Benalla se planquait. Mon tam-tam a fonctionné et mon téléphone a sonné. Je l'ai retrouvé, au Maroc. Nous avons discuté. Je lui ai conseillé de rappliquer, de s'installer quelques jours chez moi, s'il ne savait pas où aller.

– Le mieux pour toi est de t'expliquer maintenant, face à de bons journalistes, des plumes qui sauront entendre tes arguments. Fais-moi confiance.

J'ai eu plaisir à appeler Gérard Davet et Fabrice Lhomme au *Monde*, vieilles connaissances estimables.

– Vous voudriez rencontrer Benalla ? On devrait pouvoir arranger ça…

L'interview exclusive d'Alexandre Benalla au *Monde* s'est déroulée sur mes canapés dans un contexte hystérique. Ses torts restaient évidents et son caractère fanfaron. Mais quand Alexandre Benalla, brillant gars de banlieue, se prétend victime d'un complot de hauts fonctionnaires qui n'assuraient même plus une sécurité efficace autour du président, otage de ronds-de-cuir que tout fatigue sinon leurs privilèges, il n'a pas tort. Et Macron l'avait précisément choisi pour cela dans un château sclérosé par les habitudes.

J'avoue aussi que ce jeune type hâbleur me rappelait quelqu'un, dont le destin a basculé du mauvais côté, comme lui, au milieu des années soixante, sur une connerie de jeunesse.

Je revois régulièrement Alexandre.

L'actu reste ma jouvence. Mon Rosebud à moi, comme dans le *Citizen Kane* d'Orson Welles.

Et puis les affaires continuent de me procurer d'immenses joies. Toutes les miennes n'ont pas foiré ou tortillé hors la loi. Notamment la plus importante de ces dernières années. La plus fameuse, démentielle, qui débute par un tableau. Le tableau le plus cher de tous les temps, le *Salvatore Mundi*, *Le Sauveur du monde*[24], un Christ par Léonard de Vinci. Vendu 450,3 millions de dollars, chez Christie's. Aujourd'hui, l'œuvre serait chez Mohammed ben Salmane, prince héritier d'Arabie Saoudite. Une saga qui court sur presque une décennie et un combat judiciaire de titans entre Yves Bouvier, marchand d'art genevois, et Dmitri Rybolovlev, milliardaire russe, dix-neuvième fortune mondiale, autant dire un dieu tout-puissant contemporain. Yves Bouvier est mon ami, mon associé. Il vient de gagner ce procès devant le tribunal monégasque, notre adversaire n'a plus de recours possible. J'ai été partie prenante dans cette histoire, cette victoire. Toutes ces dernières années, à travers des méandres d'une complexité redoutable qui racontent notre monde, j'ai passé des heures, des jours, à expliquer aux journalistes, aux avocats, aux amateurs d'art et de thriller l'itinéraire fou de ce tableau fabuleux. Les enjeux, la personnalité du milliardaire russe et celle de mon ami Bouvier, qui luttait contre l'arrogance de l'argent-roi, David contre Goliath, pour un Léonard de Vinci. J'ai fait mon job, ce que je pratique le mieux, du lobbying. On peut agir pour la bonne cause aussi, parfois, choisir son camp et se battre jusqu'à son dernier souffle. J'estime Bouvier car certains millionnaires savent rester

24. Le 7 avril 2021, nous apprenions que, sans doute, « Le tableau le plus cher de l'Histoire n'est pas vraiment de Léonard de Vinci » ! (*L'Obs*)

droits malgré le poids des millions. Yves Bouvier est parmi ceux-là. Il a été à la hauteur d'un chef-d'œuvre.

La justice a tranché. Et cette justice dont je me méfie, car elle est animée par des êtres humains comme vous et moi, a tranché bien. Les juges nous ont donné raison sur toute la ligne. Je suis fier. Je suis content.

J'aimerais raconter cette aventure maintenant mais il me faudrait un livre entier. J'hésite. Je ferais peut-être mieux de chercher une maison à Biarritz pour pêcher et siester entre deux chamailleries avec ma femme. J'entendrais la voix de Françoise, à la fois vive et lasse, venir me souffler avec le vent atlantique :

– Qu'est-ce qui est grave, qu'est-ce qui est important, Minou ?

J'ai besoin de réfléchir à ça, encore un moment, avant de poursuivre. Devenir vieux sans être mûr, est-ce vraiment être âgé ? Il me reste un chemin à parcourir, à découvrir et quelques décisions à prendre.

Ne devenez jamais riche, trop riche. Ce n'est pas utile, Marco-les-Bons-Tuyaux vous le dit, sans rien regretter. Et puis non, faites ce que vous voulez.

Moi aussi j'ai eu vingt ans, quand mes premiers trafics avec le galeriste Paul Pétridès me dévièrent du droit chemin. Je me souviens d'avoir gardé longtemps dans ma chambre, au pied de mon lit, un portrait de Picasso par Modigliani dont le regard me hante encore. Un demi-siècle plus tard, j'aime l'idée d'interrompre ces souvenirs sur une toile de Léonard de Vinci où le

Sauveur, le doigt en l'air, un étrange sourire aux lèvres, semble me conseiller de faire une pause et d'aller fêter une victoire judiciaire si longtemps attendue – fêter raisonnablement. Léonard ne se pressait pas pour achever ses toiles, paraît-il. Il aurait retouché sa Mona Lisa pendant trente ans.

J'ai bien le temps alors, modestement.

Je voudrais essayer de souffler un peu, voir l'effet que ça fait.

Nous nous retrouverons j'espère, éditorialement, autour du livre de cette saga pour laquelle je connais enfin l'honneur et la joie d'avoir la loi, le droit pour soi. Dans la guerre Bouvier/Ribolovlev, la justice a tranché en notre faveur. Mon casier judiciaire est vierge aujourd'hui, je l'ai déjà dit. De mes excès, mes erreurs, mes condamnations, rien de grave n'a été inscrit dans le marbre. C'est passé, peine purgée sur un formulaire aussi blanc que neige.

Laissez-moi le savourer, je ne savais pas, ou pas assez, combien c'est si bon.

TABLE DES MATIÈRES

MIXTE
Papier issu de
sources responsables
FSC® C003309

L'éditeur de cet ouvrage s'engage dans une démarche
de certification FSC® qui contribue à la préservation
des forêts pour les générations futures.

Pour en savoir plus :
www.editis.com/engagement-rse/

Achevé d'imprimer en avril 2021
par Normandie Roto Impression s.a.s., à Lonrai
N° d'impression : 2101739

Imprimé en France